Robert R. Bigler · **Schloß Hellbrunn**

Robert R. Bigler

Schloß Hellbrunn

Wunderkammer der Gartenarchitektur

böhlau Wien

Gedruckt mit der Unterstützung durch
den Fonds zur Förderung der wissenschaftlichen Forschung

Umschlagabbildung:
Hellbrunn, Blick auf die Orpheusgrotte und das Römische Theatrum
bei abendlicher Beleuchtung.

Umschlaggestaltung: Tino Erben, Cornelia Steinborn

Die Deutsche Bibliothek – CIP-Einheitsaufnahme

Bigler, Robert R.:
Schloss Hellbrunn : Wunderkammer der Gartenarchitektur /
Robert R. Bigler. – Wien ; Köln ; Weimar : Böhlau, 1996
ISBN 3-205-98517-6

Satz: Vogel Medien GmbH, Korneuburg
Druck: TLP, SLO-61000 Ljubljana

Júliának örök szeretettel

INHALT

An Stelle eines Vorwortes 8

1. EINLEITUNG 9

2. ZUM STAND DER HELLBRUNN-FORSCHUNG 11

3. LEBEN UND WIRKEN DER DREI LEITFIGUREN 15
3.1. Das Vorbild: San Carlo Borromeo (1538–1584) 15
3.2. Der Bauherr: Markus Sittikus von Hohenems (1574–1619) 17
3.3. Der Architekt: Santino Solari (1576–1646) 25

4. DIE ZEIT UM 1600 30

5. DAS SCHLOSSGEBÄUDE 35
5.1. Das Schloßgebäude als Derivat eines zeitgenössischen Architekturtraktats 35
5.2. Schloßhof 42
5.3. Die Malereien im Innern: Festsaal und Oktogon 48

6. DER BEREICH DER VERGNÜGLICHKEIT – GARTENANLAGE 55
6.1. Zu Villenbau und Wasserkünsten in Italien in der 2. Hälfte des 16. Jahrhunderts 55
6.2. Die Grottenräume im Untergeschoß 61
6.3. Römisches Theatrum 67
6.4. Orpheusgrotte 70
6.5. Brunnen Altems mit Sternweiher 74
6.6. Fürstenweg/Wasserautomaten 78
6.7. Kronengrotte 84
6.8. Giardino segreto 85

7. DER MITTLERE BEREICH – WALDEMSBERG 89
7.1. Monatsschlößchen 89
7.2. Belvedere 90
7.3. Steintheater 95

8. DER KONTEMPLATIVE BEREICH 101
8.1. Die norditalienischen Sacri Monti 101
8.2. Der Hellbrunner Kreuzweg mit den Kapellen und Eremitorien 103

9. DER WANDEL HELLBRUNNS IM LAUFE DER JAHRHUNDERTE 107
9.1. Phase I (1618–1679) 107
9.2. Phase II (1679–1735) 112
9.3. Phase III (1735–1816) 119

9.4. Phase IV (1816–1922) ... 121
9.5. Phase V (seit 1922) ... 123

10. NUMEN VEL DISSITA JUNGIT: DER VERSUCH EINER INTERPRETATION HELLBRUNNS ... 125

11. DIE TRABANTENSCHLÖSSER ENTLANG DER HELLBRUNNER ALLEE ... 130
11.1. Emslieb ... 130
11.2. Emsburg ... 132

12. ZUSAMMENFASSUNG UND FAZIT ... 138

13. ANMERKUNGEN ... 141

14. BIBLIOGRAPHIE ... 159
14.1. Publizierte Quellen ... 159
14.2. Unpublizierte Quellen (Handschriften und Archivalia) ... 159
14.3. Kunst- und Reiseführer ... 160
14.4. Literaturverzeichnis ... 160

15. ANHANG ... 164
15.1. Tabellarische Übersicht der Veränderungen in Hellbrunn in chronologischer Reihenfolge ... 164
15.2. Ein Zeitdokument – Die „Instruction“ an den Gerichtsschreiber zu Glanegg von 1657 ... 166
15.3. Genealogische Tabelle ... 169
15.4. Verzeichnis der häufig benützten Abkürzungen ... 170
15.5. Abbildungsnachweis ... 170

16. REGISTER ... 171
16.1. Namenregister ... 171
16.2. Ortsregister ... 173

An Stelle eines Vorwortes

möchte ich zuerst all jenen danken, die direkt oder indirekt zum Gelingen meines Projekts beigetragen haben. Studienkollegen gehören zu diesem großen Kreis, aber auch viele Freunde, welche geduldig manche Stunde mit mir über dieses Vorhaben diskutiert und mir dadurch außerordentlich geholfen haben.

Meine Arbeit in Hellbrunn wurde durch die liebenswürdige Hilfsbereitschaft von Frau Karin Reitlinger und Ingrid Sonvilla von der Schloßverwaltung in jeder Beziehung erleichtert; beiden fühle ich mich zu besonderem Dank verpflichtet.

Die unkomplizierte und angenehme Zusammenarbeit mit Dipl.-Ing. Wolfgang Saiko vom Gartenamt Salzburg habe ich sehr geschätzt; trotz vieler Bitten und Anfragen wurde ich stets auf unbürokratische Weise unterstützt.

Ich erwähne ferner Dr. Erich Marx und Dr. Peter Kraml vom Archiv der Stadt Salzburg, Dr. Reinhard Gratz vom Dommuseum Salzburg und meinen langjährigen Freund Gerhard Tötschinger, denen ich für zahlreiche Anregungen, Auskünfte und Hilfeleistungen danken möchte.

Graf Franz Josef von Waldburg-Zeil und allen anderen Leihgebern danke ich herzlich für die Erlaubnis zur Veröffentlichung ihres Bildmaterials.

Meiner Mutter bin ich in Dankbarkeit für ihre immerwährende Unterstützung und die Durchsicht des Manuskripts verbunden.

1. Einleitung

Gegenstand dieses Buches ist das während der Regierungszeit des Salzburger Erzbischofs Markus Sittikus von Hohenems (1612–1619) errichtete Schloß Hellbrunn, welches neben der Vollendung der städtischen Residenz das wichtigste realisierte profane Bauvorhaben des Landesfürsten darstellt. Diese „villa suburbana" nördlich der Alpen, die aufgrund der verwandtschaftlichen Beziehungen und der Bildungserlebnisse des Bauherrn ausschließlich von Italien beeinflußt ist, steht zu ihrer Zeit im deutschen Kunstkreis völlig einzigartig da.

Als Architekt der Anlage gilt der 1612 nach Salzburg berufene Comaske Santino Solari, der in der Folge für das gesamte Bauwesen des Erzbistums verantwortlich war und sich hier während seiner über 30jährigen Tätigkeit als versatiler Praktiker mit einem ausgeprägten Sinn für Effizienz bewährte.

Die Sonderstellung Hellbrunns innerhalb des deutschen Sprachraums auf dem Gebiet der Gartenarchitektur, der Malerei und des Theaters dürfte der Hauptgrund für die seit 1916 zunehmend intensivere wissenschaftliche Bearbeitung sein.[1] Angesichts der Fülle von Literatur, die zum Thema existiert, ist die Frage berechtigt, ob es einer weiteren Analyse bedarf. Die Auseinandersetzung mit der früheren Forschung hat gezeigt, daß eine kritische Neubewertung aus mehreren Gründen notwendig ist.

Zum einen behandeln die bis heute erschienenen Aufsätze anderer Autoren in der Regel nur Teilaspekte, weshalb sich eine möglichst umfassende Monographie zu diesem faszinierenden Komplex aufdrängt. Zum anderen verlangen die teilweise stark voneinander abweichenden Schlußfolgerungen der bisherigen Beiträge bezüglich der im Mittelpunkt stehenden Frage, welches die maßgeblichen Vorbilder für die Gestaltung Hellbrunns waren, nach einer eingehenden Prüfung und Klärung.

Daß das öffentliche Interesse an Hellbrunn und seinen Sehenswürdigkeiten in jüngster Vergangenheit stetig gewachsen ist, belegen nicht nur die hohen Besucherzahlen, die in den letzten vier Jahren im Durchschnitt bei etwa 350.000 Personen lagen, sondern auch die Erfolge verschiedener kultureller Veranstaltungen.

Wenn es gelingt, einen Beitrag zum besseren Verständnis dieser vielschichtigen, von Markus Sittikus in Auftrag gegebenen Anlage zu leisten, so ist das wichtigste Ziel erreicht. Die große zeitliche Distanz von fast vierhundert Jahren, während denen sich auf allen Gebieten so vieles verändert hat, erschwert es dem heutigen Besucher, sich das im 17. Jahrhundert erbaute Lustschloß mit seinen Gärten und Wasserkünsten im damaligen Kontext vorzustellen. Was in der Realität an Ort und Stelle manchmal nur mit Mühe nachvollziehbar ist, soll auf den folgenden Seiten unter Einbezug erst kürzlich veröffentlichten Bild- und Quellenmaterials begreiflich gemacht werden.

Nach dem ersten Abschnitt, der sich mit den Biographien der drei Leitfiguren und deren Abhängigkeit voneinander beschäftigt, folgt ein Kapitel, das den Geist der Epoche um das Jahr 1600 zu charakterisieren versucht; beides ist als Einstimmung und Überleitung zum Hauptteil gedacht. Dieser soll einerseits das ursprüngliche Erscheinungsbild der aus verschiedenen – heute leider zum Teil verlorenen – individuellen Elementen bestehenden Anlage rekonstruieren; andererseits versucht er unter besonderer Berücksichtigung der architekturtheoretischen und naturwissenschaftlichen Schriften des 16. Jahrhunderts, die einzelnen italienischen Modelle, welche in der Gestaltung Hellbrunns Eingang gefunden haben, konkret zu benennen.

Basierend auf den heute verfügbaren Bilddokumenten folgt eine möglichst lückenlose Bestandsaufnahme der zwischen 1619 und heute stattgefundenen Veränderungen.

Schließlich sollen die praktisch zeitgleich zur Errichtung Hellbrunns entstandenen, aber außerhalb der Umfassungsmauer liegenden Satellitenschlösser Emslieb und Emsburg analysiert werden, die von der bisherigen Forschung weitgehend unbeachtet geblieben sind.

Der umfangreiche Anhang und die aktualisierte Bibliographie sollen dem Leser nach Wunsch eine intensivere Beschäftigung mit dem Thema ermöglichen.

Bei dem vorliegenden Buch, das auf der Grundlage meiner 1993 erschienenen Dissertation („Schloß Hellbrunn und sein Bauherr Markus Sittikus von Hohenems – Eine Neubewertung“) verfaßt wurde, handelt es sich zwar um eine nach wissenschaftlichen Gesichtspunkten zusammengestellte Studie; ich hoffe aber – nach der gründlichen Überarbeitung und Ergänzung einiger wichtiger Passagen – nunmehr einen breiteren Leserkreis anzusprechen.

2. Zum Stand der Hellbrunn-Forschung

Der unmittelbar nach der Wahl des Erzbischofs Markus Sittikus von Hohenems im Jahre 1612 zum Chronisten berufene Johann Stainhauser hat der Nachwelt neben den Relationen über die Regierungszeit seines Landesfürsten auch die früheste und gleichzeitig umfassendste schriftliche Beschreibung Hellbrunns hinterlassen.[2] Seine das Lustschloß betreffenden Aufzeichnungen hat Stainhauser 1619, wohl kurz vor oder unmittelbar nach dem Tode des Erzbischofs, verfaßt und in diesem Werk versucht, den Eindruck eines Besuchs in Hellbrunn zu vermitteln.[3] Während seine Beschreibungen der einzelnen Säle und Zimmer des Hauptgebäudes teilweise bis ins kleinste gehen, ist von den im Obergeschoß des Schlosses befindlichen Fresken und Gemälden nur sehr summarisch die Rede. Zur Baugeschichte selbst wird ebensowenig gesagt wie zu den verantwortlichen Künstlern. Dies ist um so bedauerlicher, als sich aus der Zeit von Markus Sittikus keinerlei Bauakten oder Zeichnungen zu Hellbrunn erhalten haben. Auch wenn sich Stainhauser als kein bewundernswert großer Geist entpuppt und sich in seinen Schriften eher kleinlich, pedantisch und redselig gibt, stellen seine Aufzeichnungen dennoch eine wichtige Quelle dar. Seine detaillierte Beschreibung der Gartenanlage, der darin enthaltenen Brunnen, Grotten, Statuen und Tiere, des Steintheaters sowie der anderen Gebäude zeichnet ein recht lebendiges Bild des ursprünglichen Zustandes und erweist sich in dieser Hinsicht als besonders wertvoll, da vieles in späterer Zeit entweder verlorenging oder verändert wurde.

Auch von den Nachfolgern des Markus Sittikus scheint Hellbrunn oft benützt worden zu sein, wenn es galt, illustre Gäste zu unterhalten. Waren es im 17. Jahrhundert noch meist hochrangige Persönlichkeiten, die auf besondere Einladung des jeweiligen Erzbischofs hierherkamen, so gehörte das Schloß mit seinen Gärten und Wasserkünsten bereits zu Beginn des 18. Jahrhunderts zum Pflichtprogramm eines jeden gebildeten Salzburg-Besuchers. Es sind denn auch ausschließlich Reiseberichte, die sich aus dem erwähnten Zeitraum erhalten haben.

Als im Juni 1628 Erzbischof Paris Lodron den zehn Tage lang in Salzburg weilenden Großherzog Ferdinand II. von Toskana nach Hellbrunn führt, nutzt die Berichterstatterin der Reise, Margherita Costa, diese Gelegenheit, um den Lustort und die dortigen Festlichkeiten zu schildern.[4] In ihrer noch im selben Jahr in Venedig publizierten Schrift wird betont, daß sich die unter Markus Sittikus erbaute Anlage in den Augen der italienischen Besucher mit den schönsten Gärten ihrer Heimat vergleichen läßt.[5]

Auch die von Conte Galeazzo Gualdo Priorato im Jahre 1668 herausgegebene „Relazione dell'arcivescovato e principato di Saltzburc" ist im selben Grundton gehalten und zeigt, daß der Lustort zu diesem Zeitpunkt schon weit über die Landesgrenzen hinaus Berühmtheit erlangt haben muß.[6]

Der größte Panegyriker aber, den Hellbrunn je gefunden hat, ist Domenico Gisberti, Sekretär des Kurfürsten von Bayern, der die Reise seines Herrn nach Salzburg im Jahre 1670 für die Nachwelt festgehalten hat.[7] Für ihn ist die Anlage nicht nur eine „gute Zuflucht", deren Wasser „heller als Glas, klarer als Kristall und durchsichtiger als selbst der Himmelsschein" sind und die er in einem zur selben Zeit verfaßten Brief mit denen von Venedig und Rom vergleicht, für ihn ist dieser Ort schlicht ein „irdisches Paradies".[8]

Aus dem 18. Jahrhundert muß vor allem die Beschreibung Lorenz Hübners hervorgehoben werden, die sich nicht nur durch Umfang und Detailreichtum auszeichnet, sondern bereits auf damals verlorengegangene oder abgebrochene Gebäude und andere Teile der Gartenanlage eingeht, was für eine Rekonstruktion des ursprünglichen Komplexes von großem Interesse ist.[9]

Wohl im Zusammenhang mit der französischen Besetzung, der anschließenden Säkularisierung des Erzstiftes im Jahre 1803 und dessen Einverleibung in das habsburgische Österreich dreizehn Jahre später werden die Nachrichten bezüglich Hellbrunn immer spärlicher. Um so mehr erstaunt es, daß zwei um die Mitte des 19. Jahrhunderts erschienene, teilweise mit aufschlußreichen Illustrationen versehene Reiseführer von der bisherigen Forschung völlig unberücksichtigt geblieben sind.[10]

Auf der Grundlage des in der österreichischen Kunsttopographie 1916 erschienenen Beitrages von Paul Buberl werden die Voraussetzungen für die moderne wissenschaftliche Auseinandersetzung mit Hellbrunn geschaffen.[11] Der Autor publiziert darin unter anderem erstmals umfangreiches Quellenmaterial aus den Salzburger und Wiener Archiven (darunter auch Stainhausers Beschreibung von 1619) in chronologischer Reihenfolge. Ein Verzeichnis der wichtigsten Pläne und Ansichten erweist sich auch heute noch als wertvoll. Außerdem liefert Buberl zu den Veränderungen im Bereich des Gartens und der Brunnen sowie zur mehrmaligen Umstellung etlicher Skulpturen wichtige Hinweise. Die einzelnen Statuen versucht er stilistisch in Gruppen zusammenzufassen. Die Vorbilder für Hellbrunn vermutet er ohne nähere Begründung in Norditalien, in der Gegend des Comer Sees.[12] Wie für alle späteren Autoren steht für Buberl außer Frage, daß nur der ab 1612 für das gesamte Salzburger Bauwesen verantwortliche Comaske Santino Solari als Architekt des Lustschlosses und der dazugehörigen Gärten in Frage kommt.[13]

Franz Martin (1948) und später Julius Pupp (1965) folgern, ausgehend von den Biographien des Auftraggebers Markus Sittikus und seines Baumeisters Solari, außer der Abhängigkeit Hellbrunns vom norditalienischen Raum auch eine solche von den römischen Villen in Frascati und Tivoli.[14]

Den größten Zuspruch erhielt bis vor kurzem die These Richard Donins (1948), welche die südlich von Salzburg errichtete Anlage als ein Derivat der Villenarchitektur der venezianischen Terra ferma und der architekturtheoretischen Schriften Scamozzis, Palladios und Serlios interpretiert.[15] Donin anerkennt wohl den hohen Stellenwert des Serlio-Traktats für die – wie Solari – im Ausland arbeitenden italienischen Baumeister, sieht jedoch die Tätigkeit Scamozzis für Erzbischof Wolf Dietrich von Raitenau als den „kürzesten Weg dieser (venezianischen) Formenwanderungen“ und mißt den für die in Salzburg greifbaren venezianischen Architektureinflüsse zugrundeliegenden Werken Palladios und Scamozzis eine höhere Priorität bei.[16] Mit dem Verweis auf die topographische Lage Hellbrunns in einer Ebene lehnt er die stets in hügeligem Gelände angelegten römischen und florentinischen Villen als mögliche Vorbilder ab.[17] Konkrete Vergleiche zieht Donin zu verschiedenen venezianischen Landhäusern entlang des Brenta-Kanals und der Mira, wie zur Villa Foscarini, Contarini, Grimani, Alessandri und Soranza, wobei er besonders auf die horizontale Gliederung der Fassaden durch Doppelbänder zwischen den Fensterreihen eingeht.[18] Einzelne, in Hellbrunn häufig vorkommende Architekturelemente wie die mit Kugeln versehenen Obelisken oder die in Verbindung mit Brunnen und Schauwänden auftretenden Rundnischen und Exedren werden ausschließlich mit venezianischen Einflüssen in Verbindung gebracht. So überrascht es nicht, daß für Donin als Vorbild für die Wand- und Deckenmalereien des Festsaales und des Oktogons im Schloßgebäude nur die 1566–1568 von Paolo Veronese gemalten Fresken in der Palladio-Villa Barbaro in Maser und im Palazzo Trevisani in Murano in Frage kommen.[19] Zwar schränkt der Autor ein, keine direkte Abhängigkeit behaupten zu wollen, Donins Argumentation erweist sich aber auch hier als zu einseitig, da er außer den venezianischen keine anderen möglichen Einflüsse nennt.

Ludwig Welti (1963), der wohl intimste Kenner des Hohenemser Grafenhauses, hat im Zusammenhang mit seiner Biographie des Bruders von Markus Sittikus, Kaspar, auch einen wertvollen Beitrag zur Hellbrunn-Forschung geleistet.[20] Obwohl er grundsätzlich von einer allgemeinen Wirkung der Villen in Rom und Frascati auf das Salzburger Lustschloß ausgeht, weiß er in dieser Frage im Gegensatz zu seinen Vorgängern zu differenzieren.[21] So bringt Welti den im sogenannten „römischen Theatrum" befindlichen Marmortisch mit einem sehr ähnlichen in der Villa Lante in Bagnaia bei Viterbo in Verbindung, währenddem er die Grotten im Untergeschoß des Schloßgebäudes mit denjenigen der Villa Pratolino bei Florenz vergleicht.[22]

In einem noch zu wenig beachteten Aufsatz geht Carlo Enrico Rava (1970) bezüglich der Vorbildfrage einen Schritt weiter als Welti, indem für ihn die alleinige Abhängigkeit von der toskanischen Kunstlandschaft feststeht.[23] In der Konsequenz werden die Thesen von Donin und Pupp abgelehnt. Rava sieht in der bei Florenz gelegenen Villa Pratolino die Lösung zum Problem, wo sich der für den Salzburger Bischof tätige Baumeister inspiriert haben könnte. Diese von Bernardo Buontalenti 1569 bis 1583 für Francesco I. de'Medici geschaffene Anlage ist nach seiner Auffassung nicht nur ein „allgemeiner Prototyp", sondern das direkte „Modell" für Hellbrunn gewesen.[24] Ja mehr noch, für ihn erweist sich die mutmaßliche Schöpfung Solaris in ihrer ideologischen Konzeption, in ihrem Gesamtplan und in jeder charakteristischen Einzelheit als eine eigentliche „Replik" von Pratolino in einer nördlich der Alpen umgesetzten Form und in kleineren Proportionen.[25] Während Rava im Bereich der im Schloßgebäude untergebrachten Grotten und der im Garten installierten Wasserautomaten einleuchtende Verbindungen zu Pratolino herzustellen vermag, erweisen sich andere Vergleiche als erzwungen und problematisch.[26] Rava geht außerdem davon aus, daß Markus Sittikus mehrmals am Florentiner Hof der Medici zu Gast gewesen sein könnte, wobei er offensichtlich außer acht läßt, daß verwandtschaftliche Beziehungen der Hohenemser direkt nur zum Mailänder Zweig der Medici-Familie bestanden haben. Auch seine Annahme, Markus Sittikus hätte das illustrierte Tagebuch des im Jahre 1600 nach Italien gereisten württembergischen Baumeisters Heinrich Schickhardt sowie das Skizzenheft des bolognesischen Architekten Giovanni Guerra gekannt, geht zu weit.[27]

Aus neuerer Zeit ist neben den Arbeiten von Meinrad Grewenig (1984) und Johann Ostermann (1989), die im wesentlichen zu keinen neuen Erkenntnissen geführt haben, vor allem die Dissertation Ingeborg Wallentins über Santino Solari (1985) zu erwähnen.[28] Obwohl sich die Autorin mit der Biographie des Baumeisters und besonders mit dessen Hauptwerk, dem Salzburger Dom, beschäftigt, widmet sie auch Hellbrunn ein umfangreiches Kapitel.[29] Was die Vorbildfrage betrifft, scheint sich Wallentin vorerst auf kein konkretes Beispiel festlegen zu wollen und läßt verschiedene italienische Einflüsse nebeneinander gelten.[30] Sie sieht den Dombau Solaris als ein Kirchengebäude im Sinne des „strengen Stils" um 1600 und als Derivat der Traktate Serlios und Vignolas, wobei für sie die „venezianische Komponente" als Vorbild völlig ausscheidet.[31] Wallentin vergleicht Solari mit dem ihn konkurrenzierenden Vincenzo Scamozzi und meint zu Recht, daß der letztere ein sich auf Palladio berufender Theoretiker sei, der erstere jedoch mehr Praktiker und auf Serlio fußend.[32] Um so unverständlicher ist es, wenn die Autorin im Zusammenhang mit Solaris Tätigkeit in Hellbrunn von einem Rückgriff auf den Villenbau der venezianischen Terra ferma und auf Andrea Palladio spricht, von dem er die Enfilade in den oberen Räumen des Lustschlosses erstmals übernommen haben soll.[33]

Schließlich sei auf die Arbeit Georg Skaleckis (1989) hingewiesen, welche zur Hauptsache auf die Rezeption der italienischen Architekturtheorie durch deutsche Baumeister eingeht.[34] Mit seiner Zusammenfassung des aktuellen Forschungsstandes und dem Fazit, daß „Vorbilder, die auf die Baugestalt Hellbrunns Einfluß ausgeübt haben könnten, sich konkret nicht benennen lassen"[35], liegt gleichzeitig die Legitimation für eine neuerliche, kritische Auseinandersetzung mit dem Thema unter spezieller Berücksichtigung der Vorbildfrage vor.[36]

3. Leben und Wirken der drei Leitfiguren

Die Beschäftigung mit Erzbischof Markus Sittikus hat gezeigt, daß dessen Regierungszeit viel stärker vom Leben und Wirken des 1610 heiliggesprochenen Onkels Carlo Borromeo geprägt war, als dies von der bisherigen Forschung erkannt wurde. Deshalb ist der erste Teil dieses Kapitels dem Mailänder Gegenreformator und Kardinal gewidmet.

Was den aus Hohenems stammenden Salzburger Landesfürsten betrifft, so bedarf das von Eva Stahl etwas zu einseitig gezeichnete Bild einer Korrektur.[37] Schließlich wird auch eine kurze biographische Skizze des Architekten geboten, der die Vorstellungen seines Auftraggebers mit seinen eigenen Ideen in Einklang zu bringen hatte. Für das Verständnis der gegenseitigen Abhängigkeiten und Wechselbeziehungen der drei Protagonisten, die sich letzten Endes auch auf die bauliche Gestaltung Hellbrunns ausgewirkt haben, soll der folgende Abschnitt die Voraussetzungen schaffen.

3.1. Das Vorbild: San Carlo Borromeo (1538–1584)

Carlo wurde am 2. Oktober 1538 in Arona am Lago Maggiore als zweiter Sohn des Gilberto Borromeo und der Margherita de Medici geboren (Abb. 1). Die seinem Vater gehörende Grafschaft und der dort errichtete „Stato Borromeo" umfaßte zum Zeitpunkt seiner größten Ausdehnung eine Fläche von nicht weniger als eintausend Quadratkilometern.[38]

Während der Erstgeborene, Federico (1535–1562), der 1558 die Herrschaft dieser Grafschaft übernahm, in rascher Folge zum weltlichen Nepoten des regierenden Papstes aufstieg und als dessen erklärter Liebling im April 1561 zum Generalkapitän der Heiligen Römischen Kirche ernannt wurde, hatte man Carlo für die kirchliche Laufbahn bestimmt. 1556 inskribierte sich der Siebzehnjährige an der juristischen Fakultät der Universität Pavia und schloß sein Studium am 6. Dezember 1559 mit der Promotion zum Doktor in beiden Rechten ab. Im gleichen Jahr, nach einem dramatischen fünfmonatigen Konklave, wurde sein Onkel Gianangelo de Medici zum Papst gewählt und nahm den Namen Pius IV. an. Dieser Umstand sollte die weitere Zukunft Carlos bestimmen und war gleichzeitig die Grundlage für seine außergewöhnliche kirchliche Karriere.

So rief ihn der Heilige Vater zu sich nach Rom und erhob den nunmehr 21jährigen am 31. Januar 1560 zum Kardinal. Als „protonotario amministratore dello Stato Ecclesiastico" bemühte sich der bald mit einträglichen Benefizien ausgestattete Carlo um die Verwaltungsgeschäfte der Kirche und wurde kaum einen Monat später zum Administrator der Erzdiözese Mailand ernannt.[39]

Mit dem frühen Tod seines Bruders Federico am 19. November 1562 traf Carlo ein unerwarteter Schicksalsschlag, der in ihm eine schwere Krise auslöste. Er ging aus ihr mit dem Entschluß hervor, sein Leben völlig neu zu formen und entließ deshalb nicht nur die Hälfte seiner Dienerschaft, sondern verbannte auch jeglichen Prunk aus seinem Leben. Er entschloß sich, die Priesterweihe zu empfangen, die ihm Kardinal Cesi heimlich am 17. Juli 1563 spendete.

Was Carlo Borromeos Beteiligung an der etwa im selben Zeitraum stattfindenden dritten Tagungsperiode des Tridentiner Konzils betrifft, so nahm er an den Versammlungen nicht selbst teil, hatte jedoch eine Schlüsselstellung zwischen dem Papst und seinen Legaten inne.[40] Auch wenn er gemäß der neueren Forschung nicht die treibende Kraft des Konzils gewesen ist, kann er dennoch eindeutig als der „Hauptträger des neuen Geistes" bezeichnet werden.[41]

Der entscheidende Abschnitt in der Vita Carlos war mit seinem Wirken in Mailand verbunden. Am 7. Dezember 1563 – am selben Tag, an dem die Mailänder Kirche der Bischofsweihe ihres Stadtheiligen, des hl. Ambrosius, gedachte – empfing auch Carlo Borromeo in Rom in der Sixtinischen Kapelle aus den Händen seines Vetters Kardinal Serbelloni die Bischofsweihe. Ohne erst die kirchenrechtliche Bestätigung seines in Mailand anzutretenden Amtes abzuwarten, begann er von diesem Tag an den ambrosianischen Ritus zu zelebrieren, da er sich nunmehr als Oberhirte jener Diözese verstand, die bis dahin durch Vikare verwaltet worden war und sich in einem stark vernachlässigten Zustand befand. Der feierliche Einzug in die lombardische Hauptstadt fand nach der zögernd erteilten Erlaubnis des Papstes, der nur widerwillig auf seinen treuen und fähigen Nepoten verzichtete, am 23. September 1564 statt.

Nach der Einleitung von Visitationsreisen wurde vom 15. Oktober bis zum 3. November 1565 eine Provinzialsynode durchgeführt, um die Beschlüsse des Tridentiner Konzils zu verkünden. Als im Dezember desselben Jahres sein päpstlicher Onkel nach langer Krankheit starb, verließ Carlo Borromeo Rom endgültig und widmete sich fortan in erster Linie der Seelsorge in seiner Diözese.

Wiederholt ließ sich der neue Erzbischof von Mailand mit den Zivilbehörden und Rom auf Konflikte ein, insbesondere wenn es um Kompetenzfragen in der Rechtsprechung ging.[42] Mehr als der von fast allen Biographen gerühmte religiöse Eifer leitete ihn dabei ein klares und anspruchsvolles politisches Programm: „Milano secunda Roma".[43] Unter dem Episkopat von Ambrosius im 4. Jahrhundert war Mailand Kaiserresidenz und Rom ebenbürtig, wenn nicht überlegen. Carlo Borromeo verband sein Streben mit einer gezielten „Imitatio Ambrosii" und nährte ganz bewußt den durch seinen großen Vorgänger begründeten Mailänder Lokalpatriotismus in den siebziger Jahren des 16. Jahrhunderts.[44] Die religiöse Glanzzeit Mailands unter Ambrosius lebt bis heute im Bewußtsein der Bürger dieser Stadt fort, indem sie die heilige Messe nach einem Sonderritus feiern, der seit dem 7. Jahrhundert „ambrosianisch" genannt wird. Das Tridentinische Konzil hatte diesen Ritus als einzige Liturgie neben der römisch-gregorianischen bestätigt, und Carlo förderte die Herausbildung des Sondergutes seiner Kirche, indem er es für alle seiner Jurisdiktion unterstehenden Kirchen verbindlich machte.

Die Voraussetzung für den erfolgreichen Kampf des Ambrosius gegen die weltliche Gewalt hatte in der Verankerung des Bischofs in seinem Volk bestanden, und danach strebte nun auch Carlo mit großem Aufwand. Ein bis heute nie ganz aufgeklärtes Ereignis sollte ihm dabei gelegen kommen. Am 26. Oktober 1569 wagten einige Mitglieder des Humiliatenordens, der vom Erzbischof der gelockerten Sitten und des angehäuften Reichtums wegen sehr gerügt worden war, eine Verschwörung gegen den Kirchenherrn.

Während des Gebetes in einem als Oratorium dienenden Saal des erzbischöflichen Palastes gab Gerolamo Donato, genannt Farina, aus seiner Arkebuse einen Schuß auf Carlo Borromeo ab, der ihn am Rücken getroffen und das Kardinalsgewand durchschlagen haben soll, ohne ihn jedoch zu verletzen. Dieses Ereignis öffnete die Herzen der Gläubigen für ihren Bischof, und sie verehrten ihn fortan wie einen Heiligen. Im Bewußtsein der über Erfolg und Mißerfolg entscheidenden Stimme des Volkes bemühte er sich um dessen emotionale Stimulierung. Den frommen Patriotismus der Mailänder nährte er gezielt mit der Restauration von lokalen und mittelalterlichen Riten zur Verehrung von Stadtheiligen. Ganz in der Nachfolge des heiligen Ambrosius verhaftet, nahm er auch die alte Tradition der „Pia Fraus" wieder auf.[45]

Sichtbare Demonstration der überaus großen Gefolgschaft im Rücken Carlo Borromeos waren die Prozessionen anläßlich der zahlreich stattfindenden Märtyrertranslationen. Sie machten das borromäische Programm offenbar. Hinter dem Bischof zogen Orden, Bruderschaften, Weltklerus, Bischöfe und Laien unter Triumphbogen mit Darstellungen von Heldentaten der ambrosianischen Kirche einher, quer durch die Stadt.[46]

1 Bildnis des San Carlo Borromeo (dat. 1613), anonym (Hohenems, Privatbesitz). Oel auf Leinwand, 98 × 80 cm.

Als 1576 in Mailand die Pest ausbrach, verschenkte Carlo Borromeo alles, was ihm verblieben war und was seiner Verfügung unterlag. Er ließ Mahlzeiten verteilen, Lazarette einrichten und scheute auch den persönlichen Kontakt mit den Pestkranken nicht. Er war zweifellos beseelt von echter Fürsorge für sein Volk, gleichzeitig wurde aber sein religiöser Eifer teilweise von ehrgeizigem politischen Kalkül überlagert.

Als sich der Kardinal und Erzbischof im Oktober 1584 in der Abgeschiedenheit des Sacro Monte von Varallo durch strenge Exerzitien und harte Bußübungen auf eine neuerliche Visitationsreise in die italienischen Sprachgebiete von Graubünden vorbereiten wollte, wurde er von heftigen Fieberanfällen zur vorzeitigen Rückkehr nach Mailand gezwungen, wo er nur wenige Tage später, am 3. November, starb.

Grundsätzlich wollte Carlo Borromeo das feudale Bischofsrecht wiederbeleben, wobei ihm die tridentinischen Dekrete als Instrumentarium zur Erreichung dieses Ziels dienten. Seine Kirchenpolitik umfaßte einige wichtige und charakteristische Punkte, die hier nur angeschnitten sein sollen.

Während der Ausübung seines Bischofsamtes in Mailand beschränkte er sich nicht auf das Erlassen von Dekreten mittels regelmäßig einberufener Diözesan- und Provinzialsynoden, sondern kontrollierte persönlich auch die effektive Durchführung der Verordnungen – die praktischen Probleme seiner Priester erkennend – auf Pastoral- und Visitationsreisen, wobei ihm ein sorgfältig ausgewählter Mitarbeiterstab zur Seite stand. So hat Carlo, beseelt vom Entschluß, die Gegenreformation entschieden durchzusetzen, Mißstände zu beseitigen und Zucht und Ordnung in der Kirche wiederherzustellen, die Visitation aller Pfarreien der gesamten Provinz nicht weniger als fünfmal wiederholt.[47] Um die Seelsorge weiter intensivieren zu können, wurde in der Diözese eine Neueinteilung in zwölf Bezirke vorgenommen, denen jeweils ein Vertrauter des Bischofs vorstand.

Mit zahlreichen Priesterseminargründungen, wie dem Collegio Borromeo in Pavia oder dem Collegio Helvetico in Mailand, schuf er die Voraussetzungen zur Heranbildung eines „neuen Klerus", der ganz nach den Normen des Tridentinischen Konzils ausgerichtet sein sollte.[48]

Besonderen Eifer legte Carlo für seine Kathedrale, den Mailänder Dom, und den dort zu zelebrierenden Ritus an den Tag. Er ging den Priestern und Domherren mit gutem Beispiel voran, wohnte nach Möglichkeit allen liturgischen Anlässen bei und las oft selbst die Messe, was für einen Kardinal ungewöhnlich war. Um der Eucharistie noch mehr Geltung zu verschaffen, förderte er die vierzigstündige Andacht in der Kathedrale wie in der gesamten Diözese.

In seinem Bestreben, die Kirche mit Hilfe der Mitarbeit von Laien aufzuwerten, gilt Carlo als Wiedererwecker der Volksfrömmigkeit. Er gründete und stärkte zahlreiche Bruderschaften und Gesellschaften, in denen Gläubige aller sozialen Stände organisiert waren, mit eigenen Statuten und klar umrissenen Pflichten.

An den Prozessionen zu bestimmten Feiertagen gingen sie in unterschiedlich farbenen Gewändern und mit zuweilen von Kapuzen verhüllten Gesichtern hinter ihrer Fahne oder dem Bild ihres Patrons einher.[49]

Die Synodalbeschlüsse über die Ausübung des Priesteramtes, die Spendung der Sakramente, die Ausstattung der Kirchen sowie die Vermögensverwaltung der 800 Pfarreien wurden als „Acta Ecclesiae Mediolanensis" ab 1582 gedruckt und wirkten sich bald auf ganz Europa aus.[50]

Ungewöhnlich rasch, am 1. November 1610 und damit zwölf Jahre früher als Ignatius von Loyola, wurde Carlo Borromeo als erster Zeuge Christi aus nachreformatorischer Zeit durch Papst Paul V. heiliggesprochen.[51]

3.2. Der Bauherr: Markus Sittikus von Hohenems (1574–1619)

Der Aufstieg des seit etwa 1180 urkundlich nachweisbaren Hauses Hohenems ist eng verbunden mit den Diensten dieses Adelsgeschlechts für die Habsburger.

Merk Sittichs (ca. 1466–1533) jüngster Sohn Wolf Dietrich, der seit 1527 österreichischer Vogt zu Bludenz und Sonnenberg war, heiratete 1528 als erster der Familie eine Italienerin, Chiara de Medici.[52] Deren Bruder Gian Giacomo, Marchese von Marignano, Kastellan von Musso am Comer See, unterstützte – ähnlich wie die Hohenemser – eine gegenreformatorische Politik gegen Graubünden und die Eidgenossen. Ein weiterer Bruder, der 1549 zum Kardinal erhobene Gian Angelo de Medici, wurde am Weihnachtstag 1559 als Kompromißkandidat der französischen und der spanischen Partei zum Papst gewählt.[53] Als Pius IV. sorgte der konziliante, von feiner humanistischer Bildung geprägte und mit Verwandten ungewöhnlich reich gesegnete Mann nicht nur für seine eigenen Familienangehörigen, wie für die beiden Nepoten aus dem Geschlecht der Borromeo, sondern förderte auch seine emsischen Verwandten. Diese erlebten durch ihre familiäre Beziehung zum Heiligen Vater einen bemerkenswerten und raschen sozialen Aufstieg. So erhob Kaiser Ferdinand I. bereits wenige Monate nach der Papstwahl alle männlichen Mitglieder des Hauses Ems in den Reichsgrafenstand.[54] In der Folge wurde einer der Söhne Wolf Dietrichs von Ems, der bisherige Landsknechtführer Marcus Sitticus von Hohenems (1533–1595), zum Bischof von Cassano in Kalabrien designiert, 1561 zum Kardinaldiakon und ein Jahr später zum Bischof von Konstanz erhoben. Außerdem nahm er nach einer für Aufsehen und Ablehnung an der Kurie sorgenden Nomination als fünfter Legat am Konzil in Trient teil, wo er sich als geschickter Vermittler betätigte.[55] Nach 1567 lebte er bis zu seinem Tod fast ausschließlich in Rom, wo er als Marco Sittico d'Altemps bei nicht weniger als sieben Papstwahlen einen beherrschenden Einfluß ausübte.[56]

Durch sein Mäzenatentum, seine in und um Rom entfaltete Bautätigkeit sowie durch eine gezielte Besitzpolitik sicherte er sich und seiner Familie ein Generationen überdauerndes Andenken.[57]

Sein Bruder Jakob Hannibal (1530–1587), der im November 1560 als päpstlicher Sonderbeauftragter an den Hof Philipps II. von Spanien entsandt worden war, wurde nach vorerst gescheiterten Heiratsplänen 1565 zum Oberbefehlshaber der päpstlichen Truppen im Kirchenstaat ernannt. Durch Vermittlung Carlo Borromeos wurde im gleichen Jahr die Ehe mit Hortensia Borromeo (1551–1578), einer Halbschwester des späteren Heiligen, vom Papst selbst eingesegnet. Dieses Ereignis verbesserte nicht nur das Verhältnis unter den Papstnepoten wesentlich, sondern verstärkte auch die Bindung der Hohenemser an Italien. Sie erreichte ihren Höhepunkt dadurch, daß König Philipp II. die Hohenemser mit der Grafschaft Gallerate in der Nähe von Mailand belehnte.

Als sich sein Elternhaus im Zenit des Ansehens und Einflusses befand, wurde Markus Sittikus am 24. Juni 1574 als viertes von fünf Kindern des Jakob Hannibal von Hohenems und der Hortensia Borromeo geboren. Wie es in den meisten damaligen Adelsfamilien üblich war, wurde der ältere Bruder Kaspar auserwählt, den Stamm fortzupflanzen, während man Markus Sittikus für eine geistliche Laufbahn bestimmte.

Für seine beiden Söhne hatte der Vater schon im Sommer 1582 Vorbereitungen zur Übersiedlung nach Mailand getroffen. Sie sollten dort in dem von Carlo Borromeo 1574 gestifteten Collegio dei Nobili Aufnahme finden und am Brera-Kolleg der Jesuiten Fortschritte in den Wissenschaften und Sitten erzielen.[58] Graf Jakob Hannibal wurde in seinen Erwartungen nicht enttäuscht, denn zum einen sorgte der Mailänder Oheim wie ein zweiter Vater für die jungen Vorarlberger Adeligen, zum anderen übernahmen zwei erfahrene Geistliche die Erziehung der beiden.[59]

Mittlerweile zehnjährig geworden und als ungewöhnlich wohlerzogen und gottesfürchtig geschildert, erklärte sich Markus Sittikus widerspruchslos mit der ihm vorbestimmten geistlichen Laufbahn einverstanden.[60] Er verließ Ende April 1584 die lombardische Metropole, um nach Rom weiterzureisen. Unter der Aufsicht des Kardinals d'Altemps, in dessen Stadtpalast er auch logierte, sollte Markus Sittikus nach dem Vorbild seines Vetters und späteren Vorgängers auf dem Salzburger Bischofsthron, Wolf Dietrich von Raitenau (1559–1617), am Collegium Germanicum den weiteren Studien obliegen. Aus dieser Zeit hat sich ein Brief erhalten, in dem der junge Hohenemser den von ihm sehr verehrten Onkel Carlo Borromeo um Ratschläge für die künftige eigene geistliche Karriere bittet.[61] Von Rom aus konnte der als Erzieher und Mentor mitgereiste Jesuit Bartholomeo Bedra dem Grafen Jakob Hannibal vom Studienerfolg seines Sohnes am Collegium Germanicum berichten und anzeigen, daß der Zwölfjährige zu Weihnachten 1586 im Lateran die vier niederen Weihen erhalten hatte.[62]

Zwei Wochen nachdem Wolf Dietrich zum Erzbischof von Salzburg gewählt worden war, verzichtete er auf ein Kanonikat in Konstanz, welches Kardinal d'Altemps als Bischof dieser Stadt im März 1587 dem jungen, mittlerweile völlig italianisierten Markus Sittikus verlieh. Danach studierte dieser an der von den Jesuiten dominierten bayerischen Landesuniversität in Ingolstadt die Humaniora und Latein. Vor seiner Weiterreise nach Bologna, wo er sich mit dem Studium der Rechtswissenschaften befaßte, erhielt er aufgrund eines Verzichts seines erzbischöflichen Vetters dessen Salzburger Kanonikat, wobei sich Wolf Dietrich persönlich für diese Vergabe einsetzte.[63] Trotz ausgedehnter Aufenthalte in Italien und Spanien hat Markus Sittikus nie einen akademischen Grad erworben.

1601 befand sich der Hohenemser in Rom, wo er als Ehrenkämmerer in die Dienste Papst Clemens' VIII. eintrat. Wenig später absolvierte er das Residenzjahr in Salzburg, wonach ihm im Dezember 1602 Sitz und Stimme in den Kapiteln zuerkannt wurde.[64]

Nachdem er 1604 das Amt eines Dompropstes in Konstanz zugesprochen bekam, verlieh ihm Papst Paul V. ein Kanonikat an der Augsburger Domkirche. Ein weiteres Hindernis auf dem Weg zu den höchsten geistlichen Würden überwand der inzwischen mit Benefizien gut versorgte Markus Sittikus schließlich, als er sich im Jahre 1610 im Konstanzer Dom zum Diakon weihen ließ.

Das im Zusammenhang mit dem salzburgisch-bayerischen Salzkonflikt stehende kurze und ungleiche militärische Kräftemessen zwischen Wolf Dietrich und Herzog Maximilian I. führte nach der überstürzten Flucht des Raitenauers zu dessen Verhaftung am 27. Oktober 1611 durch seine bayerischen Verfolger auf Kärntner Gebiet. In der Folge wurde er unter starker Bewachung auf die Hohensalzburg überführt, wo er am 7. März 1612 in die Resignation seines geistlichen Amtes einwilligte und bis zu seinem Tode im Jahre 1617 inhaftiert blieb.

In der dadurch entstandenen verworrenen Situation war der päpstliche Nuntius Antonio Diaz bemüht, die unter sich uneinigen Domherren zu einer möglichst einhelligen Neuwahl aufzufordern, was sich für Markus Sittikus als besonders günstig erwies. Er war der einzige unter den Salzburger Kanonikern, den man von Seiten der Kurie als persönlichen Bekannten des regierenden Papstes und Freund der Häuser Borghese und Aldobrandini für die Nachfolge des Raitenauers empfehlen konnte. Darüber hinaus zeigte es sich, daß der Hohenemser aufgrund seines reichsgräflichen Status, aber auch dank seiner persönlichen Geschmeidigkeit und Diskretion nicht als Affront gegenüber Bayern oder Österreich gedeutet werden konnte, so daß sich bereits am 18. März 1612 zwölf der sechzehn Stimmen auf ihn vereinigten. Da Markus Sittikus noch am Tag seiner Wahl neben einem Dankesschreiben an den Borghese-Papst einen überaus höflichen und freundlichen Brief an Herzog Maximilian I. von Bayern sandte, ist anzunehmen, daß dieser erheblichen Einfluß auf die Entscheidung der Domherren gehabt hat.[65] Die vom Domkapitel üblicherweise vor jeder Bischofswahl gestellten Bedingungen bestätigte der Hohenemser und versprach auch den bayerischen Forderungen Folge zu leisten.[66]

Seine Außenpolitik war zur Hauptsache auf den schwierigen Nachbarn Herzog Maximilian und den deutsch-römischen Kaiser Matthias ausgerichtet. Durch diplomatisches Geschick und durch Vermittlung des päpstlichen Nuntius Diaz vermochte Markus Sittikus die im Zusammenhang mit dem kurzen Feldzug gegen Wolf Dietrich stehenden hohen Reparationszahlungen hinauszuzögern und erheblich zu senken. Ende Juli 1613 reiste er nach Regensburg an den von Kaiser Matthias einberufenen Reichstag. Dieses politisch eher unbedeutende Ereignis scheint der Salzburger Erzbischof dafür benutzt zu haben, die übrigen Teilnehmer durch sein in jeder Beziehung fürstliches Auftreten zu beeindrucken und auf dieser diplomatischen Mission Kontakte zu anderen hohen geistlichen Würdenträgern zu knüpfen.

Trotz wiederholter Aufforderungen Bayerns, der Katholischen Liga beizutreten, vermied der Hohenemser auch hier konkrete Zusagen und führte die Neutralitätspolitik seines Vorgängers weiter, wobei es ihm wohl letztlich um die Wahrung der eigenen Handlungsfreiheit ging.

Wesentlich vielschichtiger und interessanter erweist sich indes die Innenpolitik von Markus Sittikus und sein Wirken als Oberhaupt des Erzstiftes. Bei der Durchsicht der Relationen Stainhausers fällt auf, daß sich das Handeln des Fürsterzbischofs von Anfang an bis ins kleinste Detail an den von ihm hoch verehrten und nur zwei Jahre vor seiner Wahl heiliggesprochenen Onkel Carlo Borromeo anlehnt.

Eine seiner ersten kirchlichen Maßnahmen war die Wiedereinführung gewisser Feiertage, die Wolf Dietrich abgeschafft hatte.[67] Am 23. September 1612, am Vorabend des Festes vom heiligen Rupert, hielt der Erzbischof eine feierliche Prozession ab, bei welcher die Gebeine der heiligen Gründer-Bischöfe Rupert und Virgil mitgeführt wurden.[68] Anläßlich dieses Ereignisses ließ Markus Sittikus auch eine große Anzahl von Münzen mit den Bildnissen derselben prägen und austeilen. Überhaupt scheint das Prozessionswesen einen sehr hohen Stellenwert besessen zu haben, womit auch die Gründung zahlreicher Bruderschaften verbunden war. Neben der vom Erzbischof kurz nach Pfingsten 1613 ins Leben gerufenen *„Confraternitet des hochwürdigen Sacraments“*[69] sind besonders die Fronleichnahmsbruderschaft sowie die *„unser lieben Frawen und S. Monica Bruederschafft der schwarzlidernen Gürteln“* zu nennen.[70] Markus Sittikus beteiligte sich selbst regelmäßig an den am Karfreitag und an anderen Festen stattfindenden Umzügen, wie aus verschiedenen zeitgenössischen Berichten zu erfahren ist.[71] Bei solchen Anlässen ging es ihm im Sinne einer Wiedererweckung der Volksfrömmigkeit darum, möglichst weite Kreise der Bürgerschaft in die Feierlichkeiten miteinzubeziehen. Ganze Kirchentheater mit Rezitationen und theatralische Gottesdienste sollten den Zugang zum Katholizismus erleichtern und den Glauben festigen.

Die beispielhafte Frömmigkeit von Markus Sittikus wird schon von seinen Zeitgenossen hervorgehoben. Zu Allerheiligen 1612 zelebrierte er in der Franziskanerkirche sein erstes Meßopfer und las von dieser Zeit an fast täglich die heilige Messe, was seine Vorgänger nur noch selten zu tun pflegten.[72] Seine Predigten, von denen sich einige Konzepte erhalten haben, zeichnen sich durch ihre Natürlichkeit und Herzlichkeit aus. Die Bibelzitate nahmen nur einen geringen Raum ein, und die Sprache wurde für das bessere Verständnis einfach gehalten. In diesem Zusammenhang sei die Einführung des vierzigstündigen Gebetes erwähnt, das am Palmsonntag 1613 zum ersten Mal stattfand.[73] Auch für den wiederaufblühenden Reliquienkult und die Errichtung von Heiligengräbern in verschiedenen Kirchen ist Markus Sittikus verantwortlich.[74]

Die Faschingsbelustigungen, die früher meist in ein wüstes Fressen und Saufen mündeten, nahm das Oberhaupt des Erzstiftes nun selbst in die Hand und ließ sie vom Hofstaat aus veranstalten, wobei an jedem Tag eine andere Gruppe die Maskerade und was damit zusammenhing zu besorgen hatte, einmal die Kammerdiener, die Hofbaumeisterei, die Küche usw.[75]

Den höchsten Stellenwert in der Kirchenpolitik von Markus Sittikus hatte jedoch die Durchsetzung der Gegenreformation.

Wolf Dietrich hatte gleich zu Beginn seiner Regierungszeit in Salzburg einen zentralen Punkt der tridentinischen Reformen ausgeklammert, nämlich die Beseitigung des Konkubinates der Priester und Straffung der Disziplin des Klerus. Dieses Faktum und ebenso sein eigenes Verhältnis mit Salome Alt, die ihm 15 Kinder gebar, machten den Erzbischof als Metropoliten der großen Salzburger Kirchenprovinz zum Risikofaktor der Gegenreformation, die in den benachbarten Ländern durch reformeifrige Fürsten und Bischöfe im Gange war.

Markus Sittikus ging von Anfang an konsequenter an die Reform seiner Kirche heran. Das Domkapitel verpflichtete den Hohenemser Erzbischof zur Errichtung eines Studienkollegs der Jesuiten oder eines anderen Ordens, Einberufung einer Diözesan- und Provinzialsynode nach den Vorschriften des Konzils von Trient, Durchführung einer Generalvisitation und Reform des Klerus und der Untertanen im Erzstift. Diesen Forderungen kam Markus Sittikus getreu nach und unterschied sich von seinen Vorgängern dadurch, daß er die überfälligen Maßnahmen zielstrebiger und aus religiöser Motivation heraus durchführte, wobei er es nicht nur bei einer Absicherung von Ruhe und Ordnung in seiner Kirchenprovinz bewenden ließ. Die entscheidenden Impulse zur Gegenreformation scheinen von ihm selbst ausgegangen zu sein, wie er auch die Durchführung derselben genauestens überwachte.

Markus Sittikus bestellte zwei Visitatoren, die in den einzelnen Pfarreien nach einem genau ausgearbeiteten Plan vorzugehen hatten. Während zwei Kapuziner im November 1613 ihr Bekehrungswerk in Radstadt bei den dortigen Bürgern begannen, wurde der Anfang der Visitation in den Gebirgsgauen – wo der protestantische Glaube am stärksten Fuß fassen konnte – bereits am 14. Juli in Werfen gemacht und fand im Abschlußbericht vom Februar 1614 eine erste allgemeine Situationsschilderung.[76]

Dieser umfangreiche Bericht enthielt nicht nur eine detaillierte Bestandsaufnahme von Kircheninventar und Stiftungen, sondern dokumentierte auch den erschreckenden Priestermangel und das beim Pfarrklerus weit verbreitete Konkubinat. Außerdem klagten die Betroffenen über zu geringe Einkünfte.

Wie ernst dem Erzbischof und den Visitatoren gerade die Reform des Klerus war, zeigt die Tatsache, daß sie trotz großen Priestermangels nicht zögerten, die Beseitigung des Konkubinats auch mit Gewalt herbeizuführen und unwillige Priester aus der Seelsorge zu vertreiben.[77] Markus Sittikus erkannte, daß mit den wenigen Geistlichen und ihrer unzureichenden seelsorgerischen Bildung keine durchgreifende Änderung der kirchlichen Situation der Diözese zu bewirken war. Seine Vorgehensweise – Reform des Klerus und erst dann die Maßnahmen zur Rückführung der Untertanen zum katholischen Glauben – machte ihn glaubwürdig und brachte ihm den nötigen Respekt der Untertanen ein.

Unmittelbar nach Abschluß der ersten Phase der Generalvisitation 1613/14 wurde in den Kerngebieten der Häresieverbreitung geradezu eine militärische Bekehrungsaktion im Stile einer „Impresa" durchgeführt.[78]

Die erste und intensive Phase der Gegenreformation wurde in der Salzburger Diözese mit verhältnismäßig geringen Mitteln, ohne Blutvergießen und ohne großen Schaden für das Land vollzogen. Darüber hinaus hatte Markus Sittikus der im darauffolgenden Winter an einer Hungersnot leidenden Gebirgsbevölkerung durch die Einfuhr von Getreide rechtzeitig zu helfen gewußt.[79]

Die zweite Phase der Gegenreformation umfaßt die Jahre ab dem Sommer 1615 bis zum Tode des Erzbischofs im Jahre 1619 und wurde ebenso konsequent durchgeführt. Sie war mehr auf die Bekehrung der Untertanen und strenge Kontrolle des Klerus ausgerichtet. Damit in Verbindung stehen die Einführung und Wiederbelebung der Bruderschaften, die Abhaltung von Kinderlehren, die Verteilung des Canisianischen Katechismus sowie von Rosenkränzen, Beichtzetteln und Medaillen.[80] Ein weiterer Schritt zu einer intensiveren religiösen Betreuung der im Gebirge lebenden Bevölkerung war die Neuorganisation des Archidiakonats Salzburg, wobei Markus Sittikus in Anlehnung an das Tridentiner Konzil eine Einteilung in sieben Dekanate vornahm, um überschaubare kirchliche Verwaltungseinheiten zu schaffen.[81]

Priestermangel und fremde Pfarrgeistliche

wurden als Haupthindernis für eine dauerhafte Rückführung der Bevölkerung in die katholische Kirche erkannt. Um dem entgegenzuwirken, schritt Markus Sittikus zur Gründung einer höheren Lehranstalt, nachdem weder die Klosterschule von St. Peter noch die Rupertus-Schule dafür geeignet waren. Nach erfolglosen, bereits 1613 stattgefundenen Gesprächen mit den Jesuiten und Dominikanern, berief er schließlich die Benediktiner nach Salzburg und eröffnete am 16. November 1617 ein Gymnasium mit Lyzeum, das von Anfang an als Universität gedacht war.[82]

Während seiner kurzen Regierungszeit von nur sieben Jahren hat Markus Sittikus eine erstaunliche Bautätigkeit entfaltet. Die Errichtung des Domes war sein architektonisch zentrales Anliegen. Einerseits ging es auch hier darum, jede Erinnerung an Wolf Dietrich auszulöschen, indem die vom Vorgänger im April 1611 eingesegneten beiden marmornen Grundsteine entfernt und die bis in Bodenhöhe gediehenen Grundmauern eingerissen wurden. Andererseits dürfte der Hohenemser die Grundrißgestaltung des Domes an die Beschlüsse des Tridentiner Konzils angepaßt haben.[83] Während der Scamozzi-Entwurf von 1606 ein zu einem Zentralbau neigendes Kirchengebäude zeigt, plante und errichtete der von Markus Sittikus berufene Solari einen durch ein Langhaus orientierten Bau, der sich zudem wieder stärker an den alten Salzburger Dom anlehnte.[84] Es gilt auch zu bedenken, daß mit dem Einzug Carlo Borromeos und des von ihm beschäftigten Architekten Pellegrino Tibaldi in Mailand nach einer Zeit der architektonischen Stagnation eine Periode sehr intensiver Bautätigkeit eingesetzt hatte, welche auch die Entwicklung der Baukunst nördlich der Alpen beeinflußte. Damit in Verbindung stehen die Anweisungen des Mailänder Kardinals und Erzbischofs zum Kirchenbau, die ein sehr straffes Konzept einer der Liturgie verpflichteten Architektur zeichnen.[85] Die im von Carlo Borromeo 1577 veröffentlichten Werk mit dem Titel „Instructionum fabricae et suppellectilis ecclesiasticae“ enthaltenen Anweisungen dürften auch für Markus Sittikus und seine Kirchenbauten als Richtlinien gedient haben. Nach einer neuerlichen Grundsteinlegung 1614 wurde der Dombau energisch in Angriff genommen.[86] Ein lange Zeit verschollenes und heute in Polička (Böhmen) aufbewahrtes Markus-Sittikus-Porträt von 1619 zeigt, daß zumindest der Bereich der Nordapsis und der nördlichen Langhauspartie beim Tode des Erzbischofs schon bis zur Dachgleiche gediehen war (Abb. 2).[87] Während der Bauzeit wurden die Gottesdienste in der Franziskanerkirche abgehalten, wo der Hohenemser im Kapellenkranz die erste Kapelle der Nordseite schon 1613 seinem heiliggesprochenen Oheim weihte und sie mit teilweise vergoldeten Stuckdekorationen versah.

Seine beiden selbständigen Kirchenbauten, die Markuskirche beim Spital der Barmherzigen Brüder in der Gstätten mit einer Marmorfassade, die 1669 dem großen Bergsturz zum Opfer fiel, und die Corporis-Christi-Kirche in der Kaigasse, die erst unter Erzbischof Hieronymus von Colloredo demoliert wurde, bestehen leider nicht mehr.[88] Beide Kirchen sollen aber laut zeitgenössischen Berichten überaus prachtvoll gewesen sein.

Von den unter seiner Regierung fertiggestellten Profanbauten sind neben Hellbrunn vor allem die Residenz, wo Markus Sittikus den Trakt gegen den Alten Markt, die große Arkadenanlage im Haupthof mit dem Herkulesbrunnen und das Portal am Domplatz mit der Halbfigur eines römischen Imperators baute, sowie die verschiedenen Stadttore (Klausen-, Gstätten- und Sebastianstor) zu nennen.[89] Im Jahre 1618 wurde auch der Anfang für ein Lehrerwohngebäude gemacht, welches der Erzbischof auf eigene Kosten in der Mitte des ehemaligen Frohngartens erbauen ließ und es zu Ehren seines mütterlichen Oheims Collegium St. Caroli nannte.[90]

Die in der Literatur mit erstaunlicher Hartnäckigkeit aufrechterhaltene Meinung, Markus Sittikus habe eine intime Beziehung zur zweiten Ehefrau seines Leibgardehauptmanns Johann Sigmund Mabon, Ursula Katharina von Block aus Brabant unterhalten, vermag nicht zu überzeugen.[91] Der Erzbischof scheint zeit-

2 Bildnis des Erzbischofs Markus Sittikus (um 1619), Donato Mascagni zugeschrieben (Polička, Městské Museum). Oel auf Leinwand, 221 × 127 cm.

lebens nur eine einzige emotionale Schwäche gehabt zu haben, nämlich in seiner großen Zuneigung zum 1595 geborenen Sohn seines Bruders Kaspar, Jakob Hannibal II. von Hohenems, den er in einem Brief zärtlich „dolcissimo Annibalino" nennt und dem er persönlich Unterricht in der italienischen Sprache erteilt.[92] Obwohl sich Jakob Hannibal als ohne Pflichtbewußtsein und verschwenderisch zeigte, holte Markus Sittikus den Neffen bald nach seiner Wahl nach Salzburg, wo er ihn in jeder Hinsicht großzügig an seinem Hof aufnahm. Bereits 1613 sah man den 18jährigen als Obristkämmerer mit einem Monatsgehalt von 300 fl., der sich schon bald durch das Arrangieren von Festen, Maskeraden und anderen eher seichten Unterhaltungsformen einen Namen machte. Sowohl eine fast siebenmonatige Bildungsreise nach Italien wie auch die im Jahre 1616 eingegangene Ehe mit Anna Sidonia von Teschen vermochten seinen prachtliebenden und ungeordneten Lebensstil nicht zu ändern.[93]

Ein Schatten über der Regierung von Markus Sittikus war zweifellos die fünf Jahre dauernde Festungshaft seines Vorgängers Wolf Dietrich. Nach einem langen Prozeß im Sommer 1612, während dessen Verlauf mit teilweise erheblichen Übertreibungen Beweise für eine Schuld des Raitenauers erbracht wurden, übergab man diesen der strengen Bewachung seines Nachfolgers, der sich fortan zu einem wahrhaft unbeirrbaren Kerkermeister entwickelte, sei es aus Eifersucht, Furcht oder Unruhe über die teilweise noch andauernde Popularität Wolf Dietrichs. Dieses Vorgehen hat dem Hohenemser bis heute heftige Kritik eingebracht, und es erstaunt um so mehr, als ja der Vorgänger auf dem Bischofsthron viel für die Karriere seines jungen Vetters getan hatte.

Bisweilen bezeichnen einige Biographen das nur gerade sieben Jahre währende Episkopat des 1612 gewählten Landesfürsten etwas abwertend als „Interregnum" – zu Unrecht, wie ich meine.[94] Die Leistungsbilanz von Markus Sittikus kann sich (besonders was seine Bautätigkeit, seine Kirchen- und Innenpolitik betrifft), wollte man sie mit derjenigen von Wolf Dietrich vergleichen, dem eine verhältnismäßig lange Regentschaft vergönnt war, durchaus sehen lassen. Während der wohl etwas gebildetere, allerdings launische Raitenauer mit seiner von Rom inspirierten Neugestaltung Salzburgs visionäre Züge besaß, gleichzeitig jedoch oft das realistische Maß der Dinge aus den Augen verlor und Begonnenes nicht zu vollenden vermochte, strebte der Hohenemser überall machbare Lösungen mit größtmöglicher Wirkung an.

Die Tatsache, daß Wolf Dietrich die große innovatorische Entscheidung für die Stadt an der Salzach schon getroffen hatte, ließ Markus Sittikus in den Augen mancher nur als ein Musterbeispiel für musikalischen Dilettantismus und machthungrigen Egoismus erscheinen, der zwar Pläne weiterzuführen verstand, ohne aber die gestalterische Vision seines Vorgängers zu besitzen. Wohl fehlte dem Hohenemser die spektakuläre Geste und die charismatische Ausstrahlung, die von Wolf Dietrich ausgegangen war, doch sein kluges innenpolitisches Vorgehen, seine gewandte diplomatische Art und das weltmännische Auftreten ließen bei ihm Wollen und Können stets in Einklang bringen.[95]

Der Vorwurf, Markus Sittikus habe in der Außenpolitik zu wenig Profil gezeigt und aktiv in diesem Bereich wenig unternommen, ist nur zum Teil gerechtfertigt.[96] Dabei gilt es, die Sonderstellung des Landes und Erzstiftes Salzburg zu bedenken, das sich als Pufferstaat unmittelbar im Einflußbereich von Bayern und dem habsburgischen Österreich befand. Mittels einer entsprechenden Neutralitätspolitik bemühten sich auch die späteren Erzbischöfe mit unterschiedlichem Erfolg, ihre eigenen Interessen zu wahren.

Während man die Tätigkeit von Wolf Dietrich in der Series episcoporum mit „plura aedificavit, maiora destruxit" charakterisierte, konnte sich der Hohenemser rühmen, nicht nur viele von dessen begonnenen Bauten vollendet, sondern auch selbst eindrückliche architektonische Spuren hinterlassen zu haben.[97] Als Mäzen der Künste, wobei er sich besonders um die Einführung der italienischen Oper einen Namen gemacht hat, wurde er wohl von keinem seiner Nachfolger übertroffen. Am 8. Oktober 1619, nach kurzer Krankheit, starb Markus Sittikus im Alter von nur 45 Jahren.[98]

Eine ihm im Dom gewidmete Grabinschrift, wo er nach dessen Weihe im November 1629 beigesetzt wurde, läßt erkennen, wie eng Markus Sittikus sein Wirken als Erzbischof an dasjenige seines heiliggesprochenen Onkels Carlo Borromeo anlehnte und somit entsprechend die Prioritäten seiner Innen- und Kirchenpolitik setzte: Domneubau, Universitätsgründung, konsequentes Durchsetzen der Gegenreformation. Er wird nicht nur ein Bekämpfer der Irrlehren und Erbauer von vielen Kirchen genannt, ein Schützer und Gönner der Wissenschaften und eine Zuflucht der Armen, sondern wird überhaupt als ein um die Kirche, den Staat und die Wissenschaft hochverdienter Mann beschrieben. Diese wohl als eine Art offizielle „laudatio post mortem“ aufzufassende Inschrift dürfte durchaus auch das persönliche Urteil seines Nachfolgers Paris Lodron gewesen sein, der den Hohenemser gut gekannt hat, und es zeigt deutlich, daß Leben und Wirken, besonders aber das politische Programm von Markus Sittikus in erster Linie eines war: eine bewußte „Imitatio Sancti Caroli“. So wurde nach dem Willen des verstorbenen Erzbischofs dessen Herz bei „seinem Oheim“ in der Karl-Borromäus-Kapelle in der Franziskanerkirche bestattet.[99]

3.3. Der Architekt: Santino Solari (1576–1646)

Obwohl ein eindeutiger schriftlicher Beleg fehlt, gilt seit dem Beginn des 20. Jahrhunderts als unbestritten, daß Entwurf und Bau von Hellbrunn Santino Solari zuzuschreiben sind (Abb. 3).[100] Als indirekter Beweis für seine maßgebliche Beteiligung darf wohl das von ihm und seinen Mitarbeitern anläßlich des Fastnachtsumzuges von 1618 mitgeführte Modell des Lustschlosses angesehen werden.[101]
Es ist außerdem kaum vorstellbar, daß man den im Oktober 1612 als Hofbaumeister in Salzburg nachweisbaren Bildhauer und Architekten bei der Planung und Realisierung des wichtigsten selbständigen Profanbaus unter Markus Sittikus übergangen hätte.

Solari stammte aus einer Künstlerfamilie aus dem Dorf Verna im Intelvital in der Gegend des Comer Sees, die hauptsächlich Baumeister, Stukkateure und Maler hervorbrachte.[102] Die Kunst der „Magistri Antelami“ war in Norditalien besonders im 15. und 16. Jahrhundert sehr gefragt. In ihrer folgenden Blütezeit vom 17. bis ins 19. Jahrhundert bewältigten sie die verschiedensten Bauaufgaben auch in anderen Teilen Europas, wie in Österreich, in den Donauländern in Polen und Rußland. Bedingt durch die Religionskriege im Norden, die Türkengefahr im Südosten und den Einsatz verbesserter Artilleriegeschütze bestand zunächst die Forderung nach einer raschen und modernen Befestigung der Städte. Gerade auf diesem Gebiet der Bautechnik galten die Italiener damals als die besten Experten, während es nördlich der Alpen an eigenen qualifizierten Baumeistern und Handwerkern fehlte. So ist es zu erklären, daß man diese „Lombarden“, „Mailänder“ oder „Comasken“ während des 16. und 17. Jahrhunderts in die betroffenen Länder rief und nichts dagegen hatte, daß die Architekten und Ingenieure ihre eigenen Hilfskräfte mitbrachten. Bereits um 1600 ergab sich eine geradezu massenhafte Anwesenheit von italienischen Künstlern in Frankreich und im deutschen Sprachraum, die hier – mit zeitlicher Verzögerung – die Einführung des „italienischen Stils“ bewirkte.

Santino wurde vermutlich 1576 als Sohn des Christoforo Solari und der Margherita Valnegro geboren und hatte drei Geschwister.[103] Über seine Jugendzeit und die anschließenden Lehrjahre ist sehr wenig bekannt. Seine Ausbildung könnte Solari in der Schule des Sebastian Carlone von Scaria Intelvi absolviert haben oder bei Andrea Bertoletto, der die Arkaden des St.-Sebastian-Friedhofes in Salzburg von 1595 bis 1600 erbaute, das erste Beispiel eines Campo Santo im deutschen Kunstkreis.[104]

Auch über die näheren Umstände der Berufung Solaris nach Salzburg herrscht Unklarheit. Nach dem Sturz Wolf Dietrichs und seiner Gefangennahme wurde eine erzbischöfliche

Delegation zur Regelung der Nachfolge nach Rom entsandt, welcher neben dem Weihbischof Claudius Sozzimeno auch der Domherr und spätere Erzbischof Paris von Lodron angehörte, der sich während seiner Regierungszeit Solari gegenüber als überaus wohlwollend gezeigt und ihn mit großen Ehrungen ausgezeichnet hat. Es besteht daher die Möglichkeit, daß der damalige Domherr dem Comasken im Winter 1611/12 in Rom oder Oberitalien begegnet und gleichzeitig für dessen Berufung verantwortlich ist.[105] Als ebenso wahrscheinlich kann die Vermutung eingestuft werden, daß Solari bereits ein gutes Jahr früher in die Stadt an der Salzach geholt wurde. So bat sein Landsmann Giacomo Bertoletto (Sohn des oben genannten Andrea Bertoletto), der seinen Namen 1600 in den Stuck des Kranzgesimses in der Gabrielskapelle einritzte, im November 1610 um die Erlaubnis, auf Kosten des Hofes in seine Heimat an den Comer See zu reisen und von dort *„acht oder zehen guete Stucatori“* mitzubringen.[106]

Im Oktober 1612 erscheint Santino Solari erstmals in der Besoldungsliste des Salzburger Hofstaates mit einem Monatsgehalt von 40 fl.[107] Über eine sofortige Aufnahme von Bauarbeiten ist nichts bekannt. Die beiden Großprojekte, Hellbrunn und der Dom, wurden erst im Juni 1613 bzw. im April 1614 begonnen. Da für den Zeitraum von November 1612 bis Juni 1613 Nachweise für eine Tätigkeit des Baumeisters in Salzburg fehlen und eine derart lange Krankheit oder die Vernichtung aller Akten ausgerechnet aus dieser Periode unwahrscheinlich ist, kann hypothetisch eine Studienreise Solaris angenommen werden.[108] Für diesen „Bildungsurlaub“ hätten ihm rund fünf Monate zur Verfügung gestanden, wobei als Ziel und Hauptaufenthaltsort am ehesten Rom in Frage käme.[109] Anregungen für den Kirchenbau hätte sich Solari allerdings genausogut in Mailand bzw. in der Lombardei holen können, wo sich seit 1570 eine überaus rege Bautätigkeit entwickelt hatte, deren Hauptexponenten zunächst der von Carlo Borromeo berufene Pellegrino Tibaldi (1527–1596) und später der hauptsächlich für Federico Borromeo tätige Francesco Maria Ricchino (1584–1658) waren.

Im Hinblick auf die Planung Hellbrunns wären auch Besuche der damals berühmtesten Villen und Gartenanlagen denkbar. Der Salzburger Baumeister dürfte sich in dieser Hinsicht kaum wesentlich von seinen zeitgenössischen Berufskollegen unterschieden haben, die nur wenige Jahre früher aus denselben Gründen in Italien weilten. Der deutsche Architekt Heinrich Schickhardt (1558–1634) beispielsweise, der seinen Gönner Herzog Friedrich von Württemberg im Jahre 1600 nach Rom begleitete, hielt viele ihm wichtig erscheinende charakteristische Bauten, aber auch Brunnen, Pumpwerke, Schleusen und vieles andere mehr in Plänen und Skizzen fest, um sie für eigene Projekte verwerten zu können.[110] Bereits zwei Jahre früher hatte er aus eigenem Antrieb eine Italienreise unternommen, deren Beschreibung ein reges Interesse an allen technischen Errungenschaften dieses Landes im Ingenieurswesen und an den neuesten, mit Wasserkünsten ausgestatteten Gartenanlagen der römischen und toskanischen Villen dokumentiert. Schickhardts detaillierte Notizen und Zeichnungen zu den Sehenswürdigkeiten der Villa Pratolino, bei denen er nicht nur das dem Besucher äußerlich Sichtbare festhält, sondern auch die innere Mechanik verschiedener Automaten zeigt, verdienen dabei besondere Beachtung.[111]

Daneben sind vor allem Salomon de Caus (1576–1626) und Josef Furttenbach (1591–1667) zu erwähnen, die ihre in Italien gewonnenen Eindrücke in der Heimat verarbeiteten, mit eigenen Erfahrungen ergänzten und sie dann in Buchform, mit zahlreichen Illustrationen versehen, veröffentlichten, was zur raschen Verbreitung dieser Kunstgattung nördlich der Alpen führte.[112]

Über die Tätigkeit Solaris in Hellbrunn gibt es aufgrund des vollständigen Fehlens von Bauakten keinerlei Anhaltspunkte.

Auch die grundlegende Frage, wieviel hinsichtlich der Konzeption der Anlage auf den Architekten bzw. auf seinen Bauherrn zurückgeht, kann nicht beantwortet werden. Es ist

3 Bildnis des Santino Solari (dat. 1632/1646), anonym (Salzburg, Dommuseum). Oel auf Leinwand.

aber anzunehmen, daß Markus Sittikus sehr weitgehend auf Planung und Ausführung der Bauarbeiten Einfluß nahm und nichts dem Zufall überließ. Vieles in Hellbrunn weist jedenfalls auf den Willen eines selbstbewußt und absolutistisch regierenden Landesfürsten hin. Ein Briefwechsel mit seinem Bruder Caspar aus dem Jahre 1617 beispielsweise, der die Fassadenneugestaltung der Pfarrkirche in Hohenems zum Inhalt hat, zeigt, daß sich der Erzbischof selbst bisweilen intensiv mit architektonischen Problemen auseinandersetzte.[113] Solari dürfte mit den zeitgenössischen Traktaten vertraut gewesen sein und hatte für die praktische Umsetzung der Vorstellungen seines Gönners zu sorgen.

Die Aufzeichnungen des Salzburger Chronisten Stainhauser lassen immerhin den Schluß zu, daß die Arbeiten überaus zügig vorangetrieben wurden und daß die von Wolf Dietrich gegründete „Paumeisterey" unter Markus Sittikus äußerst effizient und straff organisiert war. Was Solaris Mitarbeiter betrifft, so sind einige Namen zwar überliefert, doch ist auch in bezug auf deren Anteil am Geschaffenen nichts bekannt. Als Bildhauer werden von Anfang an die beiden Italiener Hieronymo Preosto und Bernardo Zanini erwähnt, ab dem zweiten Halbjahr 1616 sind auch ein „Fra Gioachino Brunnmaister" und der Maler Arsenio Mascagni in den Gehaltslisten nachweisbar.[114] Es müssen aber, gemessen an der zu bewältigenden Aufgabe und der kurzen Zeit, die dafür zur Verfügung stand, noch weitere Künstler, darunter sicher auch einheimische, tätig gewesen sein. Verschiedene Autoren haben sich zu dieser Frage geäußert und versucht, einzelne der in Hellbrunn befindlichen Skulpturen bestimmten Meistern zuzuordnen.[115] Währenddem weitgehend Einigkeit darüber herrscht, daß dafür die beiden „bedeutendsten zeitgenössischen Bildhauer Salzburgs", Hans Waldburger und Hans Konrad Asper, am ehesten in Frage kommen, bestehen über deren Anteil bei der Schaffung der Garten- und Grottenfiguren noch immer erhebliche Meinungsverschiedenheiten.[116] Solari darf man mit großer Wahrscheinlichkeit als Hauptverantwortlichen für die Gesamtplanung Hellbrunns betrachten, wobei er die allgemeinen Richtlinien (auch für das Figurenprogramm) festlegte, sonst aber der Eigenart und Ausdrucksfähigkeit der ausführenden Künstler freien Spielraum ließ.[117] Auch er selbst dürfte einige der wichtigsten Skulpturen geschaffen haben, da ihn die Aufschrift des im Dommuseums aufbewahrten Porträts als „statuarius idem et architectus" bezeichnet, „[. . .] qui et palatia hortosque principis marmore gypsoque animavit".[118]

Kaum einem anderen Architekten des deutschen Sprachraums der damaligen Zeit wurden innerhalb einer Generation so umfassende Aufgaben zur Gestaltung einer Stadt und ihrer Umgebung gestellt wie Solari in Salzburg.

Als er 1612 ins Erzstift berufen wurde, lag Salzburg als große Baustelle und Trümmerfeld da. Als Solari 1646 starb, hatte er nicht nur das Herz der Stadt, den neuen Dom, geschaffen, die Residenz und das Neugebäude vollendet, die Universität mit der Aula errichtet, die St.-Peters-Kirche mit Gewölbe und Kuppel versehen sowie im rechtsufrigen Teil der Stadt die Anlage des Lodronschen Primogeniturpalastes samt dem Lorettokloster erbaut, sondern auch die gesamte Stadt einschließlich des Mönchs- und Kapuzinerberges mit einer neuen Stadtmauer versehen, welche mit ihren Basteien, Gräben, Wällen und Toren Salzburg einen Festungscharakter verlieh, der trotz einiger Veränderungen bis heute sichtbar geblieben ist. Von den etwa hundert italienischen Architekten von Bedeutung, die im 16. und 17. Jahrhundert im Gebiet des heutigen Österreich aktiv waren, zählt Solari ohne Zweifel zu den erfolgreichsten.

Er hat seinen 34jährigen Dienst an einem Hofe einer internationalen Tätigkeit vorgezogen, was ihm zwei Salzburger Erzbischöfe durch reichen Lohn und außerordentliche Ehrungen dankten. Solaris Wirken in bezug auf seine Auftraggeber läßt sich gerade auch in dieser Hinsicht mit der Tätigkeit der beiden norditalienischen Architekten Tibaldi und Ricchino im Dienste der Mailänder Erzbischöfe Carlo und Federico Borromeo vergleichen. Wie noch zu zeigen sein wird, war Santino Solari in seinem ganzen Werk ein vielseitiger Praktiker, der architektonisches Formengut seiner Heimat mit nordländischen und ortstypischen Elementen harmonisch zu verbinden vermochte, besonders auch, was die Wahl der hierzu verwendeten Gesteinssorten betraf. Gemessen an der kurzen Zeit, die ihm unter Markus Sittikus zur Verfügung stand, hat er mit seiner effizient arbeitenden „Paumeisterey“ Erstaunliches geleistet.

Wenn Stainhauser in seiner ersten summarischen Beschreibung Hellbrunns vom Dezember 1616 über die während der Regierungszeit des Hohenemsers errichteten Gebäude in lobenden Worten schreibt: *„Fürnemblich aber dass Ihre Hochfürstl. Gn. solch statlich und überaus großes Gebäuw, in deme sie mit ihrer ganzen Hofhaltung guetes underkhomen und wohnung haben khönen, (...), in so khurzer Zeit und wenig Jahren (...) neben anderen ihren ansehlichen und vielfeltigen im ganzen Erzstifft notwendigkhlich gefürheten Gebeuen, darunder die Thuembkhirch billich die erste Stell hat, mit solcher magnificenz, khunst und fürtreflichkheit haben erbauen khönnen“*, so ist dies in erster Linie das Verdienst Solaris.[119]

4. Die Zeit um 1600

In Hellbrunn, wie auch in anderen Gärten, deren Entstehung auf das 16. und 17. Jahrhundert zurückgeht, wurde im Laufe der Zeit nicht nur die ursprüngliche Bepflanzung, sondern auch vieles in architektonischer Hinsicht verändert mit dem Ergebnis, daß der moderne Betrachter nicht das erfährt, was der Schöpfer der jeweiligen Anlage beabsichtigte.

Die große zeitliche Distanz, mit der wir die Dinge heute sehen, erschwert daher auch unser Verständnis Hellbrunns. Voraussetzung für eine Analyse dieses Profanbaus und eine akkurate Rekonstruktion seines einstigen Zustandes ist, daß man das Ensemble in den kulturellen Kontext der Zeit um 1600 stellt. Wer sich mit den geistigen Strömungen, den künstlerischen und naturwissenschaftlichen Leistungen jener Epoche vertraut macht, wird die Intentionen und die Denkweise des Bauherrn automatisch besser verstehen können. Er wird auf diese Weise auch Antworten auf die Frage finden, warum das vor den Toren Salzburgs gelegene Lustschloß mit seinen Gärten so konzipiert wurde, wie es sich anhand der überlieferten Dokumente und Archivalien erschließen läßt.

Auf die für Markus Sittikus prägende Wirkung des gegenreformatorischen Gedankenguts hat bereits das letzte Kapitel hingewiesen. Auf den folgenden Seiten stehen zwei andere wesentliche Aspekte der Spätrenaissance im Vordergrund, nämlich die Fortschritte in den Naturwissenschaften sowie das Phänomen der Kunst- und Wunderkammern; beide haben in der italienischen Gartenkunst – der Hauptinspirationsquelle für Hellbrunn – in der zweiten Hälfte des 16. Jahrhunderts ihren Niederschlag gefunden.

Genährt von dem energischen Fortschrittsstreben und der intensiven Auseinandersetzung mit antiken Texten haben die Renaissance und der mit ihr untrennbar verbundene Humanismus die Forschung auf die Tagesordnung gesetzt. Dies führte zwischen 1450 und 1650 auf vielen Gebieten zu teilweise bahnbrechenden Erkenntnissen.[120]

Es war die Zeit der großen Entdeckungsreisen (Christoph Kolumbus, Bartolomeu Diaz), durch die nicht nur das geographische Wissen gewaltig ausgedehnt, sondern in Europa auch bis anhin unbekannte Pflanzen- und Tierarten eingeführt wurden. Nikolaus Kopernikus ersetzte das geozentrische durch das heliozentrische Weltbild, andere Astronomen nach ihm (Tycho Brahe, Galileo Galilei oder Johannes Kepler) bewiesen die Veränderlichkeit des Fixsternhimmels, beobachteten Kometen und berechneten die Umlaufbahnen der Planeten. War man auf dem Gebiet der Optik zunächst mit einfacheren Problemen wie der Lichtbrechung, der Farbenentstehung im Regenbogen und der Perspektive beschäftigt, so wird zu Beginn des 17. Jahrhunderts bereits mit der „Camera obscura" und Kristallinsen experimentiert, was bald zur Erfindung von Fernrohr und Mikroskop führte.[121] Auch in der Mathematik gab es gegenüber dem Kenntnisstand der Antike zahlreiche Durchbrüche; hier sind besonders die Einführung der Logarithmen, Fortschritte bei der Dezimalschreibweise der Zahlen, die Weiterentwicklung der Trigonometrie und der Ausbau anderer Rechenmethoden zu erwähnen.[122]

Begünstigt durch das im 16. Jahrhundert verfeinerte und gut funktionierende Druckwesen wurde das neu gewonnene Wissen rasch veröffentlicht und verbreitet. Umfassende Werke wurden herausgegeben, welche beipielsweise auf dem Gebiet der Zoologie in Wort und Bild die gesamte damals erfaßbare Tierwelt vorstellten (Konrad Gesner, Ulisse Aldrovandi) und nicht mehr nur bei bloßen Beschreibungen blieben. Der Buchdruck erschloß auch die für die Medizin so bedeutsame Anatomie einem breiten Publikum (Andreas Vesalius), was sich bald fördernd auf die davon abhängige Chirurgie auswirkte. Schließlich wurde in großen illustrierten Folianten mit der systematischen Auflistung und Beschreibung der bekannten Flora die Grundlage zur neuzeitlichen Pflanzenkunde geschaffen (Otto Brunfels, Leonhart Fuchs, Gaspard Bauhin); parallel dazu entstanden an Universitäten in ganz Europa die ersten botanischen Gärten (Leiden 1577, Paris und Heidelberg 1597).[123]

Bezeichnend für die Renaissance war die enge Verbindung zwischen bildender Kunst und Theorie. Während die Inhalte der Kunstwerke oft historische, humanistisch-mythologische oder theologisch-kirchengeschichtliche Kenntnisse voraussetzten, verlangten ihre technische Herstellung und Form naturwissenschaftliche. Viele große Künstler, unter ihnen Leonardo da Vinci und Albrecht Dürer, befaßten sich mit anatomischen Studien, der Zentralperspektive, der Optik und der Farbenlehre. Leon Battista Alberti meinte bereits im 15. Jahrhundert, daß man ohne die Beherrschung solcher naturwissenschaftlicher Grundlagen und einiger kunstspezifischer Methoden kein wirklicher Künstler sein könne.[124] Die Forderung nach dem „uomo universale" wurde ein wichtiges Kriterium des sich ausbreitenden Humanismus. So erstaunt es nicht, daß sich die hauptsächlich an den Fürstenhöfen tätigen Künstler und Kunsthandwerker in verschiedenen Disziplinen zu bewähren hatten (auch Santino Solari war da in seinen Funktionen als Architekt, Bildhauer und Ingenieur keine Ausnahme). Zum ersten Mal wurden Bildungsreisen in größerem Ausmaß unternommen, was zur Erweiterung der eigenen Anschauung und zu einem immer regeren Erfahrungsaustausch unter den Künstlern führte.

Das Hauptcharakteristikum der Renaissance und des Humanismus ist jedoch die intensive Beschäftigung mit der Antike sowie deren Erschließung. Schauplatz dieser Aktivitäten war vor allem Italien, wo man nicht nur auf die schriftlichen Quellen der alten Welt zurückgriff, sondern auch archäologische Forschungen betrieb. Werke der römischen Kunst oder römische Kopien griechischer Werke wurden neu entdeckt und gesammelt. Im Zuge der umfangreichen Bauarbeiten in Rom kam es zu aufsehenerregenden Funden, von denen einige besonders auf die im Kontext mit der Gartenarchitektur ab 1550 in Mode gekommenen Grotten erheblichen Einfluß ausübten.

Mit dem Studium der originalen alten Schriften wollte man zunächst die klassische Kultur wiederbeleben, ab dem späten 16. Jahrhundert ging man jedoch zu einer aktiveren und kritischeren Auseinandersetzung mit diesen Texten über mit dem Ziel, die antiken Gelehrten und ihr Wissen zu übertreffen.

Italien besaß im Cinquecento kulturell zweifellos eine Vormachtstellung. Als die bildende Kunst des Manierismus in der zweiten Hälfte jenes Jahrhunderts die Hochrenaissance ablöste, wurden in erster Linie von den Fürstenhöfen in ganz Europa in zunehmendem Maße italienische Formen für ihre Auftragswerke gefordert, weshalb in der Zeit um 1600 das Wirken italienischer Künstler an vielen Adelsresidenzen nördlich der Alpen nichts Ungewöhnliches mehr war. Im Zusammenhang mit der Entstehung einer Hofkunst bzw. einer Kunst im Auftrag der von feudalabsolutistischem Gedankengut geprägten Herrscherhäuser entwickelten sich Subjektivismus, Originalitätssucht, Tendenzen zu artifizieller Überfeinerung und intellektueller Verschlüsselung. Für die bildenden Künste war nun nicht mehr die unmittelbare Auseinandersetzung mit der Natur vorrangig, sondern man ging einen Schritt weiter, indem man sich an vorbildlichen Meisterwerken orientierte; als andere allgemeine Charakteristika der Kunst des Manierismus sind Disharmonie und Spannung hervorzuheben.

Nachdem sich in der Renaissance das private Mäzenatentum entwickelt hatte und besonders in Italien erste Kunstsammlungen entstanden waren, wurde in der zweiten Hälfte des 16. Jahrhunderts nördlich der Alpen mit dem Aufbau von „Raritätenkabinetten" und „Wunderkammern" begonnen. Diese meist fürstlichen Sammlungen, denen ein enzyklopädischer Grundzug eigen war, vereinigten neben Kunstwerken verschiedenster Techniken und Zwecke vor allem naturkundliche, technische, kunsthandwerkliche, sonstige kulturgeschichtlich interessante Gegenstände, Bücher und Ku-

4 Kunstkammer des Ferrante Imperato in Neapel, Frontispiz aus „Historia naturale" (1599).

riositäten.[125] Typisch für das Wesen dieser „theatri mundi" ist das Neben- und Ineinander von Wissenschaft und Kunst sowie das Streben, mit ihnen alle Bereiche der damals bekannten Welt abzudecken und vor Augen zu führen (Abb. 4). Besonders die Anhäufung der kuriosen Profanreliquien wie Alraunen, Wünschelruten, Galgenmännchen, Perpetuum mobile etc. widerspiegelt die Denkweise dieser humanistisch gebildeten, aber noch voll von Wunder- und Aberglauben steckenden Zeit. Die wichtigsten Kunst- und Raritätenkammern befanden sich in Innsbruck (Erzherzog Ferdinand von Tirol), München (Herzöge Albrecht V. und Wilhelm V.) und Prag (Kaiser Rudolf II.).[126]

War die Antike bereits für die Forschungen im Bereich der Naturwissenschaften und des Ingenieurswesens der Maßstab, so trifft dies auch für die Gartenkunst zu. Es galt, die Gärten der Alten auferstehen zu lassen und im Geiste des für die Epoche des 16. Jahrhunderts typischen Wettstreits (paragone) zu übertreffen. Die Kenntnis der antiken Gärten geht auf zwei Quellen zurück: zum einen auf die klassische Literatur (Varros Beschreibung seines Vogelhauses, Plinius' Bemerkungen in seiner Naturgeschichte, die Briefe Plinius' des Jüngeren, die Bezüge zu Neros „Goldenem Haus" von Suetonius und Tacitus), zum anderen auf archäologische Funde, die Architekturreste und

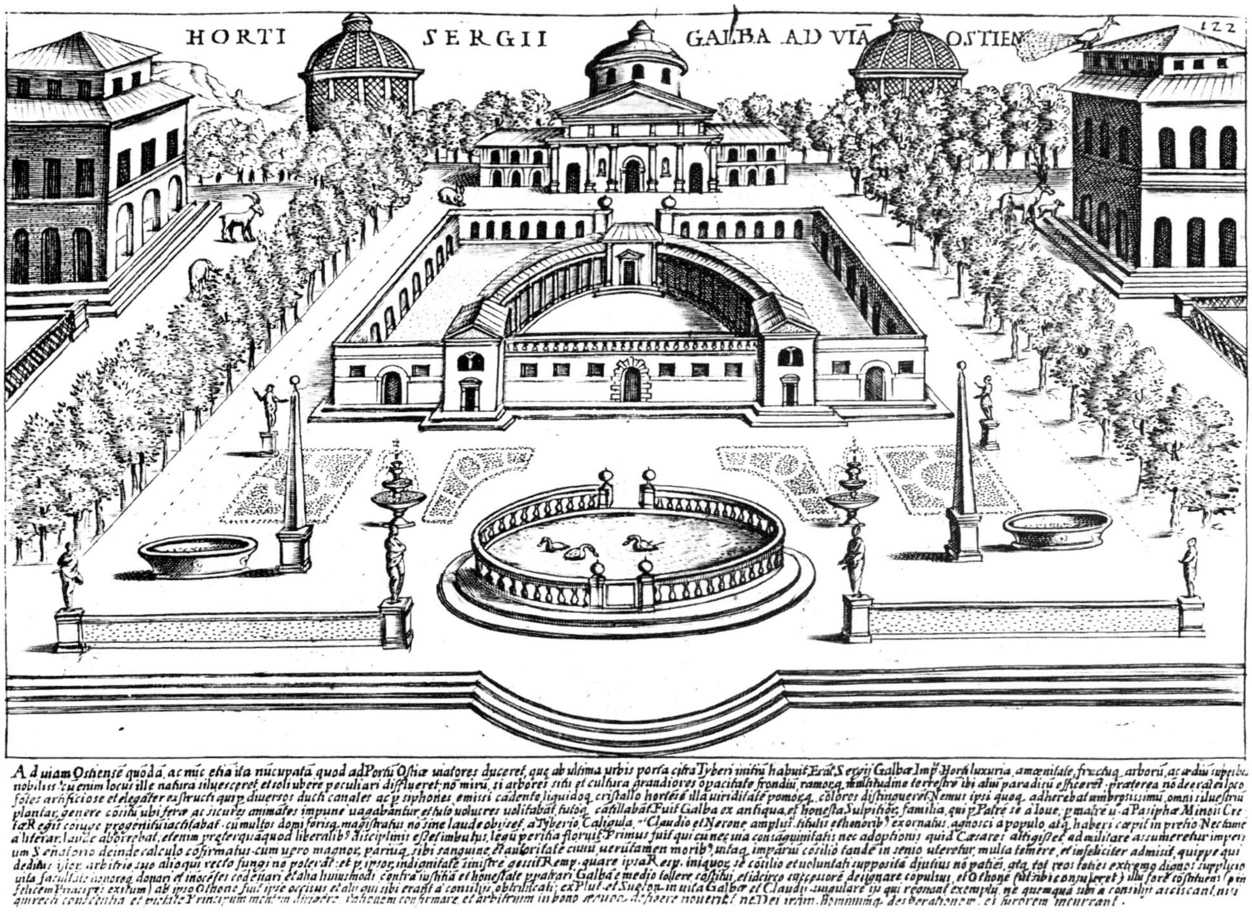

5 Ansicht des Gartens von Kaiser Sergius Galba. Kupferstich von Giacomo Lauro, aus: „Antique urbis splendor“ (1628).

Skulpturen aus römischer Zeit zutage förderten (kaiserliche Gärten in Rom, Villa des Hadrian in Tivoli); alles wurde aufmerksam studiert und neuinterpretiert (Abb. 5).

Die Inspirationen, die man so für die Gestaltung der neuen eigenen Gärten gewann, reichten von regelmäßig angelegten Baumpflanzungen, der Verwendung von Efeu und Weinreben, dem Schneiden von Buchsbäumen in Tier- und andere Formen über das Aufstellen von Marmorfiguren, welche die Götter Arkadiens repräsentieren, und die Haltung verschiedenster Tiere bis zur Anlage von Grotten und der Integration von hydraulisch betriebenen, teilweise lebensgroßen Automaten.[127]

Der Garten wurde zur Metapher für das Ineinandergreifen von Natur und Kunst. In ihm hat man die Vorstellung umgesetzt, daß die Kunst Natur umzuformen und zu verändern vermag, die Natur dabei die Kunst aber immer wieder herausfordere.[128] Der Garten der italienischen Renaissance wurde als eine neue Naturform verstanden, wovon seine Gestaltung, Bepflanzung und sein Schmuck Zeugnis ablegen. Der von der „wilden“ Umgebung isolierte, künstlich geschaffene Garten ahmte die Natur zwar nach, triumphierte jedoch unerbittlich über sie und wurde deswegen auch bewundert. Er offenbarte deren Gesetze, welche sich hinter ihrer physischen Erscheinung verbargen;

dieser Glaube an eine Wechselwirkung zwischen den sichtbaren Dingen und den unsichtbaren Kräften dahinter war im Denken der damaligen Zeit von zentraler Bedeutung.

Schließlich entwickelte sich der Garten gegen Ende des 16. Jahrhunderts zu einem klar abgegrenzten Bereich, in dem das gesamte Wissen der damals bekannten und neu entdeckten Naturwelt zusammengefaßt wurde, wobei erstmals auch exotische Pflanzen Eingang fanden. Weil der geordnete Mikrokosmos den Makrokosmos reflektierte, verstand man den Garten als ideales Mittel, das göttliche Wirken zu erfahren. In ähnlicher Weise äußert sich Bartolomeo Taegio in seinem 1559 erschienenen Werk „La villa", wenn er meint, daß man in einem Garten alle Erscheinungen der Natur, die Tiere, Früchte, Gesteinsarten sowie die vier Elemente kennenlernen und so über die verschiedenen Sphären am Ende zu Gott gelangen könne.[129]

Damit waren die Gärten der Zeit um 1600 nicht mehr nur Jagd- und Vergnügungsparks, sondern auch Orte der Reflexion und der Erkenntnis.

Der Geist jener Epoche und die gegenseitige Abhängigkeit ihrer Vorstellungen ist gerade in Hellbrunn bis heute lebendig geblieben. Hier, ganz ähnlich wie in dem fast gleichzeitig (1614) unter Friedrich V. von der Pfalz begonnenen, allerdings nie fertiggestellten „Hortus Palatinus" des Schlosses Heidelberg, vereinen sich Gartenkunst, Architektur, Theater, Grottenbau, Malerei, mechanische Künste, Naturwissenschaft und mythologische Thematik; all dies unter der Ägide des nach feudalabsolutistischen Grundsätzen regierenden Landesfürsten und Erzbischofs Markus Sittikus.

5. Das Schloßgebäude

Daß der Hohenemser für den Bau seines Lustschlosses und des dazugehörigen Gartens ausgerechnet das Areal gewählt hat, auf dem die Anlage heute steht, ist sicherlich kein Zufall, denn es scheint sich dabei schon früh um eine wegen ihrer Schönheit und besonders wegen ihres Quellenreichtums bevorzugte Gegend gehandelt zu haben. So wird bereits 1421 eine *„peunt pey dem Tirgarten“* und 1479 ein Neubruch *„prope Tiergarten et fontem“* genannt, weshalb man den dortigen Berg als „Tiergartenberg“ bezeichnete.[130] Eine Chronik des 16. Jahrhunderts berichtet von Erzbischof Ernst (1540–1554): *„Im Thiergartten, ain halbe Meil ob Salzburg zunegst bey dem Meyer und Lusthäusl daselbsthin hat er ain schöne Behausung für ainen Gammer und Hüetter des Garten erpaut.“*[131]

Wie die Fürsterzbischöfe Johann Kuen-Belasy (1560–1586) und Wolf Dietrich von Raitenau (1587–1612), die sich Sommerresidenzen in Rif bzw. jenseits der Salzach errichten ließen, muß Markus Sittikus Hellbrunn schon im Jahre seiner Wahl geplant haben. Bereits am 4. Mai 1612 beschwerten sich einige Landbewohner beim Domkapitel, daß der Hof Land von ihnen zur Erweiterung des Tiergartens begehre.[132] Schloß „Altenau“, das Wolf Dietrich für seine Geliebte und Lebensgefährtin Salome Alt erbaut hatte, wurde vom Nachfolger umbenannt in „Mirabell“[133] und von ihm für offizielle Empfänge und Turniere gelegentlich weiterbenützt.[134] Allerdings war dies nur eine Übergangslösung, denn im Gegensatz zu seinen beiden Vorgängern war Markus Sittikus bestrebt, eine echte Villa suburbana für kürzere Aufenthalte, Jagdausflüge und dergleichen ganz nach italienischem Muster erbauen zu lassen. Wie eine Inschrift über dem Eingangsportal des Schloßgebäudes besagt, wurde mit dem Bau im Juni 1613 begonnen.[135] Während der Kern der Anlage bereits im April 1615 fertiggestellt war[136], zogen sich die Arbeiten in den äußeren Bezirken und im Bereich der Wasserkünste bis kurz nach dem Tode des Erzbischofs im Oktober 1619 hin.[137] Was die Namensgebung Hellbrunns betrifft, so scheint die Bezeichnung „Tiergarten“ mindestens bis Ende des Jahres 1615 beibehalten worden zu sein, ab 1616 setzte sich dann die heute noch gebräuchliche Benennung durch.[138]

5.1. Das Schloßgebäude als Derivat eines zeitgenössischen Architekturtraktats

Hinter dem Eingang, der durch zwei hohe rechteckige, mit Doppelobelisken bekrönte Mauerkulissen gebildet und der zu beiden Seiten von je einem niedrigen, einstöckigen Gebäude flankiert wird, führt eine lange, schmale, von Mauern eingefaßte Straße in gerader Linie auf das Schloß zu.

Beim Hauptgebäude handelt es sich um einen zweigeschossigen Rechteckbau mit Walmdach (Abb. 6 siehe Tafel 1). Die architektonische Instrumentierung der Vorderfront ist eine sehr einfache. Die leicht vorspringenden Seitenrisalite machen sich unter dem niedrigen Walmdach kaum bemerkbar und treten so wenig hervor, daß damit keine besondere ästhetische Wirkung erzielt wird. Augenfällig ist jedoch die horizontale Gliederung des Bauwerks durch die Geschoßgesimse und die auf je zwei einfachen Bandgesimsen aufgereihten Fenster. Diese besitzen Umrahmungen aus Nagelfluh und weisen verschiedene Verdachungen auf, welche den Piano nobile auszeichnen. Den Abschluß bildet ein profiliertes Putzgesims, darüber befindet sich ein vorkragendes, weiß stuckiertes Hohlkehlgesims. Die zur Mitte hin konzentrierten Fensterachsen mit dem Doppelfenster und das Portal mit der vorgelagerten Freitreppe betonen zwar die Mittelachse, fallen aber als vertikale Elemente kaum ins Gewicht. Dasselbe gilt auch für die horizontale Linie des Walmdaches, das von einem rechteckigen Aufbau mit gerundetem Stirngiebel durchschnitten wird, welcher knapp über der Traufline aufsitzt. Ruhiges Gleichmaß ist der vorherrschende Gesamteindruck.

Eine abgesetzte, in Gegenbewegung geführte Freitreppe mit marmornen Balustern und kugelbekrönten Postamenten führt zum Hauptportal. Unter dem Altan, den diese Treppenanlage bildet, befindet sich eine flach gewölbte, tiefergesetzte Grotte aus Nagelfluhquadern. An der Rückwand dieses Brunnenraumes ist ein Marmorrelief befestigt, welches einen Mann mit Bart und einem Rebenkranz im Haar darstellt, der zwei Steinböcke umarmt. Aus den Mäulern der Tiere fließt Wasser in ein ovales Marmorbecken.

Ob die heutige Konstellation in dieser Grotte, welche dem Besucher einen ersten Vorgeschmack der hinter dem Schloßgebäude befindlichen Wasserkünste gibt, dem originalen Zustand entspricht, ist fraglich. So sind an der Rückwand zahlreiche eingemeißelte Löcher feststellbar, und die Aufstellung der marmornen Reliefplatte wirkt eher unbeholfen.[139]

Als stärker in der Vertikalen gegliedert erweist sich die Gartenfront des Gebäudes (Abb. 7 siehe Tafel 2). Quadratische, pavillonartige Eckrisalite sind an die Schmalseiten angeschoben und stehen in einer Fluchtlinie zum vorspringenden Mittelrisalit. Der Giebelaufsatz ist gleich aufgebaut wie an der Hauptfront. Das Portal wird von halbrunden, mit Marmorköpfen bekrönten Pilastern flankiert, die sich nach unten verjüngen und deren Basen als Füße ausgebildet sind. Über einem querovalen Fenster darüber befindet sich ein mit gesprengtem Dreiecksgiebel versehenes Doppelfenster mit dem Wappen des Erzbischofs. Die horizontale Gliederung der Fassade durch Doppelbänder entspricht der Vorderseite, wobei beiderseits des Mittelrisalits in allen Geschossen je vier paarweise angeordnete Fenster integriert sind, diejenigen des Piano nobile mit Dreiecksgiebeln. In den vorspringenden Eckrisaliten befinden sich auf jeder Etage drei Fenster mit zusammenhängender Umrahmung. Kaiserbüsten aus Marmor stehen in den gebrochenen Giebeln des zweiten Geschosses. Im Gegensatz zur Hoffassade tritt die rückseitige Front stärker hervor und korrespondiert so mit dem Garten und den dort befindlichen Brunnen. Diese Konzeption erhält durch die im Untergeschoß der Südwestseite des Schloßgebäudes untergebrachten Grotten zusätzliches Gewicht.

In der Literatur wurde im Zusammenhang mit der Vorbildfrage wiederholt der Einfluß der italienischen architekturtheoretischen Schriften des 16. Jahrhunderts auf die Gestalt des Hellbrunner Schloßgebäudes angesprochen.[140] Da gerade zu diesem Problem noch keine befriedigende Lösung gefunden wurde, scheint es sinnvoll, einerseits den unterschiedlichen Charakter der Traktate des Cinquecento und ihre entsprechende Rezeption durch Architekten und Baumeister kurz zu umreißen, andererseits die Frage zu stellen, inwieweit diese Schriften für Solari bei der Planung des Lustschlosses relevant waren.

Die neuzeitliche Architekturtheorie vom 16. bis ins 19. Jahrhundert hinein wäre nicht denkbar ohne die „Zehn Bücher über Architektur“ des Vitruv, berufen sich doch die meisten Autoren späterer Werke auf diesen einzigen aus der Antike erhaltenen Traktat. Cesare Cesariano, der seine Vitruv-Übersetzung 1521 veröffentlichte, machte einen entscheidenden Nachteil der antiken Architekturlehre wett, indem er als erster den bisher abbildungslosen Text mit Illustrationen versah.[141] Jedoch weder die Schriften des Quattrocento noch die Vitruv-Ausgaben und Kommentare der ersten Hälfte des Cinquecento entsprachen den Bedürfnissen von Architekten, die praktische Anweisungen oder Anregungen für konkrete Bauaufgaben suchten. Genau auf dieses Problem reagiert Sebastiano Serlio (1475–1554). Er gibt dem Benützer möglichst leicht verständliche Regeln an die Hand, wobei er auf eine theoretische Erörterung weitgehend verzichtet.[142] Serlio liefert einen mit knappen Kommentaren versehenen Bilderatlas zur Baukunst, der auch dem mittelmäßig begabten Kollegen eine unmittelbare Entwurfshilfe bietet. Mit diesem Ansatz und mit den von ihm selbst häufig propagierten Ermessensfreiheiten, die Mischformen und Anpassungen an bestimmte Gegebenheiten erlauben, ist Serlios Traktat neben dem etwas späteren Vignolas zu einer der einflußreichsten Architekturpublikationen überhaupt geworden.[143] Die meisten seiner Bücher kamen bald nach ihrem Erscheinen in holländischen, französischen und deutschen Übersetzungen heraus, was ihren enormen Erfolg nördlich der Alpen belegt.[144] Die aufwendige Form der Veröffentlichung im Folioformat und in einzelnen Büchern sowie die große Nachfrage weckte das Bedürfnis, den Traktat Serlios „ridurre in forma commoda“, was zuerst der venezianische Verleger Francesco de'Franceschi 1566 mit einer Daniele Barbaro gewidmeten Zusammenfassung der Bücher 1 bis 5 und dem „Libro Extraordinario“ tat.[145] Die handliche Endform des Serlio-Traktats, dem schließlich noch das postum erschienene siebte Buch hinzugefügt wurde, hat unter dem Titel „Tutte l'opere d'architettura et prospettiva“ in die reale Architektur stärker hineingewirkt als irgendein anderes Werk vor oder nach ihm und ist in Venedig bis 1619 – dem Jahr der Vollendung Hellbrunns – in mehreren Gesamtausgaben veröffentlicht worden.

Andrea Palladio (1508–1580) ist als Autor der „Quattro libri dell'architettura“ (1570 in Venedig erschienen) und als vielbeschäftigter Baumeister des Veneto von doppelter Wirkung. Aufgrund zahlreicher Reisen, bei denen er sich eine breite Kenntnis der antiken Architektur erworben hatte, ist es ihm möglich, zu eigenen Lösungen zu kommen. In seinem Traktat gibt Palladio seine Bauten als in der Tradition der Antike stehend an und versteht sich somit nicht als reiner Imitator, sondern in Kontinuität mit der Antike.[146] Architektur muß für ihn klassisch, rational, klar und mathematisch erfaßbar sein.[147] „I quattro libri dell'architettura“, mit zahlreichen, durchgehend mit Maßangaben versehenen Illustrationen und ohne langatmigen Text angelegt, sind als Anregung für den Bauwilligen von großem Nutzen und gehören zu den schönsten Produktionen der Renaissance.[148] Die zeitgenössische, heute als manieristisch bezeichnete Architektur lehnt er mit Hinweis auf ihre „strani abusi, le barbare inventioni, e le superflue spese“ weitgehend ab.[149]

Weniger leicht verständlich ist das an den gebildeten Leser gerichtete Werk Vincenzo Scamozzis (1548–1616). Seine unvollendet gebliebene „Idea della architettura universale“ (erschienen 1615) hebt die Baukunst als die höchste Wissenschaft heraus.[150] Der Text dieses Traktats ist von einer geradezu eindringlichen Gelehrsamkeit, Genauigkeit und Länge, zugleich aber nur spärlich illustriert. Nicht zuletzt wegen seines fragmentarischen Charakters bietet das Werk kein wirklich geschlossenes architekturtheoretisches System. Scamozzi ist in seinem Denken, das von der Realität bereits überholt ist, ein verspäteter Repräsentant der Renaissance. Auch er lehnt als nüchterner Rationalist und Sachverwalter von Renaissancevorstellungen den aufkommenden Barock entschieden ab.[151]

Geht man davon aus, daß Santino Solari als Architekt unter Markus Sittikus in sehr kurzer Zeit eine Vielzahl von Projekten zu bearbeiten hatte und mit sehr verschiedenartigen Bauaufgaben konfrontiert war, so wirkte sich dies auch auf die Wahl eines für ihn geeigneten Architekturtraktats aus. Während für das wichtigste Vorhaben – den Neubau des Domes – eine Studienreise des Comasken vom November 1612 bis zum Mai 1613 im Bereich des Möglichen liegt, dürfte er im weiteren Verlaufe der Regierungszeit des Erzbischofs keine Gelegenheit mehr für ausgedehnte Aufenthalte in Italien gehabt haben. Gerade auch im Falle Hellbrunns war es daher für Solari um so wichtiger, über ein probates Hilfsmittel für seine Planung zu verfügen. Neben Vignolas Werk „Regola delli cinque ordini d'architettura“ (erschienen 1562), das zur Hauptsache allerdings nur Berechnungshilfen für den Gebrauch der Säulenordnungen bietet, hätten ihm lediglich zwei der weitverbreiteten italienischen Traktate der Hochrenaissance zur Verfügung gestanden: diejenigen von Serlio und Palladio.[152] Scamozzis „Idea della architettura universale“ scheidet, was in der Forschung übersehen wurde, allein schon aufgrund des Erscheinungsdatums (6. August 1615) aus. Dieses spärlich bebilderte und wegen seines großen Formats unhandliche Werk dürfte auch ganz allgemein für

8 Entwurf für einen Palazzo, Ansicht und Längsschnitt. Holzschnitt aus Sebastiano Serlio, „Tutte l'opere d'Architettura" (1619), Buch 7.

den Architekten, der konkrete Lösungsvorschläge für reale Aufgabenstellungen sucht, weitgehend ungeeignet gewesen sein.

Auch die um 1600 entstandenen und eher als Anschauungswerke aufzufassenden Musterbücher von Hans Vredeman de Vries (1527–1606) und Wendel Dietterlin (1550–1599), die sich weniger an den Architekten als an den Steinmetzen oder Schreiner wenden, wurden von dem in Salzburg tätigen Baumeister nicht berücksichtigt.

Die vorangegangenen Überlegungen führen zum Schluß, daß sich Solari für Entwurf und Bau von Hellbrunn auf Serlios „Tutte l'opere d'architettura" gestützt haben muß.[153] Diese Wahl wäre in der Tat eine vollkommen logische, denn der Traktat erweist sich nicht nur als der modernste hinsichtlich der modischen Strömungen jener Zeit, sondern mit den sich auf das Wesentliche beschränkenden Kommentaren, die von zahlreichen Illustrationen begleitet werden, gleichzeitig auch als der benützerfreundlichste. Serlio behandelt die fünf Säulenordnungen, die Perspektive, die drei Formen des Bühnenbildes, die antike Architektur, den Kirchenbau, er gibt Richtlinien für die malerische Innendekoration, liefert Portalentwürfe und vieles andere mehr. Er beweist besonders in dem ab 1575 veröffentlichten siebenten Buch eine große entwerferische Vielfalt in seinen Vorschlägen für Villen, Paläste und Bauten auf unregelmäßig geschnittenen Grundstücken, aber auch für einzelne architektionische Elemente wie Türen und Fenster. Vor diesem Hintergrund erstaunt es nicht, daß Solari gerade hier entscheidende Anregungen für das Hellbrunner Schloßgebäude finden konnte.

Bevor wir uns nun mit der konkreten Anwendbarkeit des Serlio-Traktats auseinandersetzen, sei auf die in der Literatur geäußerte Vermutung hingewiesen, daß das Schloß während des Baus zweimal erweitert wurde; ursprünglich scheint nur ein verhältnismäßig einfaches siebenachsiges Gebäude geplant gewesen zu sein.[154] Im Bauverlauf wären dann die beiden zweiachsigen, risalitartigen Anbauten an der Vorderfront und die turmartigen Eckrisalite an den Schmalseiten angefügt worden (Abb. 6 siehe Tafel 1).

Dieser ursprüngliche, schlichtere Zustand der Hoffassade läßt sich sehr gut mit einem Blatt aus Serlios siebtem Buch vergleichen (Abb. 8).[155] Schon auf den ersten Blick fallen die Gemeinsamkeiten auf: die Betonung der Horizontalen durch profilierte Gurtgesimse, die Hervorhebung der Mittelachse einzig durch ein Mittelfenster und ein Rustikaportal, die Anordnung von je drei Fenstern in gleichem Abstand zu beiden Seiten in allen Geschossen, die variierenden Fensterverdachungen, die den Piano nobile hervorheben, und schließlich das vorkragende Hohlkehlgesims unter dem Dachansatz. Zwar orientiert sich Solari in seiner Konzeption weitgehend an dem Traktatsentwurf, entwickelt ihn aber gleichzeitig weiter, indem er zunächst das bei Serlio noch stark verkröpfte Gurtgesims in Anlehnung an Salzburger Bauten, wie die Residenz, abschwächt und dieses Element auch im Erdgeschoß einführt.[156] Er ersetzt das mit einem Dreiecksgiebel versehene Mittelfenster durch ein Doppelfenster, behält aber gleichzeitig dessen Verdachung für das gesamte Obergeschoß bei. Die Anzahl der Gaupen reduziert Solari von sieben auf zwei, wobei er das einfache Walmdach um einen Giebelaufsatz erweitert. Er übernimmt grundsätzlich das Rustikaportal mit profiliertem Türsturz, weicht aber in der Verwendung von Pilastern von Serlio ab (Abb. 9).[157] Auch die vorgelagerte Freitreppe mit der integrierten Grotte geht im Sinne einer Nobilitierung über den Entwurf aus dem siebten Buch hinaus.

Was zur Erweiterung des Schlosses – sollte eine solche tatsächlich erst nachträglich stattgefunden haben – um die zweiachsigen Anbauten geführt hat, konnte bisher nicht geklärt werden. Möglicherweise hängt diese Maßnahme mit der Errichtung der vorgelagerten Nebengebäude zusammen, die den Hof bilden.

Als Vorlage für die Gestaltung der dem Garten zugewandten Südwestfassade dürfte ebenfalls ein Entwurf aus dem siebten Buch Serlios gedient haben (Abb. 10, Abb. 7 siehe Tafel 2).[158]

9 Portalentwurf. Holzschnitt aus Sebastiano Serlio, „Tutte l'opere d'Architettura" (1619), Buch 4.

10 Entwurf für einen Palazzo, Ansicht mit architektonischen Details. Holzschnitt aus Sebastiano Serlio, „Tutte l'opere d'Architettura" (1619), Buch 7.

11 Hellbrunn, Schloß (1613–15), Portal der Gartenfront.

12 Portalentwurf. Holzschnitt aus Sebastiano Serlio, „Tutte l'opere d'Architettura" (1619), Libro extraordinario.

Auch hier gibt es augenfällige Übereinstimmungen, wie der stark hervortretende Mittelrisalit mit Rustikaportal und einem darüberliegenden ovalen Fenster, das über diesen Baukörper geführte Gurtgesims (bei Serlio nur einfach) und die Fensterachsen. Die von Solari vorgenommene Rhythmisierung der Achsen durch Fensterpaare findet sich bei Serlio an anderer Stelle.[159]

Den eindeutigen Beweis für eine direkte Rezeption des Serlio-Traktates durch den oberitalienischen Baumeister liefert schließlich der Vergleich zwischen dem Rustikaportal der Gartenfassade und dem zwanzigsten Portalentwurf aus dem „Libro Extraordinario" (Abb. 11, 12). Die sich nach unten verjüngenden, halbrunden Pilaster mit menschlichen Köpfen (links ein männlicher Kopf mit Bart, rechts ein weiblicher Kopf mit einem über den Ohren geknoteten Tuch) und Füßen als Basen, das ornamentartige Flechtwerk, der prominente Schlußstein des Portals und je drei Steinbänder, welche über die Pilaster laufen; die Betrachtung all dieser Details zeigt, daß Solari diesen Entwurf exakt übernimmt, wenngleich er den von Serlio vorgeschlagenen Dreiecksgiebel wegläßt und zu einer neuen Lösung findet.

Es ist bemerkenswert, daß mit einer einzigen Ausnahme das Hellbrunner Schloß noch nie dem Familienpalast in Hohenems gegenübergestellt wurde.[160] Ebenfalls ein Lombarde, nämlich der von Kardinal Marcus Sitticus verpflichtete Architekt Martino Longhi der Ältere (gest. 1591), entwarf hier ein Gebäude, das 1562–1567 im Rohbau errichtet und 1603–1610 unter Graf Kaspar fertiggestellt wurde (Abb. 13).[161] Obwohl es sich dabei um eine Dreiflügelanlage handelt, hatte die Hauptfront des Hohenemser Palastes mit den zweiachsigen, zeltdachbekrönten Eckrisaliten höchstwahrscheinlich Vorbildcharakter für das Salzburger Lustschloß. Weitere für Hellbrunn charakteristische Elemente wie das Doppelfenster mit gesprengtem Dreiecksgiebel und Wappen über dem Rustikaportal sind hier ebenfalls vorgebildet.

Hält man sich die im Vorarlberger Landesarchiv aufbewahrte Aufrißzeichnung der 1566

13 Hohenems, Palast (1562–67/1603–10), Ansicht der Hauptfassade.

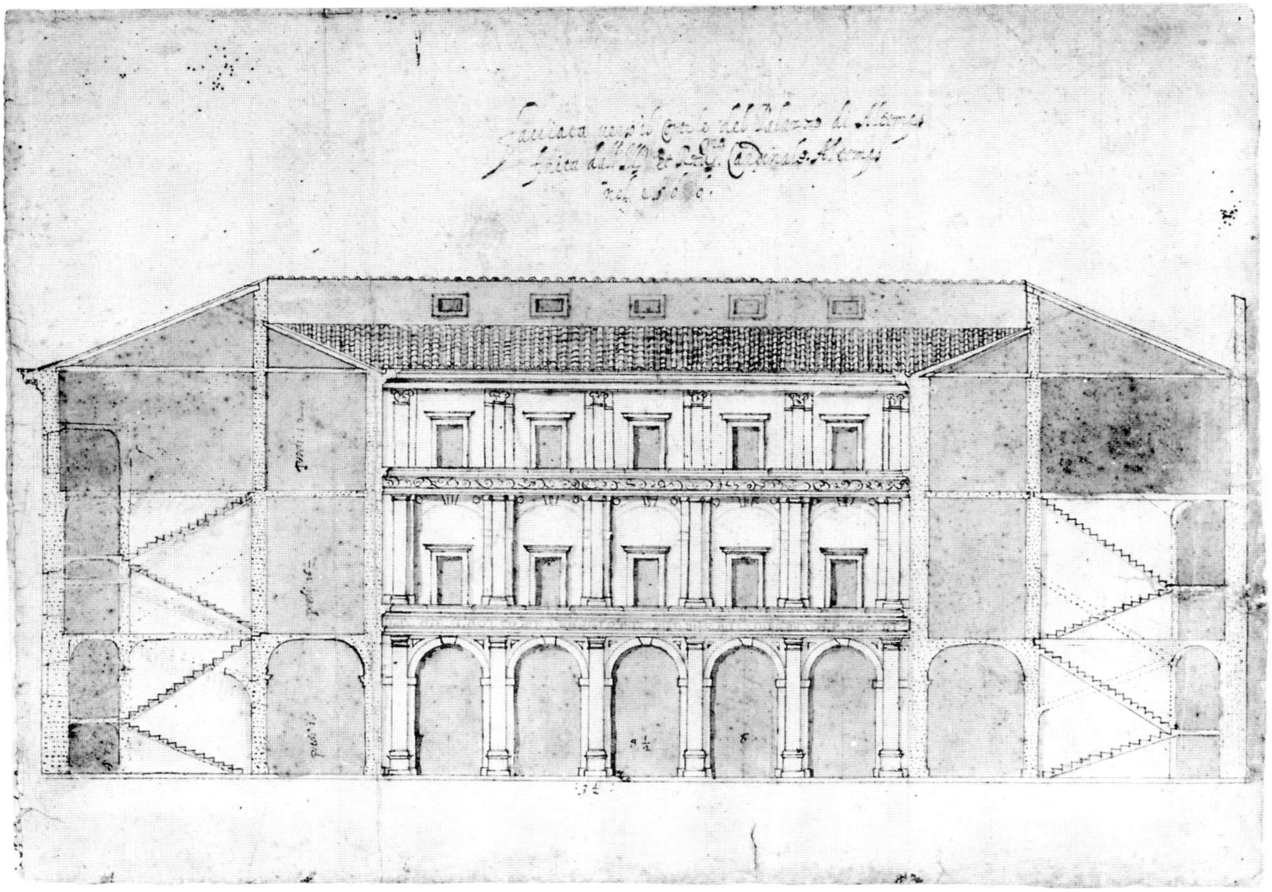

14 Entwurf für den Hohenemser Palast, Längsschnitt mit Ansicht des Innenhofes. Zeichnung von Martino Longhi (VLA).

15 Schloß Hellbrunn (1613–15), Tür im Obergeschoß.

von Longhi entworfenen Hoffassade vor Augen, so sind weitgehende Übereinstimmungen mit Entwürfen Serlios unverkennbar (Abb. 8, 14). Die fünf Arkaden mit toskanischen Säulen, die Formgebung der darüberliegenden Fenster und die Seitenflügel mit Tonnengewölben lassen die Kenntnis des bis dahin nur in Manuskriptform vorliegenden siebten Buches vermuten.[162]

Was die in der Literatur angesprochene und mit Palladio in Verbindung gebrachte Enfilade[163] betrifft, so kommt diese bereits bei Serlio an verschiedenen Stellen vor.[164] Auch der Grundriß des Baus von Longhi zeigt im zweiten Geschoß eine entsprechende Anordnung der Räume.[165]

Der Vollständigkeit halber sei auf den von demselben Architekten in den achtziger Jahren des Cinquecento vollendeten Palazzo Altemps in Rom hingewiesen.[166] Dessen Hauptfassade mit einem Rustikaportal und sieben Fensterachsen dürfte zwar kaum eine direkte Wirkung auf die Gestaltung des südlich von Salzburg gelegenen Lustschlosses ausgeübt haben, zeigt aber ebenfalls eine deutliche Abhängigkeit vom Serlio-Traktat.

Im Innern des Hellbrunner Schloßgebäudes ist zudem die Formgebung der Türeinfassungen von Interesse. Während Solari für die einfacher gehaltenen, profilierten Umrahmungen im ersten Geschoß den weißen Untersberger Marmor verwendete, wählte er für diejenigen des Piano nobile den roten Adneter Marmor und versah hier die Türsturze zusätzlich mit profilierten, geraden Überdachungen. Für diese Gestaltung im Obergeschoß lieferte wiederum Serlio im siebten Buch einen Entwurf, den Solari exakt übernahm (Abb. 15, 16).[167]

Diese Vergleiche erlauben eine recht klare Rekonstruktion der Arbeitsweise des Architekten. Der als praxisorientiertes Musterbuch aufgebaute Traktat Serlios diente Solari sowohl für den Gesamtentwurf des Schloßgebäudes als Grundlage, wie auch für die konkrete Gestaltung einzelner Architekturteile. Der für den Erzbischof tätige Comaske übernimmt von Serlio zwar eine ganze Reihe von Anregungen, verarbeitet sie dann aber nach eigenem Ermessen weiter. Gleichsam im Baukastenprinzip werden so Elemente aus verschiedenen Traktatsentwürfen zu einem neuen Ganzen kombiniert. Dabei wird deutlich, daß Solari zum einen über eigenes architektonisches Formengut verfügte, das er geschickt in seine Schöpfung einfließen ließ, und zum anderen auch in der Lage war, die Vorstellungen und Wünsche seines Bauherrn zu berücksichtigen.

3.2. *Schloßhof*

Die seitlich an die Vorderfront des Schlosses angeschobenen niedrigen Flügelbauten bilden den Hof.[168] Die beiderseits letzten Gebäude sind in konkavem Bogen weitergeführt, springen etwas vor und werden von Obelisken bekrönt. Dieser Bogen wird durch Portale und einstöckige Eckbauten mit halbrund eingezogener Fassade bis zur Hofeinfahrt abgeschlossen.[169] Wie der Blick auf einen um 1644 entstandenen Stich von Matthäus Merian zeigt, gab es an dieser Stelle ursprünglich nur bogenförmige, von je einem Tor durchbrochene Mauern (Abb. 17). An den beiden Langseiten des Hofes befinden sich niedrige Wirtschaftsgebäude, wo früher die Kammerherrenzimmer, die Wohnräume für die Truchsesse und Offiziere sowie eine Tafelstube untergebracht waren.[170]

Ungefähr in der Mitte der Flügeltrakte erheben sich, um ein Geschoß und einen Giebelaufsatz erhöht, eine Kapelle und gegenüber, von gleichem äußeren Aufbau, ein Glockenhaus. Die Kapelle, welche als erster Sakralbau überhaupt dem heiligen Karl Borromäus geweiht wurde und die sich ursprünglich auf der Nordseite befand, ist heute im ehemaligen Glockenhaus untergebracht.[171] Trotz einiger Umbauten, die mit der Erweiterung des Schloßrestaurants zusammenhängen, kann man sich ein Bild von der Einfachheit ihres Innenraumes machen, der im Grundriß rechteckig und hinten halbrund abgeschlossen ist. Der Wandschmuck besteht aus flachen Pilastern mit stuckierten ionischen Kapitellen, darüber ist ein Gesims mit Eierstab sichtbar. Leider erwähnt Stainhauser in seiner Beschreibung von 1619 nur, daß sich in der Kapelle ein dem *„S. Caroli Boromei aufgerichter Altar, sambt all desselben nothwendiger Zugehör“* befand, über dort befindliche Bilder sagt er nichts.[172] Auch äußerlich ist der zierliche Bau einfach gehalten. Über der Tür mit gesprengtem Dreiecksgiebel ist in Anlehnung an das Schloßgebäude ein mit Dreiecksgiebel versehenes Doppelfenster angebracht. Den Abschluß bilden ein verkröpftes Gesims und ein geschwungener, mit zwei Kugeln und einem Pinienzapfen geschmückter Giebel.

Die Mittelachse des Vorhofes setzt sich im schnurgeraden Zufahrtsweg fort, beiderseits begrenzt von Gebäuden, in denen früher die Stallungen für die Pferde und eine *„Pomerantzenstuben“* untergebracht waren.[173] Dazwischen gab es noch zwei einander gegenüberliegende Brunnennischen mit *„Maschara-Gesichtern“*.[174] Der Weg endet bei den Torhäusern und mündet fast rechtwindlig in die nach Salzburg führende Allee, an der sich kleinere Adelssitze, darunter auch die beiden Trabantenschlösser „Emslieb“ und „Emsburg“, befinden, von denen später noch die Rede sein soll.

16 Entwurf für einen Palazzo, Längsschnitt und Ansicht zweier Türen. Holzschnitt aus Sebastiano Serlio, „Tutte l’opere d’Architettura“ (1619), Buch 7.

Wo sich Solari Anregungen für den in seiner Proportionierung und ästhetischen Wirkung ausgewogenen Schloßhof geholt haben könnte, ist schwer zu sagen. Trotzdem scheint es lohnend, zu diesem Punkt einige Überlegungen anzustellen.

Grundsätzlich ist der halbkreisförmige Abschluß dieses Platzes ein architektonisches Motiv, das sich in Italien im Kontext der Garten- und Villenbaukunst des 16. Jahrhunderts häufig wiederfindet und letztlich auf Anlagen der Antike zurückgeht. Bei der Betrachtung des Hellbrunner Hofes wird man denn auch unweigerlich an die Hippodrome der römischen Kaiserzeit erinnert. Gleichwohl dürfte jedoch erneut die italienische Architektur des Cinquecento für Solari maßgebend gewesen sein, wie die Auseinandersetzung mit den nun folgenden Bauwerken zeigt.

Die nach den Plänen von Vasari, Vignola und Ammanati um 1551/53 errichtete Villa Giulia in Rom sei als erstes Beispiel genannt.[175] Ausge-

17 Schloß Hellbrunn, Ansicht aus der Vogelperspektive. Kupferstich aus Matthäus Merian, „Topographia Bavariae“ (1644).

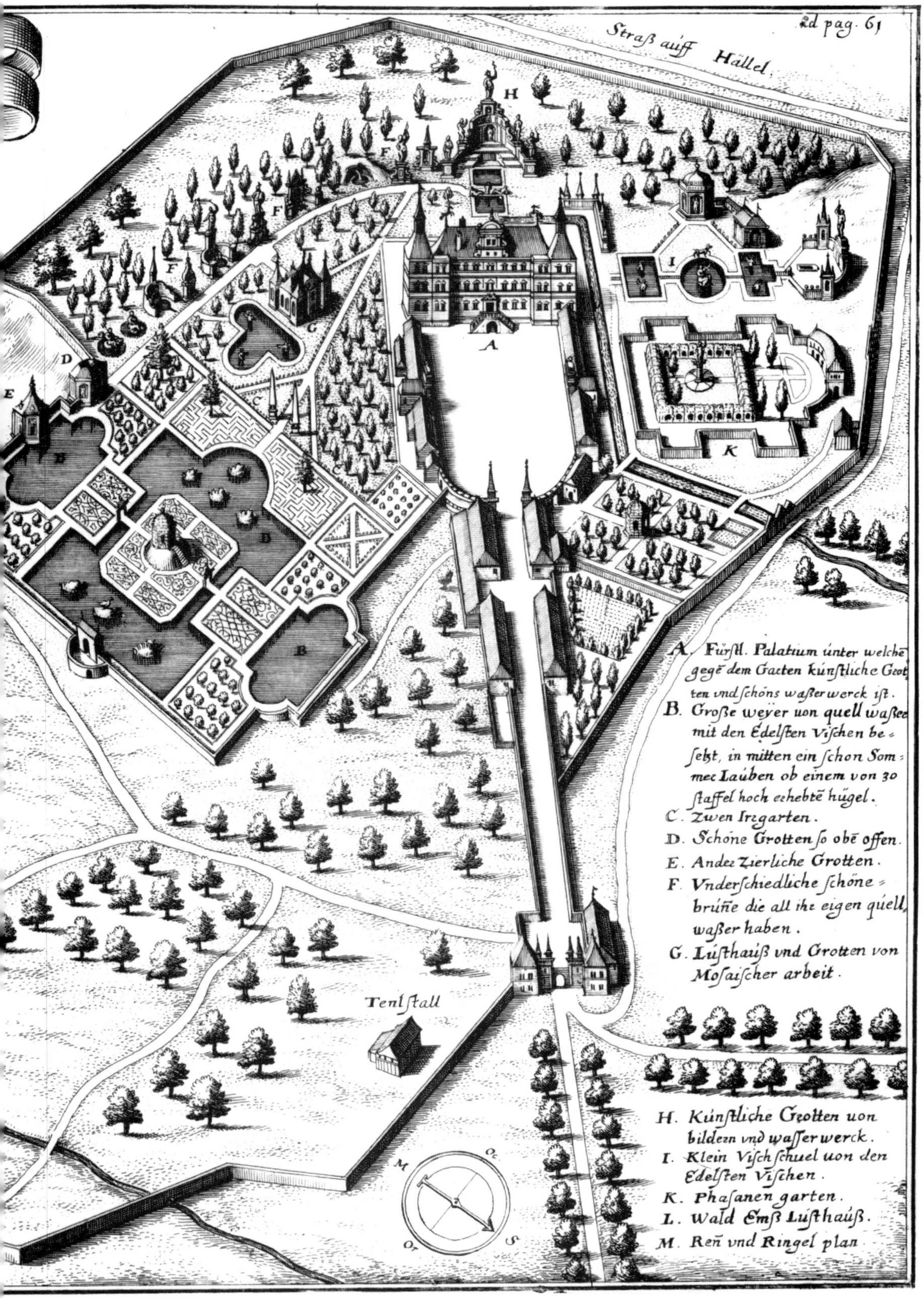
ad pag. 61
Straß auff Hällel
A. Fürſtl. Palatium unter welchē gegē dem Garten künſtliche Grotten und ſchöns waßerwerck iſt.
B. Große weÿer von quell waßer mit den Edelſten Viſchen beſetzt, in mitten ein ſchon Sommer Lauben ob einem von 30 ſtaffel hoch erhebtē hügel.
C. Zwen Irrgarten.
D. Schöne Grotten ſo obē offen.
E. Ander Zierliche Grotten.
F. Underſchiedliche ſchöne brūnē die all ihr eigen quell waßer haben.
G. Luſthauß und Grotten von Moſaiſcher arbeit.
H. Künſtliche Grotten von bildern und waſſerwerck.
I. Klein Viſchſchuel von den Edelſten Viſchen.
K. Phaſanen garten.
L. Wald Emß Luſthauß.
M. Rēn und Ringel plan

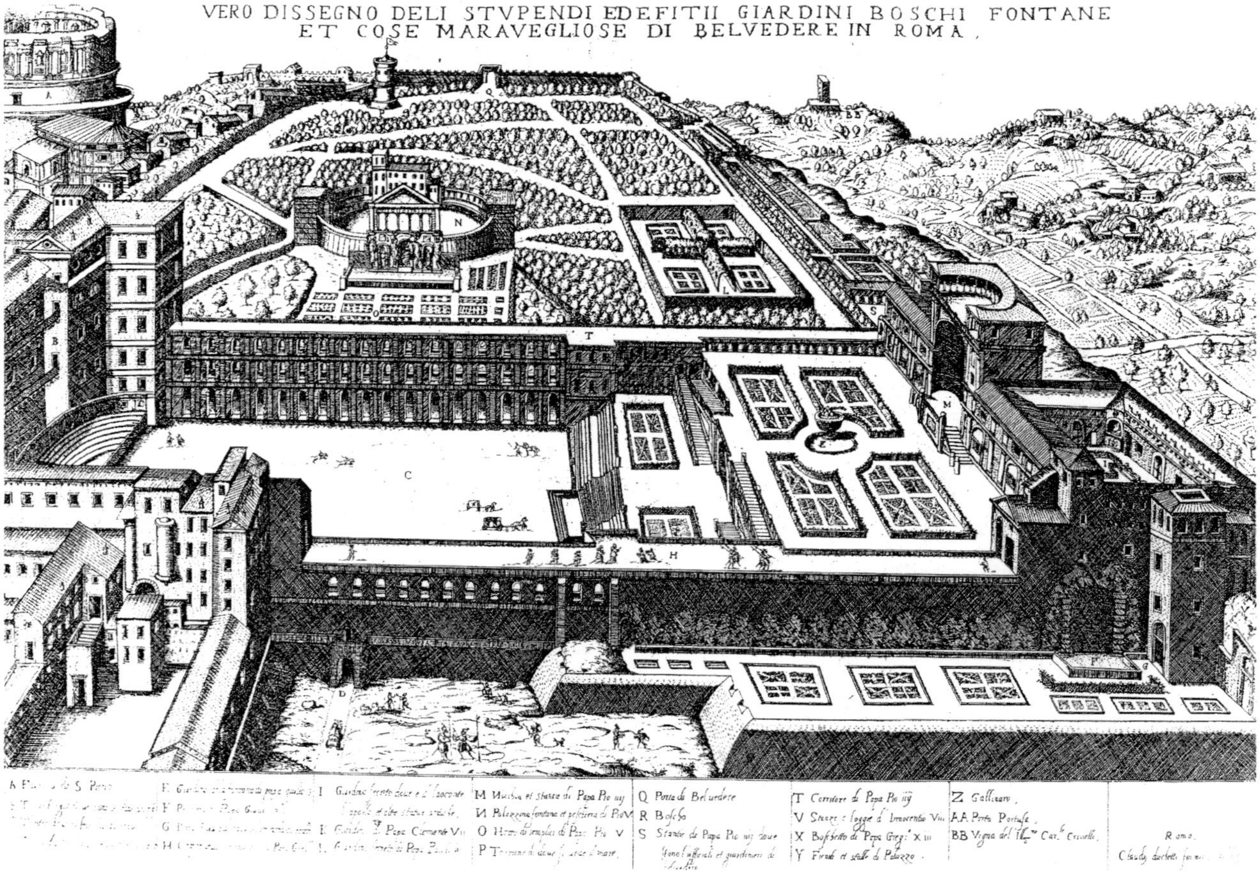

20 Seitenansicht des Cortile del Belvedere und der vatikanischen Gärten. Kupferstich von Mario Cartaro, aus: „Speculum Romanae Magnificentiae" (1574). New York, Metropolitan Museum of Art, Harris Brisbane Dick Fund.

hend von einem als Portalbau gestalteten Casino, erscheint das Halbkreismotiv hier gleich mehrmals hintereinander, indem es sich immer mehr verengt und immer tiefer hinabsteigt bis zu einer Quelle, die den Endpunkt dieser Anlage bildet.

Fast gleichzeitig, im Jahre 1549, erwarb Cosimo I. de'Medici in Florenz den Palazzo Pitti mit dem dahinterliegenden Gebäude und beauftragte Nicolò Tribolo mit dem Entwurf eines neuen Gartens. Tribolo starb jedoch ein Jahr später, und sein Nachfolger Bartolomeo Ammanati, der Ende der fünfziger Jahre die Bauleitung der gesamten Anlage übernahm, arbeitete wahrscheinlich neue Pläne dafür aus.[176]

Eine von Giusto Utens 1599 gemalte Ansicht des Boboli-Gartens zeigt dessen Gestaltung durch Ammanati, bei welcher der tiefergelegene Palasthof sich jenseits der Terrasse in dem langgestreckten, ansteigenden „anfiteatro" fortsetzt, das mit seiner steilen, damals architektonisch noch nicht strukturierten Böschung den ganzen Bezirk in einem großen Halbkreis abschließt (Abb. 18 siehe Tafel 3). Diese Lösung Ammanatis hat später in Frankreich im 1612 begonnenen Jardin de Luxembourg bei Paris ihren Niederschlag gefunden.[177]

Schließlich sei die von Bernardo Buontalenti 1569 bis 1583 für Francesco I. de'Medici errichtete Villa Pratolino unweit von Florenz erwähnt, deren Vorhof durch eine obeliskengeschmückte, halbkreisförmige Mauer gebildet wird (Abb. 19 siehe Tafel 4). Zwei hintereinanderliegende Freitreppen mit Grottennischen und die hinter der Villa weitergeführte Mittelachse, an deren Endpunkt sich das Bassin mit der Kolossalfigur des Appenin von Giambologna befindet, lassen Parallelen zu Hellbrunn erkennen.[178]

Vergleiche zwischen den drei oben angeführten, kurz skizzierten Beispielen und dem Hof des erzbischöflichen Lustschlosses sind jedoch nicht befriedigend, weil sie über Analogien allgemeiner Natur nicht hinausgehen. Daher soll nun eine neue Hypothese zu diesem Problem zur Diskussion gestellt werden. Einige Argumente sprechen nämlich dafür, daß der Cortile del Belvedere im Vatikan für Solaris Planung eine nicht unerhebliche Rolle gespielt haben dürfte.

Als Ausgangspunkt für diese Annahme dient ein 1574 entstandener Stich von Mario Cartaro, der im „Speculum Romanae Magnificentiae" herausgegeben wurde und die Anlage in ihrem ursprünglichen Zustand wiedergibt (Abb. 20). Bramante erhielt 1503 von Papst Julius II. den Auftrag, das Belvedere Innozenz' VIII. mit dem rund 300 Meter weiter südlich und westlich niedriger gelegenen vatikanischen Palast architektonisch zu verbinden.[179] Obwohl mit den Arbeiten sogleich begonnen wurde, steckten diese beim Tode Bramantes 1514 noch in den Anfängen. Erst um 1560 wurde die Anlage nach den Plänen Pirro Ligorios vollendet, wobei mit dem Bau des Westflügels der eigentliche Hof an beiden Längsseiten von Loggien eingefaßt wurde.[180] Der untere Teil des Hofes vor dem vatikanischen Palast bot Raum für Turniere und prunkvolle Festlichkeiten und wurde durch eine Exedra abgeschlossen. Zum Belvedere hin hatte man das aufsteigende Gelände in zwei Terrassen verwandelt, zur ersten schmalen führte axial eine Freitreppe hinauf, die beiderseits angrenzenden Böschungsstücke waren gestuft und dienten ebenfalls als Zuschauerränge. In die Stirnmauer der obersten Terrasse war eine Brunnennische eingelassen, seitlich führten Rampentreppen auf die oberste, ganz als Garten gestaltete Ebene. Den oberen Abschluß bildete die kulissenhafte Exedraarchitektur Bramantes, die die alte Villa abschirmte. Der Cortile des Belvedere galt zu seiner Zeit nicht nur als etwas Besonderes, ja Einzigartiges, sondern hatte als Anlage Vorbildcharakter für die europäische Gartenarchitektur der nachfolgenden zwei Jahrhunderte.[181] Architektonische Motive, die hier maßgeblich formuliert sind, finden sich denn auch, allerdings in verkleinertem Maßstab, in Hellbrunn wieder: Einfassung des Hofes durch längsseitig angebrachte Bauten, halbkreisförmiger Abschluß auf der einen und gegenläufig geführte Freitreppe mit Brunnennische auf der anderen Seite. Leider blieb die Schöpfung Bramantes und Ligorios in dieser Form nicht lange erhalten, denn bereits 1587–1589 wurde mit dem Bau der Bibliothek Sixtus' V. der Hof auf Höhe der zweiten Terrasse geteilt und damit der Eindruck der Gesamtanlage zerstört.[182] Obwohl der Cortile des Belvedere in seiner Ausdehnung größer, in Details des formalen Aufbaus (wie den mit Loggien versehenen Flügeltrakten) anders gestaltet war und zum Zeitpunkt der Errichtung von Hellbrunn sein Aussehen wesentlich verändert hatte, sind die Übereinstimmungen in der Konzeption dennoch augenfällig. Außerdem gilt es noch ein zweites Argument zu berücksichtigen, das in hohem Maße für eine direkte Vorbildwirkung des römischen Bauwerkes auf Solaris Gestaltung des Hofes spricht. Wie im Falle der beiden Eckrisalite, die an der Rückseite des Schloßgebäudes seitlich an die Fassade angeschoben wurden und zweifellos an den Palast in Hohenems erinnern sollten, führt auch hier ein biographischer Ansatz weiter. Die anläßlich des Epiphaniefestes 1565 in Rom stattgefundene und von Papst Pius IV. persönlich vollzogene Vermählung des Vaters von Markus Sittikus, Jakob Hannibal, mit Hortensia Borromeo sowie dessen Berufung zum Generalkapitän der Heiligen Römischen Kirche im selben Jahr bedeuteten eine entscheidende Standeserhöhung des Hauses Hohenems.[183] Dieses bedeutsame Ereignis wurde mit einem überaus glanzvollen und von den Zeitgenossen noch lange gerühmten Hochzeitsturnier im Cortile des Belvedere gefeiert, an dem 6.000 Reiter teilnahmen und bei dem sich nicht weniger als 22 Kardinäle unter den Zuschauern befanden.[184]

Markus Sittikus, der sich ab 1584 knapp zwei Jahre in Rom aufhielt, wo er das Collegium Germanicum besuchte, hat die Anlage in ihrer ursprünglichen Form sicher mehrmals zu Gesicht bekommen. Später, während der Planung Hellbrunns, dürfte er das Bedürfnis gehabt haben, auf den im Vatikan befindlichen Schauplatz des für seine Familie derart wichtigen Ereignisses anzuspielen. Somit hätte man es beim Schloßhof mit einer biographisch motivierten, allusiven Architektur zu tun, die durch Solari anhand des Cartaro-Stiches problemlos umgesetzt werden konnte.[185]

5.3. Die Malereien im Innern: Festsaal und Oktogon

Der Festsaal liegt nicht in der Mitte des Schlosses, sondern befindet sich an der Nordseite des Piano nobile, die Ost-West-Achse einnehmend. Am Turmrisalit schließt sich nordwestlich das Oktogon an.

Daß der in den Salzburger Hofzahlamtslisten von 1616 unter dem Namen „Don Arsenio Masgatti" erstmals erwähnte Maler Donato Mascagni als Autor der Wand- und Deckenmalereien anzusehen ist, wird in der Forschung seit langem als sicher angenommen.[186] Der um 1570 geborene Künstler gilt als Schüler Jacopo Ligozzis; im Kloster S S. Annunziata in Florenz hat er begonnene Wandbilder des ebenfalls in der toskanischen Hauptstadt tätigen Bernardino Poccetti vollendet.[187] Nach bezeugten und zugeschriebenen Arbeiten in Florenz und Rom wurde er an den Hof des Salzburger Erzbischofs gerufen, wo er bis zu seinem Tod 1637 blieb. Mascagni dürfte ab 1616 mit den Malereien im Hellbrunner Festsaal und Oktogon beschäftigt gewesen sein, wobei er später vermutlich auch einige Arbeiten in den Grotten im Untergeschoß des Schlosses ausführte. Spätestens 1619, wahrscheinlich aber früher, war die Dekoration der beiden Räume vollendet, wie aus der recht summarisch gehaltenen Beschreibung Stainhausers hervorgeht.[188]

Der rechteckige gewölbte Festsaal besitzt nördlich, östlich und westlich je zwei Fensterachsen, im Norden und Süden außerdem je zwei Türen. In dem an sich schlichten, ganz mit illusionistischen Malereien in Seccotechnik geschmückten Raum fungiert ein reales verkröpftes Gesims, das den Gewölbeansatz markiert und in die Dekoration integriert ist, als einziges Gliederungselement (Abb. 21 siehe Tafel 5). Wände und Decken werden durch einen aus Scheinarchitektur bestehenden zweigeschossigen Aufbau mit umlaufender Balustrade und parallel geführten Gurtbögen strukturiert. Die Längswände sind als perspektivische Verlängerungen des Innenraums gestaltet, wobei ein durch Säulen gebildetes Joch in kulissenartige Straßen- und Häuserfluchten überleitet. Die symmetrisch angelegte und von Staffagefiguren belebte Stadtszenerie erinnert auf der einen Seite an eine Ansicht der Uffizien in Florenz, während auf der anderen offenbar Bezüge zur Markuskirche in Venedig beabsichtigt waren.[189] Diese Darstellungen deuten auf eine Abhängigkeit von Baldassare Peruzzis „Sala delle Colonne" in der Villa Farnesina in Rom, denn die auf beiden Seiten verwendeten Pfeiler, die mit einer statuenbesetzten Nische versehen sind, wie auch die Doppelsäulen stimmen damit überein.[190] Im Gegensatz zu Peruzzis Lösung wird im Hellbrunner Festsaal der Blick allerdings nicht auf eine Terrasse und erst dann ins Freie geführt, sondern direkt in die von perspektivisch gemalten Straßenzügen geprägte Stadtlandschaft. Auffallend ist die beidseitig von Mascagni gewählte Abriegelung der bühnenartigen Prospekte, was neben der Kenntnis des von Palladio und Scamozzi errichteten Teatro Olimpico in Vicenza vor allem Serlios Entwurf zur tragischen Szene im zweiten Buch seines Traktats voraussetzt (Abb. 22).[191]

Die fiktive Architektur an den Wänden nimmt die dort eingebauten Türen und Fenster in ihre Struktur auf, indem sie sie zwischen Pfeiler stellt, denen schmale Pilaster vorgesetzt sind. Davor sieht man in Trompe-l'oeil-Manier die zwölf Statuen der Suetonskaiser in Goldfarbe auf eigenen, reich ornamentierten Podesten stehen.[192] Auf den Nischengesimsen sowohl der Imperatoren als auch der Statuen der Südwand sowie über den Trophäen in der Mitte der Schmalseite stützen bronzierte Puttopaare

Fruchtschalen. Über den Fenstern und den beiden Türen der Nordseite flankieren jeweils Steinbock und Löwe, die Wappentiere des Erzbischofs und des Landes Salzburgs, weitere mit Blumen gefüllte Schalen.

Die Tür- und Fensterlaibungen sind mit Groteskenmalereien versehen, während die Supraporten der südlichen Türen Wappen tragen: das gegen Osten gelegene das erzbischöfliche, das westliche scheint mit der Umarmung von Steinbock und Löwe das darüber geschriebene Motto zu illustrieren: NUMEN VEL DISSITA IUNGIT.[193]

Über den drei mittleren Achsen der Längsseiten erhebt sich ein zweites Geschoß, das sich als ein mit Personifikationen besetzter Balkon fortsetzt und die architektonische Gliederung von unten übernimmt. Durch die beiden Doppelsäulen in der Mitte werden drei Logen gebildet, an den Seiten sind sie wiederum von Pfeilern begrenzt. Obwohl diese Gestaltung entfernt an die Malereien Veroneses in der „Sala dell'Olimpo" der Palladio-Villa Barbaro in Maser denken läßt, handelt es sich um eine andere und gleichzeitig neue Lösung.[194]

Mascagni zieht die Scheinarchitektur noch höher, indem er über die mittlere Achse ein weiteres durch Säulen gegliedertes Joch setzt, das den Raum mit einem groteskengeschmückten quadratischen Feld überspannt. Mittels einer großen runden, von einer Balustrade eingefaßten Öffnung, durch die ein geflügelter Genius mit Palmzweig und Blumenkranz hereinzuschweben scheint, wird diese Begrenzung des Raumes aber wieder aufgehoben. Parallel zu dieser Scheinarchitektur in der Mitte überziehen zwei mit Groteskenmalereien dekorierte Bänder gurtartig die Decke, welche bei den Wandpfeilern ansetzen. Die mit Balustraden versehenen Galerien der Längsseiten werden von zwölf paarweise angeordneten weiblichen Tugenden belebt. Diese spärlich mit Attributen ausgestatteten, teilweise nur unter Schwierigkeiten zu bestimmenden Figuren scheinen keinem festen Programm unterworfen zu sein. An der Südwand erscheinen, beginnend von links: Justitia mit Schwert und Waage; Caritas proxima mit dem seine

22 Entwurf zur tragischen Szene, Ansicht des Bühnenbildes. Holzschnitt aus Sebastiano Serlio, „Tutte l'opere d'Architettura" (1619), Buch 2.

Jungen nährenden Pelikan[195]; Fortitudo auf einen Säulenstumpf gestützt; eine rot gekleidete Figur mit Stab und nach oben weisend, möglicherweise Aequitas[196]; Prudentia mit schlangenumwundenem Stab und Spiegel[197]; als letzte Gestalt Securitas mit Stab und einem Zeiggestus nach unten[198]. An der Nordwand, wiederum links beginnend: Temperantia mit Zaumzeug; Utilitas publica gepanzert, mit Feldherrenstab; Spes betend, den Blick nach oben gerichtet; Fides mit Kelch, ebenfalls aufwärts blickend; Caritas proximi mit zwei Kindern; und schließlich Studio mit brennender Öllampe und Hahn[199]. Zusammen ergeben diese Personifikationen einen Kanon, der die drei göttlichen und die vier Kardinaltugenden umfaßt und gleichzeitig panegyrisch die Eigenschaften des Erzbischofs hervorheben soll.

Die Schmalseiten bzw. Randzonen der Längsseiten sind mit verschiedenen Vögeln (Pfau, Wildente, Reiher, Eule, Papageien) und einem angeketteten Affen, der eine Frucht hält, bevölkert; sie haben keine ikonographische Bedeutung, sondern dürften sich auf die damals in der Gartenanlage tatsächlich lebenden Exemplare beziehen. Die dargestellten Tiere galten als kostbare exotische Raritäten und wurden daher besonders geschätzt. Auch die an den Eckpunkten befindlichen, paarweise angeordneten goldbronzenen Ignudi, die sich an diejenigen der sixtinischen Decke Michelangelos anlehnen, erfüllen wohl eine rein dekorative Funktion.[200] Eine Verbindung zwischen den Ignudipaaren wird durch dazwischengesetzte Festons geschaffen. In der Mitte der Schmalseiten ist jeweils eine weitere Figur zu sehen; beide sind lorbeerbekränzt und halten verschiedene Attribute in den Händen.

Die Dekoration des angrenzenden sogenannten „Oktogons", dessen Name von der oktogonalen Grundrißform abgeleitet wurde, ist eine wesentlich spielerischere und weniger monumentale (Abb. 23 siehe Farbtafel 6). Der kleine Raum ist mit Scheinarchitekturen geschmückt und wird von einer oktogonalen Kuppel abgeschlossen. Jede der acht Seiten wird von gedrehten Säulen flankiert. Während im Süden eine Tür, im Westen, Norden und Osten Fenster eingeschnitten sind, bilden die Säulen an den Eckflächen – ähnlich wie im Festsaal – je ein quadratisches Joch. Unmittelbar dahinter setzen korridorähnliche Architekturen an, die abwechselnd durch Kreuzgratgewölbe oder durch flache, von Pfeilern getragene Kassettendecken geschlossen sind und im Hintergrund apsidenförmig enden. Dadurch werden auch diese perspektivisch gemalten Raumkompartimente hinten abgeriegelt.

Die auf ornamentierten Kapitellsockeln stehenden gedrehten, blauen Säulen sind mit goldbronziertem Weinlaub und spielenden Putti dekoriert und tragen ein mehrfach geschwungenes Gebälk. Im Vordergrund dieser quadratischen Räume sind promenierende Damen, eine von Musikern begleitete Sängerin[201] sowie eine galante Szene mit einem Kavalier dargestellt[202]. Die sorgfältige Behandlung der Gesichter läßt erkennen, daß es sich hier im Gegensatz zum Festsaal wohl nicht um bloße Staffagefiguren handelt, sondern um „reale" Personen, die die Scheinarchitekturen beleben sollen.

Die Decken der Joche werden jeweils von einer großen runden Öffnung durchbrochen, die den Blick zum Himmel freigibt und an deren Rand ein Vogel sitzt, was auch Stainhauser in seiner Beschreibung erwähnt: Fasan (südwestlich), Adler (nordwestlich), Pelikan (nordöstlich) und Sperber (südöstlich).[203] Über der Wanddekoration erhebt sich eine tambourartige Zone mit scharf konturierten, ornamental geformten Öffnungen, in denen alternierend die beiden Wappentiere Steinbock und Löwe, flankiert von Satyrn, zu sehen sind. Die gemalte Architektur führt in einzelnen, reich geschmückten Sparren weiter zur Mitte, wobei sich in den Zwischenräumen acht weibliche Tugenden gegen den Himmel abheben. Neben einigen nicht eindeutig bestimmbaren Figuren sind hier Libertas, Abundantia, Magnanimitas, Veritas, Benignitas und Pax dargestellt.[204]

Wie im Festsaal dürfte sich auch dieser Tugendkanon auf die Person des Erzbischofs und Bauherrn Markus Sittikus beziehen. Die Kuppel, die wie eine Holzkonstruktion wirkt, verleiht dem Raum die Gestalt eines luftigen Pavillons, wie er in der zeitgenössischen Gartenarchitektur häufig zu finden ist.[205] Dagegen erwecken die strahlenartig wegführenden Gänge den Eindruck, reale Steinarchitekturen zu sein. Hier dürfte sich Mascagni von den Bühnendekorationen des Teatro Olimpico in Vicenza Anregungen geholt haben, die er in Anlehnung an mittelitalienische Gartentheater zu einer neuen Lösung verarbeitet hat.[206]

Insgesamt scheint er sich für das Dekorationssystem des Oktogons wiederum an Mittelitalien orientiert zu haben. Die gedrehte, mit Rankenwerk geschmückte Säule wird in der manieristischen Malerei häufig verwendet, wie etwa von Jacopo Ligozzi, der als Lehrer Mascagnis genannt wird, im Hof des Klosters Ognissanti in Florenz.[207] Die runden Deckenöffnungen der anschließenden Joche setzen die Kenntnis der „Sala Clementina" im Vatikan und die damit verbundene Quadraturmalerei der Brüder Alberti voraus.[208]

Daß für den Festsaal Raumdekorationen vorbildlich waren, wie sie für die Ausschmückung einiger venezianischer Villen typisch sind, muß bezweifelt werden.[209] Da von Mascagni bezeugte und zugeschriebene Arbeiten nur aus Florenz und Rom bekannt sind und auch seine mutmaßlichen Lehrmeister Ligozzi und Poccetti dort tätig waren, ist die Dekoration des Festsaals in der Tradition der mittelitalienischen Illusionsmalerei zu sehen.[210] Mascagni scheint allerdings in zweierlei Hinsicht einen Schritt weitergegangen zu sein. Denn sowohl die Konzeption der engen Verbindung zwischen Innenraum und urbaner Umgebung, wobei der Festsaal gleichsam in eine italienische Idealstadt versetzt wird, als auch das an der Decke zentral eingeführte Element mit Rundöffnung, das die längsseitigen Säulenarchitekturen miteinander verbindet, sind neu.[211]

Im Zusammenhang mit den im Hintergrund stets abgeschlossenen Straßen- und Raumfluchten der Stadtszenerien an den Längsseiten des Festsaals ist verschiedentlich auf Serlios Bühnenentwurf zur tragischen Szene hingewiesen worden (Abb. 22).[212] Die Lektüre des Traktats hat ergeben, daß der Einfluß Serlios auf die malerische Gestaltung der beiden Räume in Hellbrunn aber nicht nur auf diesen einen Aspekt beschränkt bleibt, sondern möglicherweise wesentlich darüber hinausgeht.

Im Anhang des vierten Buches, der die gemalte Dekoration von Gebäuden behandelt, gibt Serlio nämlich einen Exkurs über das Ausschmücken von Innenräumen, das in jedem Fall der Gesamtplanung des Architekten untergeordnet werden soll.[213] Während er für Fassadenmalereien die Verwendung von Chiaroscuro befürwortet, regt er im Innern in Anlehnung an Vitruv illusionistische, raumerweiternde Fresken an.[214] Bemerkenswert ist, daß er dabei als konkretes Beispiel auf die „Sala delle Colonne" von Peruzzi verweist.[215] Für Figuren, die im oberen Bereich einer scheinarchitektonischen Wanddekoration integriert werden sollen, empfiehlt Serlio, bezugnehmend auf Andrea Mantegna, sie auf einer Linie aufzureihen, was stark an die Lösung Mascagnis für die Darstellung der Tugenden im Hellbrunner Festsaal erinnert.[216] Auch der Groteskenmalerei wird im Traktat verhältnismäßig große Aufmerksamkeit geschenkt, wobei Serlio als hervorragendsten Vertreter dieser Gattung Giovanni da Udine nennt.[217]

24 Verschiedene Entwürfe für Grotesken und andere Ornamente. Holzschnitt aus Sebastiano Serlio, „Tutte l'opere d'Architettura" (1619), Buch 4.

Nach dem knapp vier Seiten umfassenden Text des Anhangs liefert Serlio einige Illustrationen, welche als Anregungen für Decken- und Wanddekorationen gedacht sind. Ein Blatt mit nicht weniger als 17 verschiedenen Vorschlägen für Groteskenmalereien und Friese ist besonders hervorzuheben und erinnert an die im Festsaal und Oktogon in vielen Variationen vorkommenden Ornamente (Abb. 24).[218] Eine unmittelbarere Wirkung auf das Interesse Mascagnis am Dekorativen dürften jedoch zum einen sein Lehrmeister Ligozzi, zum anderen die Grotesken- und Fassadenmalerei Poccettis um 1580 ausgeübt haben, wie ein Vergleich mit der Eingangsfront des in Florenz befindlichen Palazzo di Bianca Capello zeigt (Abb. 25).[219] Hinsichtlich der Ausgestaltung der beiden Hellbrunner Räume wäre es daher zwar über-

25 Florenz, Palazzo di Bianca Capello, Ansicht der Fassade mit Groteskenmalereien von Bernardino Poccetti (um 1580).

26 Schloß Hellbrunn, Oelgemälde mit zwei Ansichten einer übergroßen Sonnenblume (dat. 1618).

trieben, von einer alleinigen Abhängigkeit vom Serlio-Traktat sprechen zu wollen; gleichwohl lassen sich einige konkrete Anknüpfungspunkte herauskristallisieren. Somit ist es durchaus denkbar, daß Solari bei der Planung des Schlosses den Anhang zum vierten Buch berücksichtigt hat und dadurch zur Wahl bestimmter Themen und Dekorationselemente angeregt worden ist. Mascagni, der zeitweise eng mit dem Architekten zusammengearbeitet haben wird, orientierte sich bei der Ausführung der Malereien an den ihm persönlich näherliegenden zeitgenössischen Vorbildern.

Die malerische Ausstattung des Festsaals erweist sich als nicht nach einem stringenten Programm konzipiert, vielmehr sind es verschiedene Elemente, die zu einem neuen Ganzen summiert werden, wobei das dekorative Moment offensichtlich dominiert. Die zum Decorum einer Villa passenden vedutenartigen Ansichten eines „Landschaftszimmers“ und die zwölf antiken Suetonkaiser vereinen sich mit den personifizierten Tugenden des Bauherrn, ergänzt durch exotische Vogeldarstellungen und Groteskenmalerei.

Im Oktogon werden die illusionistischen Raum- und Stadtarchitekturen mit porträthaften Darstellungen bestimmter Personen aus dem Umkreis von Markus Sittikus und der vornehmen Salzburger Gesellschaft belebt, die die realistische Wirkung der Trompe-l'oeil-Malereien wesentlich fördern. Dieselbe Beobachtung wie im Festsaal kann auch hier gemacht werden: Es ist kein eigentliches Programm, das den Raumgedanken bestimmt, sondern die Gliederung von Wand und Decke durch Quadraturmalerei. Ausgewählt wurden wiederum berühmte Beispiele, die uns in einer neuen Kombination begegnen. Mascagni greift bei seinem Bilderschmuck für die Hellbrunner Räume vollständig auf italienisches Formengut zurück und begründet damit die barocke Deckenmalerei nördlich der Alpen.

Nach Stainhausers Beschreibung von 1619 müssen sich im Innern des Schloßgebäudes knapp hundert Gemälde, hauptsächlich Landschaften und Porträts, befunden haben.[220] Leider hat sich davon fast nichts erhalten. Neben einem noch ausführlicher zu besprechenden, ganzfigurigen Bildnis des Erzbischofs, das ihn vor einer Vedute Hellbrunns auf eine Ansicht des damals noch nicht vollendeten Domes weisend zeigt, sind vor allem fünf weitere im Schloß aufbewahrte Gemälde zu erwähnen, die verschiedene Wunder der Natur in Originalgröße darstellen.[221] Neben den Bildnissen eines übergroßen Wildschweins, eines Steinbocks und zweier Riesenfische ist besonders die zweiseitige Ansicht einer außergewöhnlichen Sonnenblume von Interesse, die im Hellbrunner Garten zu dieser Größe herangewachsen sein soll (Abb. 26).[222]

Vielleicht haben wir es hier mit Werken des von Stainhauser in seinen Relationen genannten Hofmalers Adam Guetmann zu tun, die als gemalte Trophäen vor dem Hintergrund der damals verbreiteten Kunst- und Wunderkammern zu verstehen sind und in diesem Sinne mit einigen Gemälden der Sammlung des Tiroler Erzherzogs Ferdinand in Ambras[223] verglichen werden können.[224]

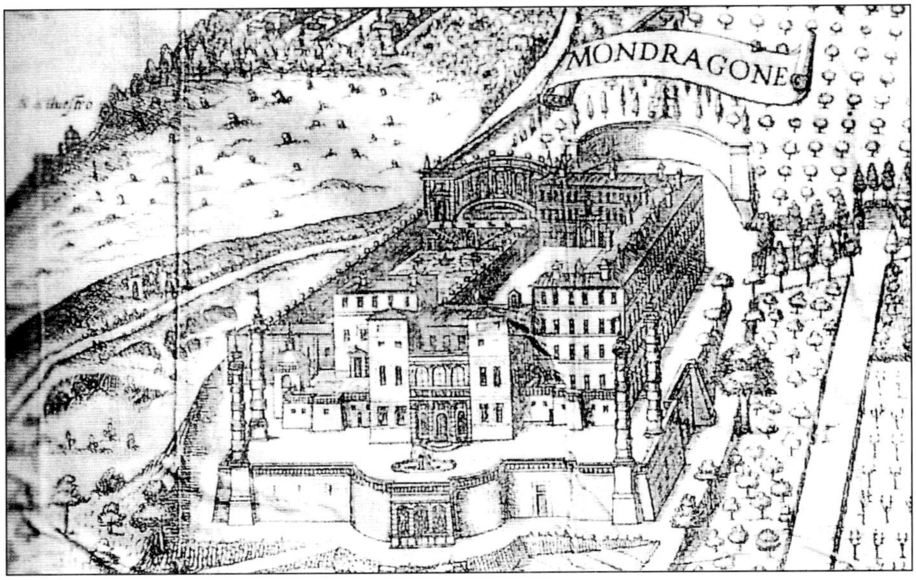

27 Tusculum, Villa Mondragone, Gesamtansicht aus der Vogelperspektive. Anonymer Kupferstich (um 1600).

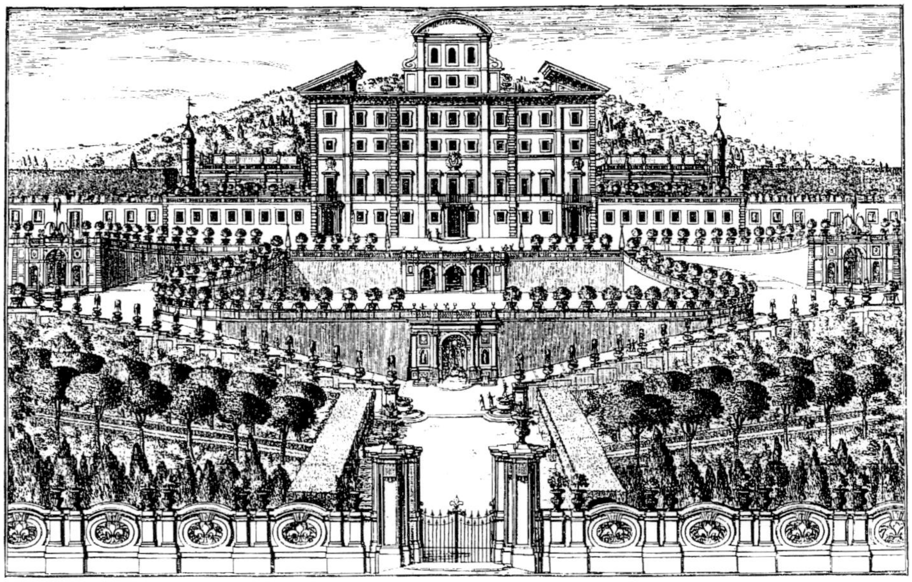

28 Frascati, Villa Aldobrandini, Ansicht der Hauptfassade. Kupferstich von Alessandro Specchi (um 1700).

6. Der Bereich der Vergnüglichkeit – Gartenanlage

6.1. Zu Villenbau und Wasserkünsten in Italien in der 2. Hälfte des 16. Jahrhunderts

Der von der Dichterin Margherita Costa verfaßte und 1628 in Venedig erschienene Bericht über die Deutschlandreise des Großherzogs Ferdinand II. von Toskana verdeutlicht, daß Hellbrunn schon von den zeitgenössischen Besuchern mit den schönsten Gartenanlagen Italiens verglichen wurde.[225] Auch in der neueren Forschung gilt es als unbestritten, daß das unter Markus Sittikus von Hohenems errichtete Lustschloß ganz als Villa suburbana italienischer Prägung konzipiert ist und damit im Kontext der italienischen Villen- und Gartenarchitektur der zweiten Hälfte des Cinquecento steht. In bezug auf die Vorbildfrage sind in der Literatur wiederholt konkrete Beispiele der italienischen Spätrenaissance aus der Zeit vor 1600 vorgeschlagen worden, die einen mehr oder weniger entscheidenden Einfluß auf die Planung Hellbrunns ausgeübt haben sollen. Diese Hypothesen weichen aber stark voneinander ab und führen zu unterschiedlichen Ergebnissen, wie sich dies bereits bei der Untersuchung des Schloßgebäudes gezeigt hat. Ein skizzenhafter Überblick über die wichtigsten zwischen 1550 und 1600 südlich der Alpen entstandenen Villen und die damit verbundene Blüte der Wasserkünste soll den Leser auf die anschließende Analyse der im Hellbrunner Gartenbereich untergebrachten Brunnen und Grotten vorbereiten.

Nach der für die ganze Renaissance so wichtigen Wiederentdeckung der unterirdischen Räume der „Domus aurea“, welche zusammen mit anderen archäologischen Funden den Stil der Grotten- und Gartenarchitektur bestimmend mitprägen sollte, war zunächst Rom das Zentrum des von der Antike neu inspirierten Villenbaus. In einem Tal am Nordhang des Pincio unweit der Via Flaminia ließ Papst Julius III. ab 1551 nach den Plänen Vasaris, Vignolas und Ammanatis die bereits früher erwähnte Villa Giulia errichten, wohl auch in der Absicht, der von Clemens VII. begonnenen Villa Madama am Monte Mario jenseits des Tiber etwas zumindest Gleichrangiges entgegenzusetzen. Als Bezugs- und Endpunkt der ganzen, von einem mehrmals erscheinenden Halbkreismotiv geprägten Anlage fungiert am Ende des Gartens das um die Quelle errichtete Nymphäum, welches gleichzeitig das früheste Beispiel eines solchen Bauwerks aus dem 16. Jahrhundert darstellt. Aus einem Inventar der Villa von 1555 geht hervor, daß in der „Alten Grotte“ antike Figuren aufgestellt waren.[226]

Um die Mitte des Cinquecento ließen die humanistisch gebildeten römischen Kardinäle im Süden der Ewigen Stadt großzügige Villen errichten, in deren Baupläne sie nicht selten auch Reste altrömischer Landhäuser miteinbezogen. Der Wasserreichtum der Albaner Berge begünstigte die Integration zahlreicher Grotten. Für eine der phantasievollsten Schöpfungen dieser Art ist Pirro Ligorio (ca. 1500–1583) verantwortlich, der 1550 bis 1569 für Kardinal Ippolito d'Este eine Villa in Tivoli erbaute, die fortan dessen Namen trug. Hier sind Grotten, Brunnen und Wasserkünste zu einer großartigen thematischen Einheit verbunden worden, wobei sich die Gartenanlage über fünf Terrassen am Westhang Tivolis erstreckt. Die Terrassenstufen werden jeweils durch Grotten in den Futtermauern betont, welche ihrerseits mit Statuen und stellenweise mit hydraulisch betriebenen Automaten ausgestattet waren. Dabei ist aber nur ein einziges Bauwerk, die „Grotta di Diana“, als wirklicher, begehbarer Innenraum gestaltet.[227] Ein von Etienne Dupérac 1573 angefertigter und der Königin von Frankreich, Katharina de'Medici gewidmeter Stich hat zusammen mit einer ergänzenden Beschreibung weithin zum Ruhm der Villa d'Este und ihres Gartens beigetragen. Sie ist

29 Frascati, Villa Aldobrandini, Ansicht des Teatro delle acque (1598–1604).

die letzte große Anlage im römischen Kunstkreis, in der Grotten eine bedeutende Rolle spielten. Diese wurden allmählich durch eine gegen das Ende des 16. Jahrhunderts entwickelte Brunnenform, das „Teatro“, abgelöst. Deren halbkreisförmige Schauwände mit eindrücklichen Wasserkaskaden sind meist mit reichem, in Rundnischen aufgestelltem Statuenschmuck versehen. Das Teatro findet sich um die Jahrhundertwende und zu Beginn des Seicento vor allem in Frascati, wo sich nun die Sommerpaläste des römischen Adels und der Kurie konzentrierten. Neben der um 1575 im Auftrag von Kardinal Marco Sittico d'Altemps erbauten, nahe dem antiken Tusculum in den Albaner Bergen gelegenen Villa Mondragone gilt die zwischen 1598 und 1604 durch Giacomo della Porta, Carlo Maderno und Giovanni Fontana errichtete Villa Aldrobrandini als die eindrucksvollste Anlage dieser Gegend unweit Roms (Abb. 27, 28). In der Entwicklungsgeschichte der italienischen Gartenkunst stellt sie einen Höhepunkt dar, denn sie hat in ihrer Größe den Maßstab eines Renaissancegartens weit hinter sich gelassen und ist in ihrer gesamten Auffassung und immensen Prachtentfaltung bereits dem Frühbarock verpflichtet. Die Villa Aldobrandini zeichnet sich neben der großzügigen Anlage von Terrassen vor allem durch eine in der Mittelachse des Gebäudes verlaufende Abfolge von Wasserspielen aus. Brunnen und Wasserkaskaden wechseln sich ab, wobei das „Teatro delle acque“, das als monumental konzipierte Exedra in fünf großen und vielen kleineren Nischen zahlreiche Skulpturen beherbergt, das wichtigste Element des hinteren Gartenteils darstellt (Abb. 29).

Auch im Veneto entstand in der zweiten Hälfte des 16. Jahrhunderts eine Vielzahl bedeutender Villenanlagen, die sich allerdings in einigen formalen Gesichtspunkten von den Beispielen aus der Umgebung Roms, Latiums, von Florenz und der Toskana unterscheiden. Auffällig ist primär bei den zu Recht als klassisch bezeichneten Bauten Venetiens und der Terra ferma der Bezug zur Antike. Zwar gibt es statuengeschmückte, halbrunde Schauwände; großartige Wasserspiele nach römischem Muster sucht man hier jedoch vergeblich. Auch die im späten Cinquecento vielerorts beliebten Wasserscherze, Ruinenarchitekturen und Grotten fehlen in den Bauten der beiden Exponenten der venezianischen Villenarchitektur, Andrea Palladio und Vincenzo Scamozzi, völlig. Dieser Sachverhalt dürfte in erster Linie auf die Auffassungen der beiden Architekten zurückzuführen sein. Palladio, der sich nicht als Imitator, sondern in Kontinuität mit der Antike verstand, lehnte nicht nur die zeitgenössische, manieristische Architektur weitgehend mit Hinweis auf ihre „strani abusi, le barbare inventioni, e le superflue spese", sondern auch künstliche Ruinen ab.[228] Scamozzi wehrt sich ebenfalls als konservativer Sachverwalter von Renaissancevorstellungen mit Unbehagen und Beschimpfungen gegen die um 1600 einsetzende Strömung des Barock.[229] Die „kritische Form" fast aller venezianischer Villenbauten der Spätrenaissance sind die Loggien, welche wie Arme weit in den Raum ausgreifen, um gleichsam diejenigen zu sammeln, welche sich dem Hauptgebäude nähern. Zu den bekanntesten Werken Palladios gehören die streng symmetrisch aufgebaute, bei Vicenza gelegene Villa Capra oder „Rotonda" sowie die mit Skulpturen und Stukkaturen Allessandro Vittorias und den Fresken Paolo Veroneses ausgestattete, um 1557 bis 1562 erbaute Villa Barbaro in Maser (Abb. 30).

Neben dem ab 1552 unter Herzog Pierfrancesco, genannt Vicino Orsini, begonnenen Garten der Residenz von Bomarzo, von dessen Ausstattung besonders der mit großen, eigenartigen Skulpturen bevölkerte „Bosco sacro" zu erwähnen ist und den der gelehrte Zeitgenosse Annibale Caro 1564 als ein Sammelbecken von „cose stravaganti e sopranaturali" schildert, erlangte die ebenfalls unweit Viterbo gelegene Villa Lante rasch Berühmtheit.[230] Sie wurde ab 1568 nach den Plänen Vignolas in dem kleinen, von ausgedehnten Wäldern umgebenen Ort

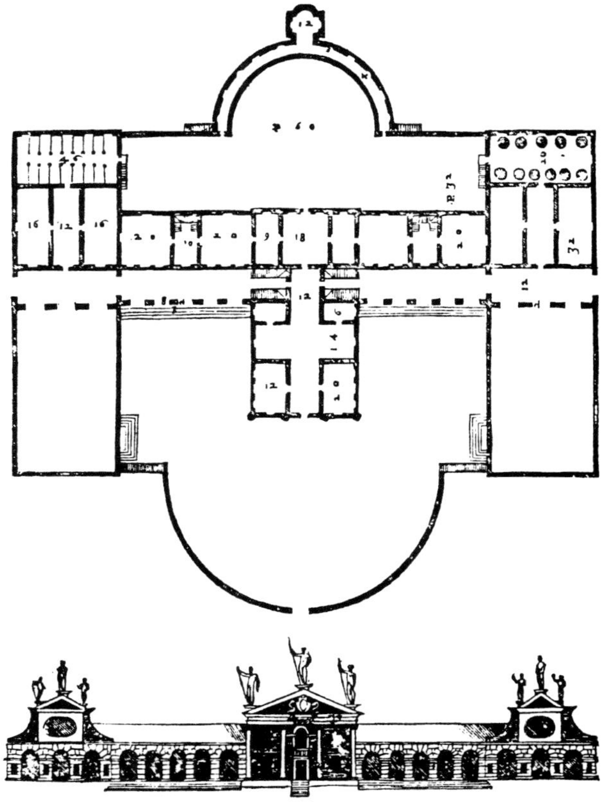

30 Maser/Veneto, Villa Barbaro, Ansicht und Grundriß. Holzschnitt aus Andrea Palladio, „I quattro libri dell'architettura" (1570).

Bagnaia als Sommersitz für Kardinal Giovanni Gambara errichtet, der in Viterbo residierte. Die streng axiale Komposition sowie die auf drei Ebenen von dem Sieneser Architekten und Ingenieur Tommaso Ghinucci mit großer Phantasie variierten Wasserkünste waren ausschlaggebend dafür, daß die Villa Lante bald nach ihrer Fertigstellung als die Krönung der italienischen Gartenarchitektur betrachtet wurde (Abb. 31).[231] Das anläßlich seines Besuches im Jahre 1580 vom französischen Philosophen und Essayisten Michel de Montaigne gerühmte, „im Überfluß" vorhandene Wasser durchläuft die Anlage wie eine Lebensader und ergießt sich schließlich in das quadratische, mit einem darin stehenden Isolotto versehene Becken der untersten Terrasse, welche wie die oberen von einer Mauer umgeben ist.[232]

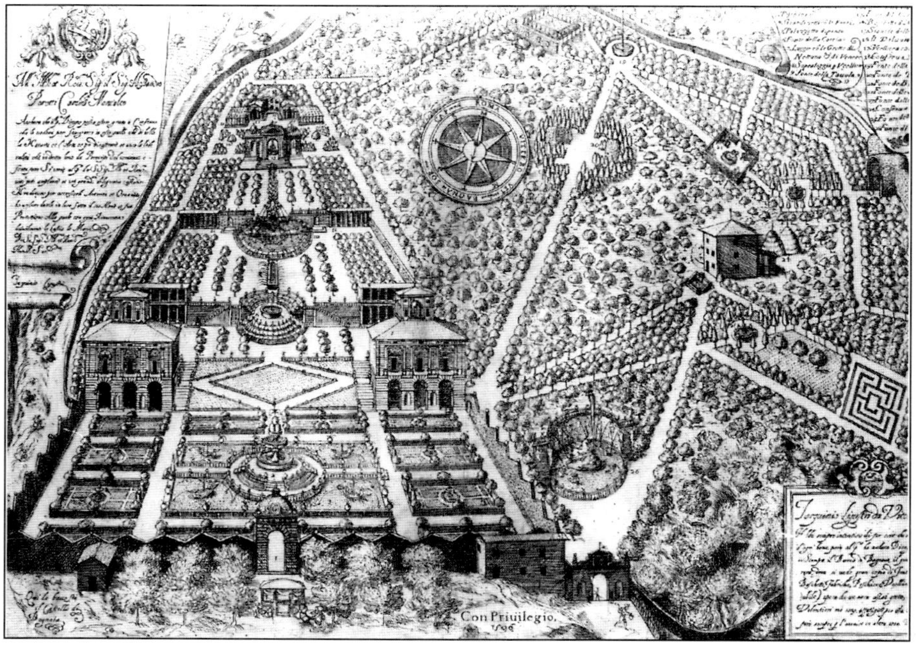

31 Viterbo/Bagnaia, Villa Lante, Gesamtansicht. Kupferstich von Tarquicio Ligustri (1596). Paris, Bibliothèque Nationale.

Was den Grottenbau betrifft, so verlagerte sich das Zentrum um die Mitte des 16. Jahrhunderts nach Florenz, wo Varianten entstanden, die auf alle folgenden Einfluß erlangen sollten und zu Leitmotiven in der Gartenarchitektur wurden. Sie dienten fortan weniger zur Aufnahme antiker Skulpturen, sondern wurden nun oft um ihrer selbst willen gebaut, häufig Statuen zeitgenössischer Künstler beherbergend, welche im Kontext mit mythologischen Themen standen. Immer mehr dominierte nun das Element des Spielerischen, wobei der Phantasie unter zunehmender Verwendung von hydraulisch betriebenen Automaten keine Grenzen gesetzt war – im Gegenteil, das Ungewöhnliche und Spektakuläre, möglichst den Regeln Widersprechende zu verwirklichen, war das Gebot der Stunde. Das besondere Merkmal aller großen Florentiner Grotten ist, daß sie als wirkliche Innenräume konzipiert und somit nicht von außen einsehbar sind.

Als erstes Beispiel aus der Umgebung von Florenz wäre die „Grotta degli Animali“ in Castello zu nennen, ein reich mit Tuffstein ausgestatteter Raum, in dem sich große Tierfiguren befinden (Abb. 32 siehe Tafel 7). Die Grotte ist Bestandteil des Gartens einer Medici-Villa, die auf älteren Teilen im 16. Jahrhundert unter Cosimo I. wesentlich ausgebaut wurde. Nach dem Willen des Bauherrn hätte die Villa Castello durch die Anzahl und Größe der geplanten Skulpturen und Brunnen neue Maßstäbe in der italienischen Gartenkunst setzen sollen.[233] Die größte Leistung bestand in der Zuführung der benötigten Wassermengen mittels verschiedener neugebauter Aquädukte.[234] Der mit dem Entwurf der Anlage beauftragte Nicolò Tribolo entwickelte ein Statuenprogramm, das sich auf den Sieg der Medici über Rebellion und Unfrieden in Florenz sowie auf ihre segensreiche Herrschaft in der Stadt bezog. Nach seinem Tode wurde die Leitung der Arbeiten Giorgio Vasari übertragen, der eine neue Ausstattung entwarf, die dasselbe Thema variierte. Ammanati und Giambologna fertigten in dieser Zeit die großen Skulpturen der verschiedenen Brunnen an, in der auch die „Grotta degli Animali“ mit ihren aus unterschiedlichen Gesteinssorten gehauenen Tierplastiken vollendet wurde.[235]

Mit der „Grotta grande" im Giardino Boboli hinter dem Palazzo Pitti schuf der unter Cosimo I. und Francesco I. de'Medici tätige Architekt Bernardo Buontalenti in den achtziger Jahren des Cinquecento eines der berühmtesten Grottenhäuser seiner Zeit (Abb. 33 siehe Tafel 8). Es zählte lange zu den größten Sehenswürdigkeiten der Stadt wegen der im Innern erzeugten eigenartigen Wirkung, die aus der gelungenen Verschmelzung von Architektur, Skulptur und Malerei resultierte.[236] In der Grotte wurde das Wirken der Natur dargestellt, wobei einmal mehr dem Wasser die entscheidende Rolle zufiel; sie enthielt aber auch Figuren von Menschen und Tieren, die klar als Kunstwerke erkennbar sein sollten. Die in Freskotechnik von Bernardino Poccetti gemalten Landschaften lieferten den naturalistischen Hintergrund für die von Piero di Tommaso Mati aus Stuck und Stalaktiten geschaffenen mythologischen und pastoralen Szenen.

Buontalentis interessanteste und am längsten nachwirkende Schöpfung aber ist die zwischen 1569 und 1583 entstandene Anlage von Pratolino.[237] Francesco I. de'Medici, der Sohn Cosimos I., ließ sich im Norden von Florenz eine Villa erbauen, deren Untergeschoß eine ganze Folge von Grotten beherbergte (Abb. 19 siehe Tafel 4, Abb. 41 siehe Tafel 13). Diese, sowie weitere im Garten errichtete Bauten, erlangten durch die bis dahin nie gekannte Vielfalt und Raffinesse ihrer Ausstattung eine Berühmtheit, die bald auch die Länder nördlich der Alpen erreichte. Zum ersten Mal wurden in Pratolino mit hydraulischer Mechanik versehene Automaten in Menschen- und Tiergestalt eingesetzt, welche sich vor Landschaftskulissen bewegten und kleine Genreszenen vorführten.

Obwohl sich die Garten- und Villenarchitektur in der zweiten Hälfte des Cinquecento hauptsächlich auf Rom, Florenz und den Veneto konzentrierte, darf nicht vergessen werden, daß neben Genua auch die Lombardei als Kunstlandschaft einige bedeutende Werke hervorbrachte. Als wichtigstes Beispiel ist hier die ab 1568 von Pellegrino Tibaldi erbaute und um 1615 vollendete Villa d'Este in Cernobbio am Comer See zu nennen (Abb. 47).[238]

Der in diesem Abschnitt gebotene Überblick wäre aber nicht vollständig ohne die Erwähnung der gerade in der zweiten Hälfte des 16. Jahrhunderts im Brennpunkt des Interesses stehenden hydraulischen Automaten. Auch in Hellbrunn wurden einige Grotten mit den damals großes Erstaunen auslösenden technischen Wunderwerken ausgestattet.[239] Fünf davon haben sich in leicht veränderter Form erhalten. Es sind weltweit die einzigen heute noch funktionierenden und durch Wasserkraft betriebenen Beispiele aus der Zeit des Manierismus, die zum Zeitpunkt ihrer Errichtung am Ende einer Entwicklung standen, welche sich erstaunlich rasch vollzogen hatte. Weshalb man ausgerechnet in den letzten Jahrzehnten des 16. Jahrhunderts dazu überging, die Grotten italienischer und bald darauf auch französischer Gartenanlagen mit einer derartigen Fülle von Automaten zu versehen, wurde bereits verschiedentlich untersucht.[240] Daher soll nur gerade von den wichtigsten Aspekten dieses Phänomens die Rede sein.

Die Entwicklung der Mechanik in der Renaissance ging wie so viele andere Disziplinen auf die Auseinandersetzung mit den antiken Schriften zurück (Archimedes, Aristoteles, Plinius und Vitruv). Die vorrangige Beschäftigung der Ingenieure mit Hydraulik, speziell mit Pumpen, wurde allerdings durch die großen praktischen Probleme im Zusammenhang mit der Gewinnung von Ackerflächen mittels Trockenlegung und Fragen der Bewässerung ausgelöst.[241] Vor dem Hintergrund des ständig zunehmenden Bedarfs an Trinkwasser ist die besondere Aufmerksamkeit zu erklären, die dem Manuskript des Frontinus über die altrömischen Aquädukte geschenkt wurde, welches man im späten 15. Jahrhundert wiederentdeckte und 1490 erstmals publizierte.[242]

Ist die neuzeitliche Architekturtheorie ohne Vitruvs „Zehn Bücher über Architektur" nicht denkbar, so kann ähnliches über die Wirkung der beiden wichtigsten Traktate des Heron von Alexandrien auf die Mechanik und die davon abgeleitete Entwicklung der hydraulisch betriebenen Maschinen gesagt werden. Jedenfalls fanden die im 1. Jahrhundert n. Chr. entstandenen und 1575 vom italienischen Mathematiker Federigo Commandino (1509–1575) in einer lateinischen Übersetzung erstmals herausgegebenen Schriften „Pneumatica“ und „Automata“ sofort große Beachtung.[243] Vor dem Hintergrund der in der zweiten Hälfte des Cinquecento intensivierten naturwissenschaftlichen Studien ist auch das rasch um sich greifende Interesse für die darin beschriebenen luft- und wasserbetriebenen Automaten, Maschinen und Orgeln zu erklären. Das größte der frühen Druckwerke zu diesem Thema und gleichzeitig eines der bekanntesten, das 1588 erschienene „Le diverse et artificiose machine“ von Agostino Ramelli, zeigt nicht weniger als 116 verschiedene hydraulische Vorrichtungen.[244]

Ramellis Erfindungen umfassen Entwürfe für wasserbetriebene Orgeln sowie für Brunnen, die mit singenden und sich bewegenden Vögeln versehen sind. Häufig zeigen seine Illustrationen solcher Brunnen neben einer Ansicht auch einen Querschnitt, der den Blick auf die Mechanik im Innern freigibt (Abb. 34). Kurze Zeit später, 1589, gaben zunächst der am Hof von Ferrara beschäftigte Giovanni Battista Aleotti (1546–1632) und noch im selben Jahr Bernardino Baldi (1533–1617) die ersten Übersetzungen des Traktats in italienischer Sprache heraus, wodurch auch dem weniger gebildeten Leser der Zugang zu den Erfindungen Herons von Alexandrien ermöglicht wurde.[245] Von entscheidender Bedeutung für die Weiterentwicklung der Automaten war die praxisorientierte Ausgabe Aleottis. In einem ersten Anhang fügt er vier eigene Erfindungen hinzu, die zum Teil Bezüge zu den Wasserkünsten der nur kurz zuvor vollendeten Villa Pratolino erkennen lassen.[246]

Daran anschließend beschreibt und illustriert er eine Pumpe mit vier Zylindern, welche sich für die Wasserzufuhr der Automaten eignet, und gibt detaillierte Anweisungen zu deren Konstruktion und Wartung.[247]

In ihrem Bestreben, die Antike nachzuahmen, sie aber gleichzeitig zu übertreffen, entwickelten die Ingenieure an den italienischen Fürstenhöfen aus den eher kleinformatigen, nach relativ einfachen Prinzipien funktionierenden Maschinen Herons immer größere und spektakulärere Exemplare, teilweise mit kompliziertem Innenleben, die nicht mehr für die Plazierung in Innenräumen gedacht waren, sondern in Gartenanlagen und Grotten aufgestellt wurden.

Triebfeder für diese ständig raffinierter werdenden technischen Spielereien war wohl einerseits die Umsetzung der Vorstellung von etwas Verborgenem, dessen Wirkung man zwar wahrzunehmen vermochte, ohne jedoch den inneren Grund oder die versteckten Ursprünge davon zu kennen. Andererseits erschien die Kunst der Automaten als eine göttliche Kunst, gleichsam als Krönung der Imitation der Natur, ja des Triumphes über sie und als das neue Symbol künstlerischen Schaffens; die hydraulisch betriebenen Erfindungen schienen das Wirken überirdischer Mächte zu demonstrieren, gleichzeitig aber auch dem Willen des jeweiligen Herrschers, der sie installieren ließ, zu gehorchen.[248]

Künstler wie Bonaventura, Buontalenti, die Brüder Francini, Ghinucci, Lotti und Vasari standen in stetem Wettstreit miteinander und übertrafen sich gegenseitig mit immer ausgefalleneren Erfindungen. In den letzten drei Dezennien des Cinquecento entstand so eine Vielzahl von Automaten, die Töne oder Musik von sich gaben, oder solche, die bereits kompliziertere Bewegungsabläufe ausführen konnten. Als Höhepunkt dieser Kunstgattung ist die Ausstattung der Villa Pratolino anzusehen, die zunächst einhellige Bewunderung und Erstaunen bei den einheimischen Besuchern auslöste, denen schon bald ausländische Reisende folgten. Obwohl das meiste im 19. Jahrhundert zerstört wurde, ist die Vielfalt der in Pratolino ursprünglich untergebrachten Inventionen dank zahlreicher Skizzen, Stiche und Zeichnungen auch heute noch rekonstruierbar. Außerdem dokumentieren die detaillierten Reiseberichte von Nicolas Audebert, Michel de Montaigne, Thomas Nashe, Heinrich Schickhardt und Josef Furttenbach das rege Interesse an den damals gerade fertiggestellten, nach der neuesten Mode ausgestatteten italienischen Gartenanla-

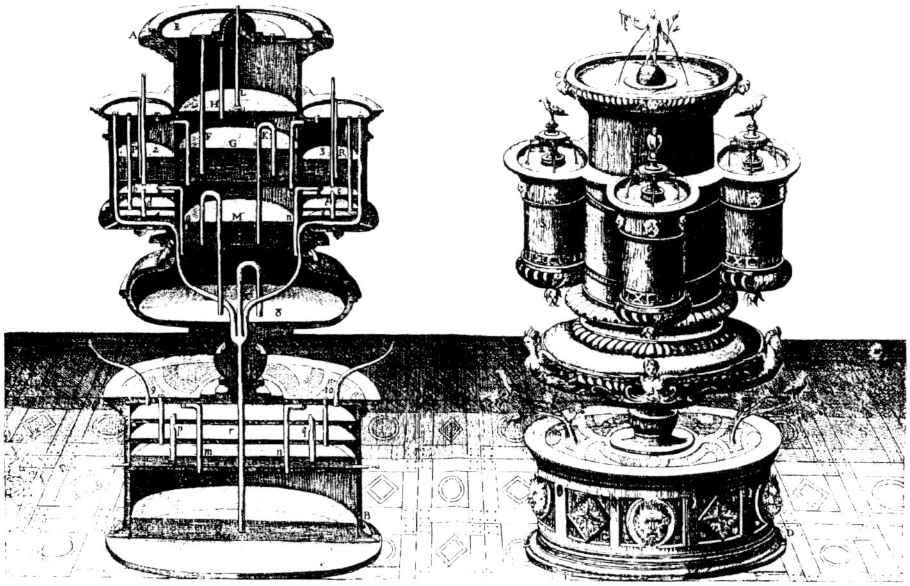

34 Entwurf für einen Brunnen mit singenden Vögeln. Kupferstich aus Agostino Ramelli, „Le diverse et artificiose machine" (1588).

gen, von denen einige wenig später als Modell für ähnliche Schöpfungen in ganz Europa und damit auch in Hellbrunn dienen sollten.

6.2. Die Grottenräume im Untergeschoß

Wie aus der Beschreibung Stainhausers hervorgeht, konnte man vom Schloßinnern *„durch obbemelten Schneggen, welcher über die 90 weiss stainene Stapffeln hat, (. . .) zu underest des Palatii zu der Grotta Neptuni"* gelangen.[249] Diese Wendeltreppen existieren zwar heute noch, sind aber für die Öffentlichkeit nicht mehr zugänglich. Es ist anzunehmen, daß der damalige Schloßherr seine Gäste auf diesem Weg in den Lustgarten führte. Die im Untergeschoß integrierten Grottenräume bilden damit eine Übergangszone zwischen Schloß und Garten, zwischen Architektur und Natur. Das Ausgreifen des Baus in den ihn umgebenden Außenbereich wird überdies durch den vorspringenden Mittelrisalit unterstrichen. Es sind insgesamt fünf Räume, welche die ganze Westseite des Schloßgebäudes einnehmen, mit Ausnahme der beiden turmartigen Eckrisalite.

Die Grotten sind symmetrisch angelegt, wobei sich die größte in der Mitte befindet, von je zwei niedereren Räumen flankiert. Im Vergleich zu diesen ist die zentrale Neptuns- oder Regengrotte nicht nur doppelt so hoch, sondern aufgrund ihres Skulpturenschmucks auch wesentlich reicher ausgestattet (Abb. 35 siehe Tafel 9). Sowohl die Wände wie die Decke sind ganz mit Marmor, Tuffstein, Steinmosaiken und Muschelinkrustationen verkleidet.[250] An der dem Eingang gegenüberliegenden Ostwand befindet sich eine große flachbogige Nische, welche oben von einer großen stuckierten Muschel abgeschlossen wird. In der Nische steht die überlebensgroße Statue des Neptun aus weißem Marmor, der seine Rechte mit dem Dreizack zum Stoß erhebt. Die Figur ist in ihrer Ausarbeitung qualitativ besser als die meisten anderen im Lustgarten befindlichen Skulpturen und wurde verschiedentlich Solari selbst zugeschrieben.[251] Darunter ist eine Maske aus Blech angebracht, die durch einen hydraulischen Mechanismus in kurzen Zeitintervallen die Zunge herausstreckt und die Augen verdreht.[252] Davor, in einem halbrunden Wasserbecken, liegen zwei marmorne Meeresrosse, aus deren geöffneten Mäulern zwei sich überkreuzende Wasserstrahlen spritzen. Den Brunnen flankieren von roten Marmorbändern eingefaßte Wandflächen. Sie sind mit Reliefschmuck aus weißem Marmor über schwarzem Grund versehen, wobei die beiden Wappentiere Steinbock und Löwe einen prominenten Platz einnehmen. Weiter oben befinden sich neben anderen Ornamenten Früchteschalen, Girlanden und das Wappen des Erzbischofs. Die beiden Seitenwände werden durch Steinbänder jeweils in drei Felder unterteilt, wobei das erste zunächst den Durchgang zu den Nebenräumen aufnimmt. Darüber sieht man zwei fast vollplastisch ausgeführte, mit einem ursprünglich wasserspeienden Delphin spielende Tritonenputten aus Marmor. Das angrenzende kleinere Feld beherbergt auf beiden Seiten in einem ovalen Medaillon die sich umarmenden Wappentiere. Schließlich folgt jeweils eine eingefaßte rundbogige Nische mit der Skulptur einer lächelnden Wassergöttin aus weißem Marmor. Das Tonnengewölbe ist mit unterschiedlich großen, kiesel- und muschelbesetzten Ornamentfeldern dekoriert, welche ein zentrales Rundmedaillon mit der gemalten Darstellung eines hereinschwebenden weiblichen Genius umrahmen. Bei der umlaufenden Balustrade, die auf diesem Deckenfresko erscheint, handelt es sich offenbar um eine intendierte Wiederaufnahme desselben Motivs aus dem Festsaal. Mit Hilfe von unzähligen, zwischen den Stein- und Muschelmosaiken verborgenen Wasserröhrchen läßt sich durch Öffnen eines Ventils ein künstlicher Platzregen erzeugen.[253]

Der nördlich an die Neptunsgrotte anschließende, mit einem flachen Tonnengewölbe versehene Raum wird von Stainhauser nur sehr summarisch beschrieben: *„(...) auf der anderen Seithen gehet mann in [ein] anderes Gewölb von allerley Farben eingelegter Stuccatorarbeit, Opera Mosaica genant, oben über schön gemahlen und verguldet: zu unterest herumb, wie auch die anderen alle mit Roth polirten Marmelstain versezt“* (Abb. 36 siehe Tafel 10).[254]

Wie in der Neptunsgrotte sind auch hier die ursprünglichen vergoldeten Stukkaturen vollständig und die Deckenmalereien aufgrund der Feuchtigkeitseinwirkung weitgehend zerstört. Mit braunroter Farbe ist eine durchbrochene Decke imitiert worden, die von einigen Putten vor blauem Himmelsgrund bevölkert wird.[255] Die mit Tuffstein verkleideten Wände sind unten rechteckig unterteilt und mit partiell beschädigten farbigen Stuckranken verziert. Darüber befinden sich rundbogige Felder mit dem gleichen Motiv, aber in besserem Zustand, auf schwarzem Kieselmosaikgrund. Bemerkenswert ist der sehr reiche und gut erhaltene Dekor aus farbigem Stuck der Südwand, der zwei Steinbockköpfe mit Festons und Vasen zeigt. In dieser Wand befindet sich auch die zu den Wendeltreppen und den Kellern führende Tür.

Durch zwei Durchgänge gelangt man in eine nordwestlich angrenzende Grotte, die künstlich als Ruine ausgestaltet ist und daher Ruinengrotte genannt wird (Abb. 37 siehe Tafel 11). Die geschickte Stuck- und Verputzarbeit vermittelt dem Eintretenden den Eindruck, als würde der ganze Raum jeden Moment einstürzen. Die Mauern und das Gewölbe sind zum großen Teil geborsten, durch ein in der Mitte der Decke befindliches großes Loch ragen morsche Bretter einer gebrochenen Diele herein, Ziegel drohen herunterzufallen. Es sind auch noch Reste einer Trompe-l’oeil-Malerei zu erkennen, die den Blick in den freien Himmel vortäuscht. An einigen Stellen sind zudem Efeuranken aus ursprünglich bemalter Bronze in die Mauerrisse eingefügt worden, welche die äußerst realistische Wirkung noch verstärken.

Auf der anderen Seite der Neptunsgrotte befindet sich ein Raum, der ähnlich wie der gegenüberliegende mit reichen farbigen Stuckdekorationen ausgestattet ist (Abb. 38 siehe Tafel 12). Auch hier hat der Wand- und Deckenschmuck teilweise stark unter den herrschenden klimatischen Bedingungen gelitten. Über einem Sockel aus rotem Marmorstuck zieht sich ein umlaufender Wandstreifen, rechteckige Felder mit Rankenwerk und Steinbockköpfen aufnehmend, die von Lorbeergirlanden umrahmt werden. Darüber befindet sich ein breiter Fries aus Eierstäben und gereihten Maskenkartuschen mit runden offenen Mäulern, die Wand und Gewölbe voneinander trennt. In alle runden Ornamente wurden konvexe Spiegel montiert, woraus sich die Benennung des Raumes als Silber- oder Spiegelgrotte ableitet. Auch die rundbogigen Felder im Nordwesten und Nordosten waren ursprünglich mit Spiegeln verkleidet, sind heute aber leer.[256] Die in den seitlichen Fensterlaibungen angebrachten stuckierten großen Spiralranken, die von Steinbockköpfen ausgehen, sind gut erhalten. Wie die anderen Ornamente aus diesem Material zeigen sie dieselbe Qualität und denselben Charakter wie die Stukkaturen in der von Markus Sittikus gestifteten Borromäus-Kapelle in der Franziskanerkirche. Aufgrund mehrmaliger Übermalungen und des schlechten Erhaltungszustandes lassen die illusionistischen Deckenmalereien nur noch Teile ihrer ursprünglichen Motive erkennen: In der Mitte erscheint eine von vier Mohren gehaltene kreisrunde Balustrade, auf der vier Frauen mit Notenblättern sitzen. In den nordöstlichen Stichkappen befinden sich zwei musizierende Frauen, im südöstlichen Gewölbefeld sind fliegende Putten mit Notenblättern in den Händen dargestellt. Alle Figuren heben sich von einem blauen Grund ab, der ähnlich wie im Oktogon den Blick durch ein durchbrochenes Gewölbe in den freien Himmel vortäuschen soll.[257] Das Motiv der Deckenmalereien entspricht weitgehend demjenigen in der auf der gegenüberliegenden Seite liegenden Grotte.

Die rechteckigen Gewände der beiden flachbogigen Durchgänge im Südosten sind mit blaugefärbtem Stuck geometrisch ornamentiert, wobei je ein rundes Mittelfeld und vier Zwickelfelder von gelben Perlstäben umrahmt werden.

Die Türöffnungen führen in den südöstlichen Eckraum, der fast vollständig mit Tuffstein und Muscheln verkleidet ist und wegen der künstlichen, mechanisch zum Ertönen gebrachten Vogelstimmen Vogelsanggrotte genannt wird (Abb. 38 siehe Tafel 12). Auf der Südostseite steht ein kleiner Brunnen in Tuffsteinfassung mit einem Felsen in der Mitte, um den sich die hydraulisch angetriebenen und wasserspritzenden bemalten Holzfiguren eines Drachens, eines Delphins, eines Tritons und einer Najade drehen. Dabei handelt es sich allerdings, was bisher übersehen wurde, um eine spätere Zutat aus der Mitte des 19. Jahrhunderts.[258] Die Beschreibung Stainhausers zeigt, daß die frühere Ausstattung der Grotte eine weitgehend andere war: *„Von danen khombt mann durch zwo Porten in eine andere Grotta, welche allenthalben mit Duffstain und Perlmueter auch Möhrschneckhen versezt und sonderlichen oben über also künstlich gebauet, dass es scheinet als wann die Duffstain herabfallen wolten. In miten der Grotta geht ein Drach herfür gleichsam aus einem Felsen durch ein selbsteröffnetes Thüerl, zu einem Brunen zu trinckhen, kheret sich selbst umb und gehet wiederumb hinwegckh. Darbey last sich auch ein Guggu hören, auf der anderen Seitten zwey Vögel mit ihren natürlichen Stimmen. In diser Grotta seynd auch allerley artlich formirte Thier, als Trachen, Affen, Stainpökh und andere Thier sambt einer schönen auf die Mauer gemaldten Landschafft zu sehen.“*[259] Von dieser reichen Ausstattung haben sich nur bescheidene Reste erhalten, die allerdings wichtige Rückschlüsse auf das ursprüngliche Aussehen und die Anlehnung an italienische Vorbilder erlauben. Wie in den anderen Räumen des Untergeschosses sind auch hier die von Stainhauser erwähnten Malereien wegen der starken Feuchtigkeit mehrmals restauriert und ausgebessert worden. Die an der Decke inmitten der Tuffsteinverkleidung freigehaltenen Stellen dienten zur Aufnahme des Bilderschmucks. Während im unteren Bereich in Trompe-l'oeil-Manier eine Landschaft mit üppigem Bewuchs vorgetäuscht wurde, wovon heute praktisch nichts mehr zu erkennen ist, erscheinen an der Decke umherfliegende Vögel vor blauem Hintergrund, erneut den Blick in den freien Himmel simulierend.[260] An den Rändern der oberen, mit Malereien versehenen Aussparungen ist die Darstellung von Gräsern und Büschen noch recht gut sichtbar.

Von der Forschung vollkommen unbeachtet, befindet sich nahe der Mitte der Südostwand in einer Tuffsteinöffnung ein geflügelter Drache

39 Schloß Hellbrunn, Vogelsanggrotte (1613–15), Drache aus glasierter Keramik.

aus dunkelgrün glasierter Keramik (Abb. 39). Das mit großen Augen und aufgesperrtem Rachen dargestellte Fabelwesen ist erstaunlich gut erhalten.[261] Ruft man sich die Formulierung *„artlich formirte Thier“* in Stainhausers Beschreibung in Erinnerung, so dürfte es sich bei dem Drachen um das einzige Original einer nicht aus Stein gefertigten Figur handeln. Wer allerdings für die Herstellung dieser Tierplastiken verantwortlich war, läßt sich nicht mehr feststellen, weil die Bauakten fehlen. Ein um 1835 datierbarer Stahlstich zeigt neben dem heute noch erhaltenen Drachen einen weiteren; darunter ist ein Affe zu erkennen. Die anderen dargestellten Figuren sind nicht genau identifizierbar (Abb. 40).

Der Einfluß der am Ende des Cinquecento für so viele Gartenanlagen vorbildlichen Villa Pratolino auf das erzbischöfliche Lustschloß wurde bereits von anderen Autoren erkannt.[262] Obwohl einige Gemeinsamkeiten zwischen den Hellbrunner Grotten und denjenigen von Pratolino offenkundig sind, hat sich die These einer alleinigen Abhängigkeit der ersteren von den letzteren als unpräzise erwiesen.

Wie ein Grundriß des Erdgeschosses der Villa Pratolino von Bernardo Sgrilli zeigt, waren auch dort die wichtigsten Grottenräume symmetrisch angeordnet (Abb. 41). Nachdem man eine Art Vorraum passiert hatte, in dem zwei kleinere Grotten untergebracht waren, gelangte man an zwei Säulen aus grünem Marmor vorbei in die querrechteckige, als Zentralraum hervorgehobene „Grotta del Diluvio“. Analog zur Hellbrunner Neptunsgrotte ließ sich in dem mit reichem Tierfigurenschmuck versehenen Raum durch Öffnung eines Ventils ein Platzregen erzeugen.[263] Bemerkenswert ist, daß auch in der „Grotta del Diluvio“ eine Maske zu sehen war, welche die Augen verdrehte und aus deren Mund sich Wasser ergoß; es dürfte sich dabei um das direkte Vorbild für den heute als „Germaul“ bezeichneten Mascherone in Hellbrunn handeln.[264] Dahinter, in der Achse des Eingangs, lag die kleine runde „Grotta della Galathea“, welche mit Nischen und einer ruinös gestalteten Kuppel versehen war, die dem eintretenden Besucher den Eindruck vermittelte, als würde sie gleich in sich zusammenfallen. Zwar wird auch in Pratolino die zentrale „Grotta del Diluvio“ von zwei kleineren Räumen flankiert, Solaris Konzeption weicht aber von der einseitigen Abfolge der Grotten im rechten Teil des von Buontalenti gestalteten Erdgeschosses ab.[265] Eine gewisse Abhängigkeit der im Hellbrunner Schloßgebäude integrierten Grotten von denjenigen in Pratolino ist somit gegeben, andererseits sind aber ebenso starke Rückgriffe auf andere italienische Vorbilder feststellbar.

So dürfte die Gestaltung der Ruinengrotte wohl unmittelbar an die oben erwähnte Perlmutterkuppel der „Grotta della Galathea“ anschließen, auch wenn das Motiv als solches am Ende des Cinquecento ein relativ weit verbreitetes war. Bereits um 1530 hatte Giulio Romano das Thema des Zerfalls in einen Innenraum aufgenommen, indem er in der „Sala dei Giganti“ im Mantuaner Palazzo del Tè die Vernichtung der Giganten durch die Götter des Olymp malte. Neben dem schiefen Haus im „Bosco Sacro“ von Bomarzo[266], das dem Eintretenden Gleichgewicht und Orientierung rauben sollte und dadurch zur selben Kategorie des manieristischen Zeitgeschmacks gehört, sei auch die um 1577 entstandene Villa Godi in Lonedo erwähnt, in welcher sich ein Saal mit der Darstellung ruinöser Architektur befand.[267]

Tafel 1 Salzburg, Schloß Hellbrunn (1613–15), Hauptfassade.

Tafel 2 Salzburg, Schloß Hellbrunn (1613–15), rückseitige Fassade mit Eingang zu den Grotten im Untergeschoß.

Tafel 3 Ansicht des Boboli-Gartens. Oelgemälde von Giusto Utens (1599). Florenz, Museo di Firenze.

Tafel 4 Ansicht der Villa Pratolino. Oelgemälde von Giusto Utens (1599). Florenz, Museo di Firenze.

Tafel 5 Schloß Hellbrunn, Ansicht des Festsaals im Obergeschoß. Malereien von Donato Mascagni (um 1616/17).

Tafel 6 Schloß Hellbrunn, Blick vom Festsaal ins Oktogon. Malereien von Donato Mascagni (um 1616/17).

Tafel 7 Florenz, Villa Castello, Ansicht der „Grotta degli Animali"
(1565–72).

Tafel 8 Florenz, Giardino Boboli, Innenansicht der „Grotta grande“ (1583–89).

Tafel 9 Schloß Hellbrunn (1613–15), Ansicht der Neptuns- oder Regengrotte im Untergeschoß.

Tafel 10 Schloß Hellbrunn (1613–15), Ansicht des nördlich an die Neptunsgrotte anschließenden Raumes.

Tafel 11 Schloß Hellbrunn (1613–15), Ansicht der Ruinengrotte.

Tafel 12 Schloß Hellbrunn (1613–15), Blick von der Spiegelgrotte in die Vogelsanggrotte.

Tafel 13 Hellbrunn, Ansicht des Römischen Theatrums (um 1615).

Tafel 14 Hellbrunn, Blick vom Römischen Theatrum zur Orpheusgrotte (um 1615).

Tafel 15 Hel
brunn, Inne
ansicht der
Orpheusgrot
mit Figuren-
gruppe aus
Marmor (um
1615).

l 16 Schloß
brunn,
ilansicht
Oktogons
der Darstel-
; einer von
Musikern
eiteten
gerin.
ereien von
ato Masca-
um
5/17).

Tafel 17 Hellbrunn/Gartenanlage (um 1615), Ansicht der Venusgrotte.

Tafel 18 Hellbrunn/Gartenanlage (um 1615), Wildschweingruppe beim Fürstenweg.

Tafel 19 Hellbrunn/Gartenanlage (um 1615), Ansicht des Dianabrunnens.

Tafel 20 Hellbrunn/Gartenanlage; mechanisches Theater beim Fürstenweg mit beweglichen Holzfiguren (um 1750–53).

Tafel 21 Hellbrunn/Gartenanlage, Ansicht des um 1700 errichteten Eurydikebrunnens.

Tafel 22 Hellbrunn/Gartenanlage (um 1618/19), Blick vom großen Fischweiher zur Kronengrotte.

Tafel 23 He
brunn, Kro
grotte (um
1618/19), I
nenansicht
Marmorgru
des Marsya
schindende
Apollo.

Tafel 24 Bildnis des Erzbischofs Markus Sittikus (dat. 1618), Donato Mascagni zugeschrieben (Schloß Hellbrunn). Oel auf Leinwand, 235 × 143 cm.

Tafel 25 Schloß Hellbrunn; Blick vom Oktogon in den Festsaal und die daran anschließenden Räume. Malereien von Donato Mascagni (um 1616/17).

Tafel 26 Salzburg, Schloß Emslieb (um 1618/19); Ansicht der Gartenfassade.

Tafel 27 Salzburg, Emsburg (um 1619/20); Seitenansicht von Süden.

Tafel 28 Poggio a Caiano, Villa Medici; Gesamtansicht aus der Vogelperspektive. Oelgemälde von Giusto Utens (1599). Florenz, Museo di Firenze.

Tafel 29 Schloß Hellbrunn, Ansicht der südwestlichen Supraporte mit Wahlspruch (um 1616/17).

Tafel 30 Schloß Hellbrunn, Ansicht des Oktogons. Malereien von Donato Mascagni (um 1616/17).

Tafel 31 Hellbrunn/Gartenanlage, Blick Richtung Schloß Goldenstein im Morgennebel.

Tafel 32 Schloß Hellbrunn, Detailansicht des Brunnen Altems (um 1615).

Tafel 33 Schloß Hellbrunn 1613–15 , Blick von der Neptunsgrotte auf den Brunnen Altemps.

Tafel 34 Schloß Hellbrunn, Festsaal. Detailansicht der Malereien im Bereich der Balustrade/Deckenzone (um 1616/17).

Tafel 35 Hellbrunn, Blick auf die Orpheusgrotte (um 1615) bei abendlicher Beleuchtung.

40 Schloß Hellbrunn, Ansicht der Vogelsanggrotte. Stahlstich von Weinmann und Knocke, um 1855 (UBS).

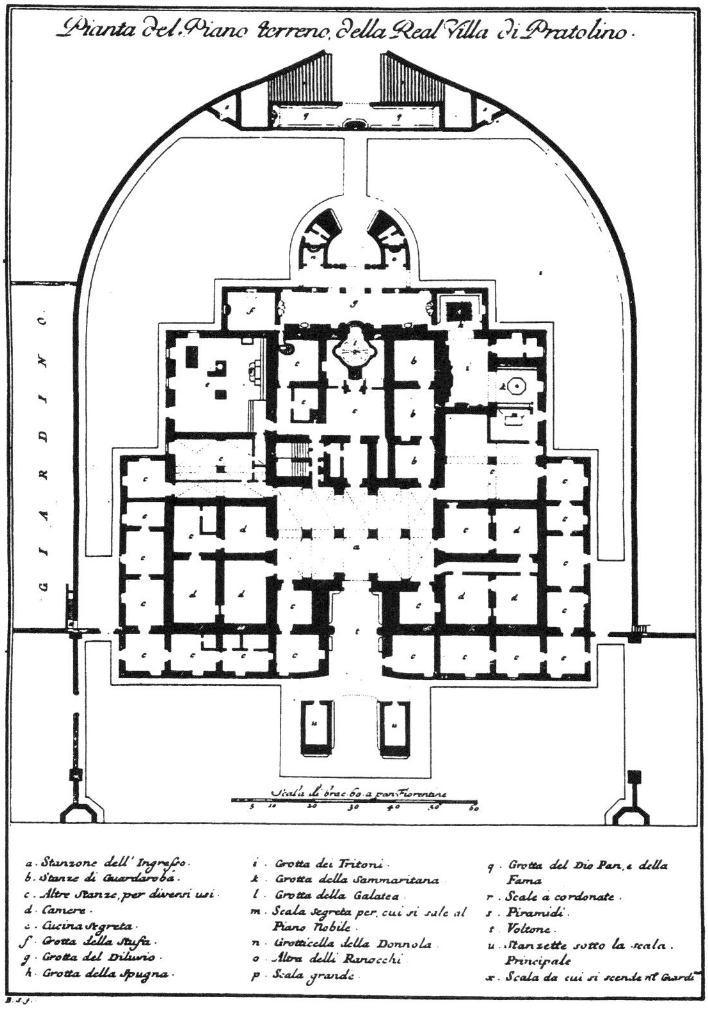

41 Pratolino, Villa Medici, Grundriß des Erdgeschosses. Plan von Bernardo Sgrilli (1742).

42 Florenz, Giardino Boboli, Grotta di Madama (um 1555). Zeichnung mit Längsschnitt.

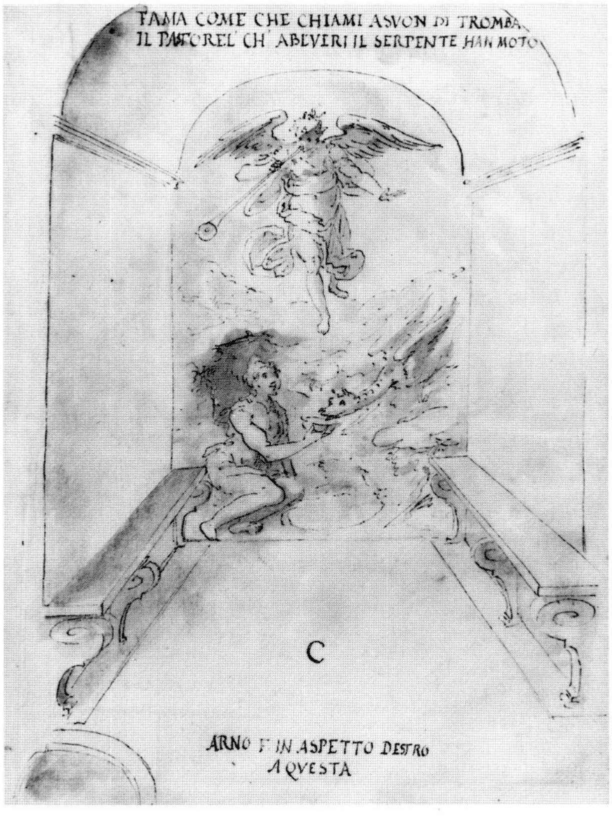

43 Pratolino, Villa Medici, Ansicht der „Grotta della Fama". Zeichnung von Giovanni Guerra (um 1604). Wien, Graphische Sammlung Albertina.

Der in Hellbrunn neben der Ruinengrotte liegende Raum sowie die auf der anderen Seite der Neptunsgrotte situierte Spiegelgrotte sind in ihrem Aufbau und ihrer malerischen Deckengestaltung ähnlich konzipiert worden. In beiden Räumen fehlen Wasserkünste, ihre Wirkung entfalten sie allein durch die reichen, teilweise farbigen Stukkaturen, Wandornamente und Deckenfresken. Die in der gleichnamigen Grotte zahlreich angebrachten konvexen Spiegel sind geschickt in die friesartige Wandgliederung mit Maskenkartuschen integriert und zeugen von dem in der zweiten Hälfte des 16. Jahrhunderts verbreiteten spielerischen Umgang mit optischen Effekten.[268]

Die beiden flachbogigen Durchgänge zur Vogelsanggrotte gehen mit ihrer geometrischen Stuckornamentierung mit großer Wahrscheinlichkeit direkt auf das identisch gestaltete Tonnengewölbe der „Grotta di Madama" im Boboli-Garten zurück, einer um 1555 entstandenen Schöpfung Davide Fortinis (Abb. 42).[269]

Für die Vogelsanggrotte selbst gestaltet sich die Vorbildfrage wesentlich komplexer, denn offensichtlich sind hier Anlehnungen an verschiedene italienische Beispiele erkennbar, die miteinander kombiniert wurden. Allerdings bedarf es vor dem Hintergrund des heutigen Zustandes einiger Phantasie, um sich anhand der Beschreibung Stainhausers die ursprüngliche Gestalt dieses Raumes auch nur annähernd vorstellen zu können. Hydraulisch erzeugte Vogelstimmen gab es nicht nur in der „Grotta della Samaritana" in Pratolino, wo Vögel aus Bronze zum Singen gebracht werden konnten, sondern Gleichartiges war ebenso bei der „Fontana degli uccelli" in der Villa d'Este zu bewundern.[270] Außerdem befaßten sich die bereits erwähnten, auf Heron von Alexandrien basierenden Traktate aus dem letzten Viertel des Cinquecento mit solchen Automaten. Daß am ehesten die von Buontalenti geschaffenen Beispiele in Pratolino für die Hellbrunner Vogelsanggrotte maßgebend gewesen sein dürften, läßt sich aufgrund der von Stainhauser erwähnten, einst in diesem Raum eingebauten und durch Wasserkraft bewegten Figur eines Drachens vermuten. In der quer zur Verlängerung der Mittelachse der Villa

Pratolino liegenden „Grotta della Fama" war nämlich ein nahezu identischer Automat untergebracht, wie eine Zeichnung Giovanni Guerras beweist (Abb. 43). Sie zeigt einen unterhalb der posaunenblasenden Fama aus dem Felsen hervorkommenden geflügelten Drachen, der aus einer ihm dargebotenen Schale Wasser trinkt.[271]

Der übrige, aus muschelbesetzter wuchernder Tuffsteinverkleidung und gemalter, von Tierfiguren aus Keramik belebter Landschaft bestehende Dekor weist augenfällig auf eine Rezeption der ebenfalls von Buontalenti mitgestalteten „Grotta grande" im Boboli-Garten hin (Abb. 33 siehe Tafel 8). Der in Zusammenarbeit mit Piero Mati und Bernardino Poccetti geschaffene Raum, der durch die eigenartige Kombination von Skulptur, Tuffstein und Malerei besticht, gilt als einer der Höhepunkte der Grottenarchitektur des italienischen Manierismus. Neben allgemeinen Gründen für eine Nachahmung dieses Bauwerks seiner Berühmtheit wegen dürfte aber besonders die Beteiligung des für Donato Mascagni vorbildlichen Poccetti die entscheidende Rolle gespielt haben.[272] Es bereitet keine Mühe, sich Mascagni als Autor der Malereien in der Vogelsanggrotte vorzustellen, der hier Gelegenheit hatte, sich seiner mehrjährigen Tätigkeit in Florenz zu erinnern und direkt an den für seine Kunst richtungweisenden Meister anzuknüpfen.

Es ist bemerkenswert, daß man sich in der Vogelsanggrotte darauf beschränkt hat, die Vögel nur akustisch anzudeuten und sie nicht – wie in Italien üblich – figürlich darzustellen. Ruft man sich den stark auf optische Wirkung ausgerichteten Dekor der Spiegelgrotte in Erinnerung, so könnte in den beiden benachbarten Räumen vielleicht die Gegenüberstellung von „visus" und „auditus" beabsichtigt gewesen sein.

Zusammenfassend kann für die im Schloßgebäude integrierten Grotten gesagt werden, daß sie zwar ein weniger komplexes und weitläufiges System als dasjenige von Pratolino darstellen, dafür aber einem klaren, symmetrischen Konzept folgen. Die zentrale, über bedeutenden Skulpturenschmuck verfügende Neptunsgrotte wird von zwei nahezu gleichwertigen Raumpaaren flankiert, wobei sich die erste Grotte jeweils als reich ornamentierter und beschaulicher Ort präsentiert, während die daran anstoßende durch ihre ruinöse Ausgestaltung und illusionistische Dekoration den Besucher in Erstaunen, Verwirrung, gleichzeitig aber auch in Angst und Schrecken versetzen soll. Damit sind wir mit einer Lösung konfrontiert, welche die für den Manierismus so charakteristische Polarität räumlich und ästhetisch umsetzt. Das für die Grotten zentrale Element – das Wasser – das ja auch dem Betrieb der Automaten dient, wird dem Willen des Fürsten und der Technik seines Ingenieurs unterworfen. Die Präsenz und Wirksamkeit dieser Elemente, zusammen mit der Naturillusionistik des Grottenbaus, die außerdem noch durch heraldische Motive ergänzt werden, lassen diesen im Untergeschoß (!) des Schloßgebäudes liegenden Bereich auch zu einem Symbol für Herrschaft und Macht des Auftraggebers werden.[273]

6.3. *Römisches Theatrum*

Außerhalb des Schlosses in nordwestlicher Richtung, beiderseits von Bäumen und Gebüsch eingerahmt, liegen in einer Achse zwei kleinere rechteckige Wasserbassins und dazwischen ein größeres, elliptisches Becken mit Einfassung aus Konglomeratquadern.

Sechs Figuren aus grauem verwitterten Untersberger Marmor schmücken diese durch Kanäle verbundenen Weiher. Im ersten befinden sich zwei kniende Tritonen, die in Muscheln blasen, aus denen Wasser fließt. Im mittleren, ovalen Weiher sitzt auf einer kleinen rechteckigen Insel die Figur einer Frau, die in der erhobenen Linken eine Muschel hält. Die zwei wasserspeienden Tritone an den Seiten des dritten Bassins halten vornübergebeugt beide Hände über ihren Kopf.

Den Abschluß des letzten Weihers bildet die halb sitzende, halb liegende Darstellung eines Flußgottes, einen Kranz im lockigen Haar tragend. Mit dem rechten Arm stützt er sich auf eine Tafel und eine liegende Urne, aus deren Öffnung Quellwasser fließt. Mit der linken Hand hält er den Schwanz eines kleinen Del-

46 Viterbo/Bagnaia, Villa Lante, Ansicht des „Fonte della tavola“ (um 1570).

phins, aus dessen Rachen gleichfalls Wasser spritzt. Den Point de vue dieses Gartenteils bildet das sogenannte Theatrum, eine konkave Exedra mit zwei von Zeltdächern bekrönten Seitenflügeln, denen kurze balustradengeschmückte Galerien vorgelagert sind (Abb. 44 siehe Tafel 13). Hinter dem Podest des konkaven Mittelteils erheben sich entlang der halbkreisförmigen Abschlußwand vier Sitzstufen. Die Schauwand wird durch rechteckige, von gelbem Tuff eingerahmte Felder mit Kieselmosaik strukturiert und von einer rundbogigen Nische sowie an den Seiten von zwei Türen durchbrochen. Über der Mitte befindet sich ein Aufsatz mit gesprengtem Segmentgiebel, auf dessen Unterteil das skulptierte Wappen des Bauherrn erscheint, gehalten von den beiden Wappentieren Löwe und Steinbock. Bekrönt wird dieser Aufsatz von der Marmorstatue einer behelmten Frau, welche schon von Stainhauser als Roma victrix bezeichnet wird.[274] Neben den vier jeweils auf kleinen prismatischen Sockeln stehenden Obelisken, den mit Doppelhenkeln versehenen Vasen auf dem gesprengten Rundgiebel und den Kugelaufsätzen besteht der Hauptschmuck des Theatrums aus fünf weiteren Marmorstatuen. In der rundbogigen Mittelnische steht die Figur eines jugendlichen römischen Kaisers mit Feldherrenstab, während die Nischen der beiden Seitenflügel jeweils die Statue eines mit langem Gewand und Mütze bekleideten bärtigen Barbarenfürsten mit niedergeschlagenem Gesichtsausdruck beherbergen.[275] Auf den die Sitzstufen beiderseits abschließenden Voluten thronen zwei weibliche Figuren ohne jegliche Attribute.[276] Im Zentrum, zwischen den beiden Galerien und der Exedra, steht eine von zehn stei-

47 Cernobbio, Villa d'Este (1568–1615), Gartenanlage mit Ansicht des Nymphäums.

nernen Schemeln umgebene rechteckige lange Tafel, *„darinnen ein aufgehundes Wasser zum darein setzunden Wein khiellen (...)"*, wie Stainhauser schreibt.[277]

An den Seiten des Tisches sind verschiedene Ornamente wie Voluten und Fruchtgirlanden in Relief angebracht. Vier an den Ecken angebrachte Steinbockköpfe speien Wasser in muschelförmige Schalen (Abb. 45 siehe Tafel 14).

Wie bei Führungen durch die Wasserkünste erklärt und demonstriert wird, konnten die damaligen Gäste durch Öffnen eines Schlagventils in der Nähe des Tisches mit einem starken, aus den Stühlen aufsteigenden Wasserstrahl durchnäßt werden, während gleichzeitig aus zahlreichen im Boden verborgenen Bleiröhrchen Wasser aufspritzte, das eine die Flucht versperrende Wand bildete.[278] Trocken blieb dabei nur der Veranstalter des Scherzes.

Die steinerne Tafel ist mit einem in der „Grotta della Samaritana" in Pratolino installierten achteckigen Marmortisch verglichen worden[279], lehnt sich aber formal und funktional an den auf Höhe der dritten Terrasse im Garten der Villa Lante in Bagnaia befindliche „Fonte della tavola" an, durch dessen Rinne noch heute Quellwasser geführt wird (Abb. 46).[280] Nicht nur die Ähnlichkeit der beiden Tische in bezug auf die zentrale Vertiefung zum Kühlen von Wein ist frappant, Parallelen gibt es auch hinsichtlich der Wasserscherze zu beiden Seiten der „Fonte della tavola". So sind im Boden Düsen versteckt, die Wasser auf sich nähernde Besucher verspritzen konnten.[281]

Die Herleitung des Theatrums als architektonisches Ensemble gestaltet sich in der Hellbrunn-Forschung als problematisch. Der Bezug zu venezianischen Vorbildern[282] einerseits,

48 Ansicht der Exedra von Bramante im Belvedere. Holzschnitt aus Sebastiano Serlio, „Tutte l'opere dell' Architettura“ (1619), Buch 3.

wie auch die Vergleiche mit den „Teatri“ der beiden Frascati-Villen Aldobrandini und Mondragone andererseits erwiesen sich nach eingehender Prüfung als unbefriedigend.[283] Vielmehr scheinen hier lombardische Einflüsse bzw. solche des Nymphäums im Garten der Villa d'Este in Cernobbio am Comer See greifbar zu sein. Allein aufgrund der Herkunft Solaris aus der unmittelbaren geographischen Nachbarschaft drängt sich eine genauere Betrachtung der um 1568 durch Pellegrino Tibaldi begonnenen und erst 1615 (bezeichnenderweise genau in dem Jahr, in welchem die Bauarbeiten im Gartenbereich von Hellbrunn in vollem Gange waren) fertiggestellten Villa d'Este auf. Bereits ein oberflächlicher Vergleich zeigt deutliche Gemeinsamkeiten der beiden Anlagen, wobei sich das Hellbrunner Theatrum als eine von den Schauwänden des Nymphäums von Cernobbio inspirierte, jedoch reduzierte Lösung (Abb. 44 siehe Tafel 13, Abb. 47) erweist. Man gewinnt den Eindruck, als habe Solari die beiden vorschwingenden Seitenteile, welche an die Treppe in der Mitte anschließen, herausgelöst und diese mit einem konkaven Element verbunden. Als augenfällige Übereinstimmungen sind neben der Verwendung von paarweise angeordneten, kugelbekrönten Obelisken auch die Art der Dekoration mit Steinmosaiken in den Wandfeldern und die rundbogigen Statuennischen aufzuzählen. Im weiteren sind die Parallelen der in der Verlängerung der Obelisken liegenden Pilaster und im durchlaufenden verkröpften Gesims unterhalb der Bedachung evident.

Solari dürfte sich in der formalen Gestaltung des Hellbrunner Theatrums außerdem von einem Entwurf im dritten Buch des Serlio-Traktats konkrete Anregungen geholt haben (Abb. 48). Auf dem Blatt mit einer Ansicht der Exedra aus dem Belvederehof von Bramante sind mit den Rundnischen und dem Motiv der Doppelpilaster an den vorschwingenden Teilen Elemente formuliert, die auch für die Hellbrunner Schauwand relevant waren.[284]

6.4. Orpheusgrotte

An der Südwestseite des rechteckigen Weihers vor dem „Theatrum“ in den dahinterliegenden Abhang hineingebaut, steht ein kleiner, rechteckiger Bau aus Konglomeratquadern mit einem Schindeldach, der auf der Vorderseite zwei Marmorobelisken trägt. Lisenen, welche oben und in der Mitte durch ebenso breite Bänder verbunden sind, strukturieren die Fassade. Über der rundbogigen Tür ist ein profiliertes Gesims angebracht, in der Mitte versehen mit einem großen marmornen Steinbockkopf und flankiert von zwei Reliefkugeln auf niedrigen Postamenten. Das Innere ist durch eine reiche, mit Muscheln versetzte Tuffsteinverkleidung als Grotte ausgestaltet. Der vordere Teil schließt mit einem Tonnengewölbe ab, der hintere Bereich wird von drei Tuffsteinsäulen und einem Stalaktitengewölbe dominiert. Vorne, von efeubewachsenem Tuffstein eingefaßt, befindet sich ein kleiner, niedriger Quellbrunnen mit einem Meerbock aus Marmor, aus dessen Maul Wasser über eine kleine Steintreppe in den nahen Weiher fließt. Links und rechts laden marmorne Sitzbänke zum Verweilen ein. Im erhöhten hinteren Teil steht auf einem halbkreisförmigen Podest eine überlebensgroße Statue des Violine spielenden Orpheus, der eine panzerartige Tunika trägt (Abb. 49 siehe Tafel 15). Vor dem Sänger liegt die Figur der schlafenden Eurydike, den rechten Arm unter dem rosenbekränzten Haupt, die linke Hand an den Gürtel gelegt. Am Hals trägt sie ein Medaillon mit dem Miniaturporträt des Erzbischofs, was der Behauptung Nahrung gegeben hat, die Figur sei das Ebenbild einer heimlichen Geliebten des Landesfürsten.[285] Orpheus wird von den beiden Wappentieren Löwe und Steinbock flankiert, in den Nischen der Rückwand befinden sich sieben weitere Tiere aus weißem Marmor.[286] Zwar wurde versucht, das kleine Gebäude mit deutschen und französischen Pavillongrotten des 16. und 17. Jahrhunderts in Beziehung zu setzen, die folgenden Überlegungen und Anhaltspunkte weisen jedoch erneut in den Florentiner Raum und auf den Künstlerkreis um Vasari und Buontalenti.[287]

Zunächst ist festzustellen, daß in der zweiten Hälfte des 16. und im ersten Viertel des 17. Jahrhunderts das Orpheusthema in der bildenden Kunst ein überaus beliebtes war. Bereits in den Metamorphosen Ovids, die auf die italienische Gartenbaukunst einen erheblichen Einfluß ausübten, wird die Wirkung von Orpheus' Gesang auf die Bewohner der Unterwelt in den Mittelpunkt gestellt.[288] Auffällig ist, daß die plastischen Orpheus-Darstellungen, die hier als mögliche Vorbilder untersucht werden sollen, den Helden stets allein mit einem Saiteninstrument zeigen oder aber musizierend und umgeben von lauschenden Tieren. Als erstes Beispiel sei die große Wasserorgel im Garten der Villa d'Este in Tivoli erwähnt, wo das Thema auf dem rechten Flügel gleich zweimal erscheint. Einmal unten in einer Rundnische zwischen zwei Hermenpilastern als Marmorstatue, eine Geige auf den linken Oberschenkel stützend. Darüber, in einem rechteckigen reliefierten Bildfeld sieht man Orpheus sitzend und musizierend in einer Wildnis, inmitten von verschiedenen Tieren. Auch in der „Grotta degli Animali" der Florentiner Villa Castello, welche nach dem Tode des ersten Architekten Nicolò Tribolo unter der Aufsicht von Vasari eine neue Ausstattung erhielt, muß es am Ende des 16. Jahrhunderts eine Orpheusfigur gegeben haben, auf welche die zwischen 1565 und 1572 geschaffenen Tierskulpturen aus Stein in ihrer Blickrichtung Bezug nahmen.[289] Diese Überlieferung ist dem Architekten und Ingenieur Joseph Furttenbach zu verdanken, der in seinem 1627 in Ulm erschienenen Reisebericht „Newes Itinerarium Italiae" bei der Beschreibung der damals berühmtesten Sehenswürdigkeiten sein besonderes Augenmerk auf die Florentiner Gartenanlagen von Castello und Pratolino gerichtet hat.[290] In seinem Buch, das zu Recht als der „Baedeker des 17. Jahrhunderts"[291] gilt, erwähnt Furttenbach im Zusammenhang mit Palästen und Gärten, die er in Genua besuchte, die leider nicht näher bezeichnete *„Grottina in einer Privat Person Garten"*, in der sich ebenfalls ein Orpheus mit zahlreichen Tieren befunden haben soll.[292] Als Derivat dieser in Italien gewonnenen Eindrücke ist ein in der 1628 publizierten „Architectura civilis" enthaltener Kupferstich aufzufassen, der das Innere einer Grotte mit der Darstellung eines musizierenden Orpheus wiedergibt (Abb. 50).[293]

Um 1600 wird das Thema auch in Frankreich aufgegriffen. So bittet im Jahre 1597 Heinrich IV. seinen zukünftigen Schwiegervater Francesco de'Medici, den Großherzog von Toskana, ihm seinen besten Brunnenmeister für die Planung und den Bau von Grotten und Wasserkünsten im Garten seines neu errichteten Schlosses Saint-Germain-en-Laye zu schicken.[294] Ein Jahr später trifft in der Person Tommaso Francinis ein begabter Schüler Buontalentis ein, der auch in Fontainebleau gewirkt hat. Seine vortrefflichsten Werke sollte Francini jedoch in Saint-Germain-en-Laye schaffen, wo die von ihm installierten wasserbetriebenen Automaten mühelos einem Vergleich mit denjenigen von Pratolino standhielten.[295] Eine der in dieser französischen Schloßanlage errichteten vier Pavillongrotten enthielt in ihrem Zentrum die Figur eines Violine spielenden Orpheus (Abb. 51). Neben einem quadratischen Wasser-

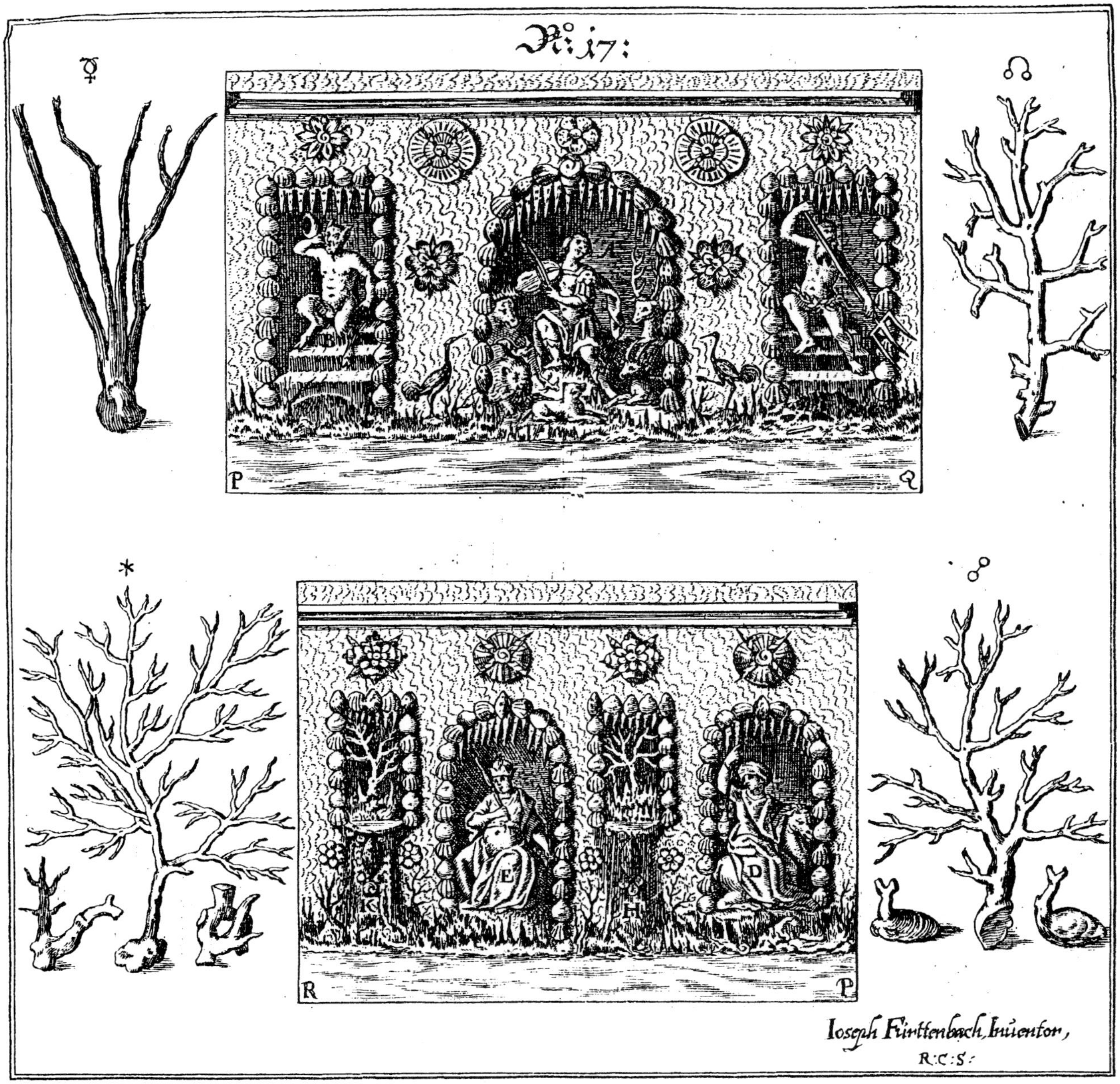

50 Verschiedene Innenansichten einer Grotte und Darstellungen von Korallen. Kupferstich aus Joseph Furttenbach, „Architectura civilis" (1628).

becken zu Füßen der Statue, in dem zwei Delphine Wasserfontänen in die Luft spritzten, gab es weitere vollplastische Tierfiguren aus Bronze, die sich hydraulisch bewegen ließen, ebenso wie der musizierende Orpheus selbst.[295] Da Francinis Schöpfung eindeutig die größte Ähnlichkeit zur Hellbrunner Orpheusfigur zeigt, muß wenigstens hypothetisch die Möglichkeit in Betracht gezogen werden, daß einer der in Salzburg beschäftigten Künstler den nach Saint-Germain-en-Laye verpflichteten Florentiner oder dessen Werke gekannt haben könnte. Schließlich ist auch ein Stich aus Salomon de Caus' „Raisons des forces mouvantes" von 1615 zu erwähnen, welcher mit der Darstellung eines Cello spielenden Orpheus eine neue Variation des Motivs liefert (Abb. 52).

Nach der Auflistung der obigen Beispiele hat man sich nun zu fragen, weshalb das offenbar überall ähnlich formulierte Thema in Hellbrunn um die Figur einer liegenden Eurydike erweitert wurde.

Hinsichtlich des Typus geht diese Eurydike-Darstellung auf antike römische Statuen schlafender Nymphen zurück, die seit Beginn des Cinquecento mit dem Geräusch des Wassers in Verbindung gebracht und daher häufig als Brunnenschmuck verwendet wurden.[297] Konkret dürfte eine Illustration aus dem 1499 erschienenen und für die Entwicklung der italienischen Gartenarchitektur entscheidenden Werk „Hypnerotomachia Poliphili" von Francesco Colonna als Ausgangspunkt für die in Hellbrunn vor Orpheus liegende Figur gedient haben, denn sie weist als einzige eine nahezu identische Haltung der Arme auf, auch wenn das Motiv der linken Hand nicht so ausgeprägt ist (Abb. 53).[298] Colonna hat sich dabei offenbar auf ein bekanntes Thema berufen, das sich auf dionysischen Sarkophagen wiederfindet, nämlich die Entdeckung Ariadnes durch Bacchus auf der Insel Naxos.[299]

51 Saint-Germain-en-Laye, Château Neuf, Innenansicht der Orpheusgrotte. Kupferstich von Abraham Bosse (um 1650).

Was die Deutung der Eurydike in Hellbrunn betrifft, so gibt es zwei Möglichkeiten, die im vorgefundenen Kontext beide einen Sinn ergeben. Zunächst ließe sich die Skulptur – analog zu einigen gemalten Darstellungen von Mitgliedern des Salzburger Hofes im Schloßgebäude – als das Porträt einer konkret zu benennenden Person interpretieren. Auffällig sind nämlich gewisse Übereinstimmungen beim Vergleich mit dem Bildnis einer von zwei Musikanten begleiteten Sängerin auf dem dritten Wandfeld im Oktogon (Abb. 54, Abb. 55 siehe Tafel 16). Diese wurde als „Maria Cleophe Prechtin von Konstanz" identifiziert und gilt als die erste Opernsängerin nördlich der Alpen.[300] Markus Sittikus hat sie an seinen Hof gerufen, wo sie offenbar gleich in mehreren Rollen zu überzeugen vermochte. Seit dem Jahr 1616 ist die Oper „Orfeo" für Salzburg mehrfach gesichert, und es ist zu vermuten, daß die Prechtin auch den Part der Eurydike verkörpert haben dürfte. Tatsächlich gleichen sich bei einer Gegenüberstellung der beiden Frauenbildnisse nicht nur die Gesichter, sondern auch der knittrige Faltenwurf der Gewänder; ob diese frappante Ähnlichkeit beabsichtigt oder reiner Zufall ist, läßt sich nicht mit letzter Sicherheit sagen.

Man könnte die in der Orpheusgrotte Schlafende aber auch als Allegorie des Gesangs bzw. der Musik verstehen.[301] Dafür spricht der Blumenkranz in ihrem Haar, und das Medaillon mit dem Porträt des Erzbischofs an ihrem Hals ist sicherlich als eine Anspielung auf dessen Rolle als Mäzen der Künste aufzufassen.

Diese beiden Erklärungen machen es sehr unwahrscheinlich, daß wir in der Gestalt der Eurydike eine heimliche Geliebte des Hohenemsers vor uns haben, wie dies wiederholt be-

52 Entwurf für eine Grotte mit der Figur eines musizierenden Orpheus mit Tieren. Kupferstich aus Salomon de Caus, „Les raisons des forces mouvantes" (1615), 2. Buch.

53 Schlafende Nymphe, die von einem Satyr entdeckt wird. Holzschnitt aus Francesco Colonna, „Hypnerotomachia Poliphili" (1499).

hauptet wurde. Vor seinem biographischen Hintergrund erscheint es undenkbar, daß Markus Sittikus je ein solches Verhältnis unterhielt, und selbst wenn dies der Fall gewesen wäre, hätte er ohne Zweifel auf eine derart offene Zurschaustellung verzichtet.[302]

Als Resultat dieser Betrachtungen zeigt sich, daß Solari mit der Gestaltung der Orpheusgrotte etwas Neues leistet. Am Ende einer langen Tradition stehend, erweist sich in der Auseinandersetzung mit den möglichen Vorbildern auch die Aussage als eine wesentlich komplexere, indem der von Tieren umgebene musizierende Held nicht mehr allein, sondern in Begleitung von Eurydike erscheint. Die Darstellung der in der Grotte oberhalb eines kleinen Brunnens Liegenden geht zwar auf den schon in der römischen Antike lebendigen Typus der am plätschernden Wasser eingeschlafenen Nymphe zurück, bietet aber im Kontext mit der in Salzburg erstmals geförderten italienischen Opernkultur die Gelegenheit, den Landesfürsten und Bauherrn als Mäzen der Künste zu verherrlichen. Darauf, daß mit der Orpheusfigur Markus Sittikus selbst – in der Rolle des Kulturheros – allegorisch gemeint sein dürfte, weisen auch die Steinbockköpfe am oberen Abschluß der Schnürstiefel hin.

Wie man zwei Hellbrunn-Reiseführern des 19. und frühen 20. Jahrhunderts entnehmen kann, gab es vor dem kleinen Gebäude Vexierwässer, die allerdings schon einige Zeit nicht mehr in Betrieb sind. Auffallend ist, daß man im Innern der Grotte auf die sonst allgegenwärtigen Wasserscherze verzichtet hat. Dadurch wird die stille, erhabene Atmosphäre des Raumes nicht gestört und der Besucher dazu angehalten, neben dem Plätschern des Wassers auch der durch die Figur des Orpheus visualisierten Musik zu lauschen.

6.5. Brunnen Altems mit Sternweiher

Nur ein paar Schritte von dieser Grotte entfernt, am Abhang oberhalb des mittleren, ovalen Weihers, liegt ein kleiner, von einer niedrigen Konglomeratmauer eingefaßter Platz, zu dem zwei schmale Wege hinaufführen. Ur-

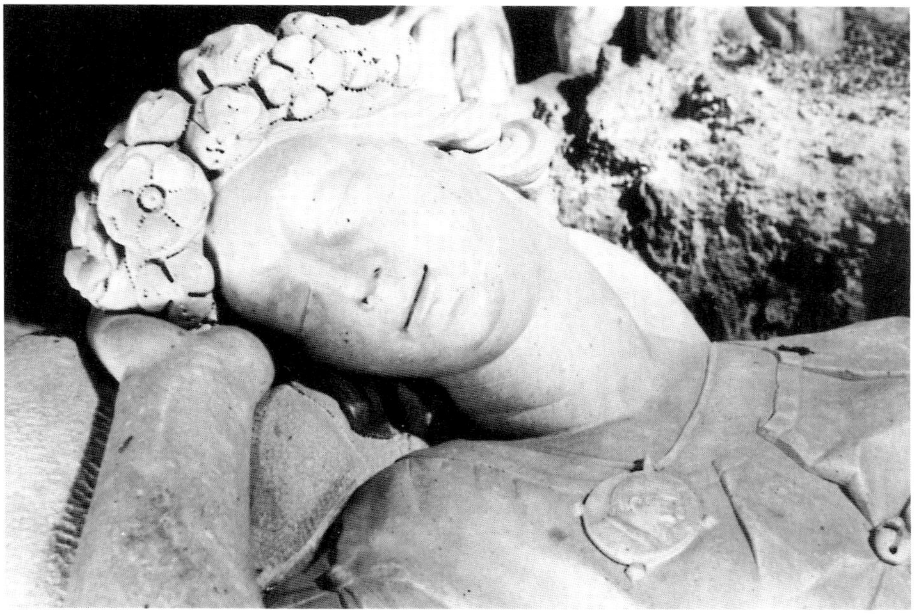

54 Hellbrunn, Orpheusgrotte (um 1615), Detailansicht der Eurydikefigur.

sprünglich stand hier ein steinerner Tisch, während sich hinter der konkaven Brüstung ein grüngestrichenes Holzgeländer mit aufgebundenen Weinreben erhob.[303] Der Figurenschmuck, der sich aus einer stehenden und zwei knienden Narrenstatuen mit aufgerissenem Maul, zwei Hunden und einem Knaben mit einer Balester zusammensetzte, wurde entweder umgestellt oder ging verloren.

Am südöstlichen Ende des hier besprochenen Gartenteils steht vor der Schmalseite des Schlosses auf einem hohen Sockel die Marmorstatue das Bacchus mit einer Schale und einer Traube in den Händen sowie einem Rebenkranz im Haar.[304] Südlich neben dieser Figur befindet sich ein Ruheplatz mit Sitzbänken aus zwei rechtwinklig aufeinanderstoßenden niedrigen Konglomeratwänden, auf denen drei kleine kugelbekrönte Marmorobelisken stehen. Dazwischen liegen zwei Jagdhunde aus Marmor. Hinter diesem bis heute unverändert erhalten gebliebenen Bereich wurde, leicht erhöht in westlicher Richtung, von Erzbischof Guidobald Graf Thun im Jahre 1659 ein Weinkeller erbaut.

Durch eine Mauer getrennt, lag nordöstlich neben der Drei-Weiher-Anlage der gänzlich abgeschlossene Fasanengarten, von dessen ursprünglicher Ausstattung sich – nach mehreren Umbauten – nur einzelne Elemente erhalten haben. In der Mitte dieses Bezirks, wo früher kostbare Goldfasanen und Steinhühner gehalten wurden, stand auf hohem Sockel eine Dianastatue mit Hund.[305] Den nordwestlichen Abschluß des ummauerten Bereichs bildet das kleine, an der Fassade leicht eingebogene einstöckige Fasanenhaus, das Obelisken und ein Schindeldach trägt. Es diente dem Geflügel als Winterquartier, enthielt die Wohnung des Fasanenwärters und beherbergte zuoberst einen Taubenschlag.[306]

In der Achse der Neptunsgrotte, am Abhang der Südwestseite des Schlosses, liegt der Brunnen Altems, der die wichtigste Quellenanlage des Gartens darstellt. Den oberen Abschluß der aus drei Absätzen bestehenden Terrasse bildet eine große, zweifach einschwingende konkave Rustikaarchitektur mit einem flachbogig geschlossenen Grottenbau aus Konglomeratquadern (Abb. 56). In einer Rundnische, auf einem

56 Hellbrunn/Gartenanlage, Brunnen Altems, Gesamtansicht mit Sternweiher. Kupferstich aus Franz Anton Danreiter, „Salzburger Prospecte" (um 1735).

vorne mit den sich umarmenden Wappentieren ornamentierten Sockel, steht die Marmorstatue eines Jünglings mit römischem Harnisch. Auf dem Kopf trägt er einen Helm mit Federbusch, mit der rechten Hand greift er an eine oben abgebrochene Säule, auf die auch die linke hinzuweisen scheint.[307] Über dem Gesims befindet sich außen eine massive Konglomeratbalustrade mit vorspringenden Postamenten, im Mittelfeld ein reliefiertes Fruchtgehänge aus Marmor. Auf dem Gesims dieser Attika stehen außen je zwei Marmorvasen, während in der Mitte ein Aufsatz, flankiert von zwei in Voluten endenden Steinbockköpfen, eine Perseusstatue trägt. Auf dem Giebelaufsatz ist eine Tafel aus weißem Marmor eingelassen, deren eingemeißelte Kapitalinschrift auf den Bauherrn Bezug nimmt.[308] An den beiden bogenförmigen Flügelwänden, welche den Platz vor der Grotte im Halbrund abschließen, sind unten steinerne Sitzbänke angebracht; oben sind sie mit mächtig geschwungenen Voluten abgeschlossen. Daran setzen im rechten Winkel beiderseits zwei längere und niedrigere, gleichfalls geschwungene Konglomeratmauern an. An den beiden Mauerecken und -enden stehen auf hohen Sockeln vier Marmorstatuen, welche die Jahreszeiten personifizieren.[309]

Im Halbrund vor der Grotte liegt ein seichtes, eingefaßtes Bassin in Form eines halben Sterns mit sieben Zacken, das deshalb Sternweiher genannt wird. Aus jeder der Spitzen sprudelt Quellwasser hervor und ergießt sich über eine Stufe in ein rechteckiges Becken. Von diesem fließt es durch eine schmale Öffnung über eine Marmortreppe von fünf Stufen in einen noch größeren, quadratischen Weiher. Die obere Verbindungsöffnung wird von zwei lebensgroßen liegenden Steinböcken aus Marmor flankiert, die mit den Vorderfüßen das Wappen des Erzbischofs halten. Beiderseits des untersten Beckens befinden sich hinten zwei ebenfalls lebensgroße Marmorlöwen, aus deren Rachen Wasserstrahlen fließen. In der Mitte des Weihers steht die Statuengruppe zweier ringender Tritone, welche Wasser aus ihren Mäulern spritzen; außerdem hebt eine kleine Fontäne eine Kugel empor. Vor der Neptunsgrotte, am Rande des mit Stufen versehenen Vorplatzes, befinden sich auf beiden Seiten drei Schüsseln, aus denen jeweils ein kleiner Wasserstrahl aufsteigt.

Im untersten Becken des Brunnen Altems gab es früher noch drei hydraulisch betriebene Automaten, die jedoch alle verloren sind. Wie aus der Beschreibung von 1619 hervorgeht, war zwischen den sechs Schüsseln vor der Neptunsgrotte eine umlaufende und Wasser speiende Schildkröte zu sehen.[310] Dahinter, beiderseits des Tritonenpaars, gab es zwei Steinhügelchen, wobei auf dem einen eine umlaufende Sirene aus ihren Brüsten Wasser spritzte und auf dem anderen ein ebenfalls umlaufender Triton, auf einer Muschel blasend einen sonderbaren Laut von sich gab.[311] Konkrete Anregungen für die letztere dieser hydraulisch bewegten Figuren hat sich der um 1615 in Hellbrunn tätige Brunnenmeister vermutlich aus Aleottis Heron-Ausgabe von 1589 geholt, die gleich zwei Entwürfe zu diesem Thema mit einer detaillierten Beschreibung des dazugehörigen Mechanismus enthielt (Abb. 57, 58).

An den Seiten des untersten Weihers sind aus Konglomeratblöcken zwei Hügel aufgebaut, von denen der südöstliche im Innern ein Pumpwerk beherbergt. Beide werden von Tierfiguren aus Marmor bevölkert.[312]

Auf die Frage, wo sich Solari für diesen Bereich des Lustgartens inspiriert haben könnte, gab die bisherige Forschung unterschiedliche Antworten.[313] Die Gegenüberstellung des Brunnen Altems mit der hinter einem großen Bassin befindlichen Kolossalfigur des Appenin in Pratolino erscheint zwar legitim, was die

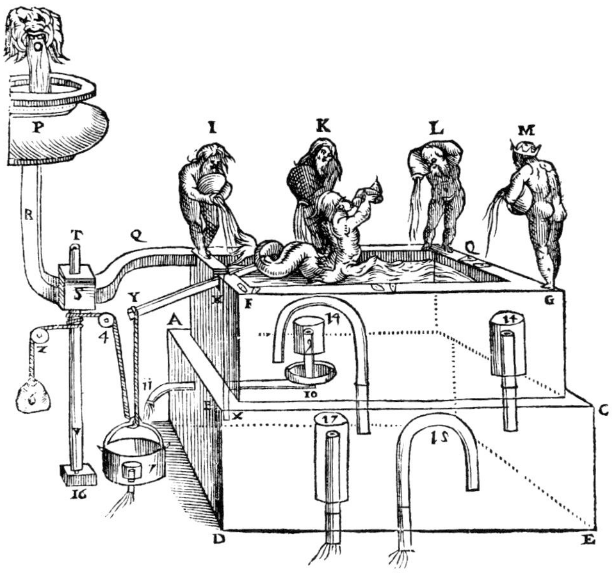

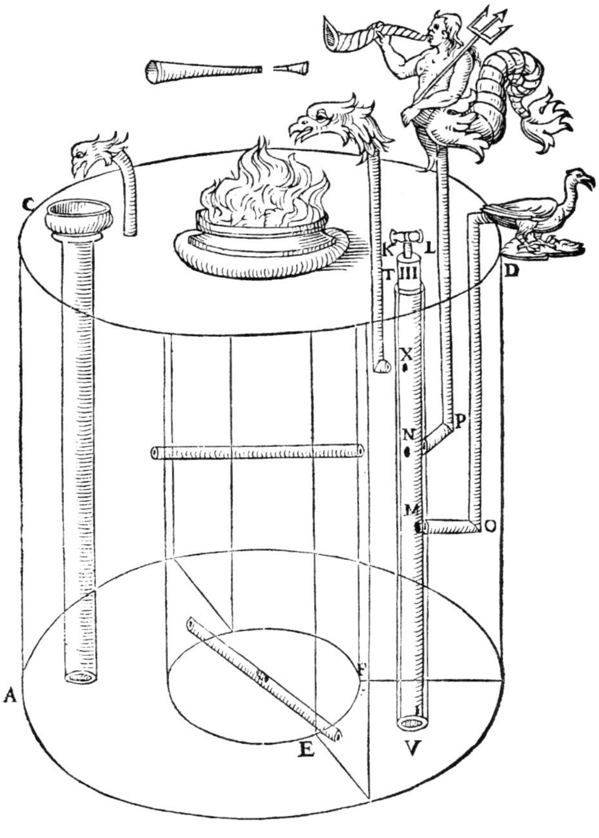

57, 58 Entwürfe zur künstlichen Erzeugung von Vogelstimmen und anderen Geräuschen sowie figürliche Automaten. Holzschnitte aus Giovanni Battista Aleotti, „Gli artifitiosi et curiosi moti spiritali di Herone" (1589).

Funktion der beiden Anlagen als Abschluß einer Zentralachse betrifft, bezüglich des formalen Aufbaus vermag sie jedoch nicht zu befriedigen. Auch die Ableitung von den monumentalen „Teatri" der Frascati-Villen (Abb. 27–29) erweist sich als problematisch, auch wenn Stainhauser bei der Beschreibung der hinter dem Sternweiher liegenden Schauwand von einem *„zierlichen Theatrum"* spricht.[314] Die geschwungene Rustikaarchitektur des Brunnen Altems verfügt im Gegensatz zum „Teatro delle acque" der Villa Aldobrandini nur über eine einzige statuenbesetzte Nische und ist abgesehen von der völlig andersartigen Gliederung auch in ihren Ausmaßen wesentlich kleiner.

Als neue Hypothese böte sich die Möglichkeit lombardischer Einflüsse an, worauf die an den Seiten der konkaven Schauwand besonders prominent ausgebildeten Voluten hindeuten. Dieses Element erscheint nämlich auffallend häufig auf Entwürfen für Kirchenfassaden des für Federico Borromeo tätigen Francesco Maria Ricchini.

Der Brunnen Altems nimmt nicht nur als Endpunkt der durch die lange Schloßeinfahrt gebildeten Hauptachse eine herausragende Stellung ein, er spielt – zusammen mit dem Sternweiher – auch als Quelle und Sammelbecken eine zentrale Rolle für die umliegenden Brunnen und Grotten. Solari versteht es gerade hier mit großem Geschick, die aufgrund des geringen Gefälles bescheidene Wirkung des Wassers durch die Verwendung einer Abfolge kleiner Stufen optisch und vor allem akustisch zu kompensieren.

6.6. Fürstenweg/Wasserautomaten

Vom Brunnen Altems nimmt in südlicher Richtung entlang eines schmalen Kanals auch ein Spazierweg seinen Ausgang, der zu beiden Seiten von allerlei Grotten, Brunnen und anderen Wasserwerken begleitet wird, eingerahmt von Bäumen, Büschen und Hecken. Gleich zu Beginn dieses Gartenbereichs befinden sich auf der linken Seite fünf kleine Tuffsteingrotten, in denen durch Wasserkraft Holzfiguren bewegt werden. Die vorgestellten genreartigen Szenen wechseln ab mit solchen aus der Mythologie, wobei die letzteren wohl aufgrund ihrer Thematik und ihres Stellenwerts in erhöhten Grotten untergebracht wurden. Zunächst ist ein Hafner in seiner Werkstatt zu sehen, in der zweiten Grotte Perseus, der ein Meeresungeheuer erlegt, um Andromeda zu befreien (Abb. 70), dann ein Müller in seiner Mühle, als vierte Szene der den Marsyas schindende Apollo und schließlich ein Scherenschleifer.[315] Die Figuren der vierten Grotte sind um die Mitte des 19. Jahrhunderts ersetzt worden; ursprünglich befand sich hier neben einer schreienden Eule eine Trompete blasende Fama.[316] Unmittelbar darunter gab es noch zwei Schildkröten und zwei Schnecken, die Wasser verspritzten; auch sie sind heute verloren.[317]

Gegenüber den fünf Wasserautomaten befindet sich die Venusgrotte, ein kleiner Bau aus Konglomeratquadern mit schräg abfallenden Seitenmauern, der mit drei Obelisken und zwei hornförmigen Aufsätzen geschmückt ist (Abb. 59 siehe Tafel 17). Hinter der rundbogigen Öffnung wurde das Innere ganz mit Tuffstein verkleidet und beherbergt in einer Nische die lebensgroße Marmorstatue einer Venus mit kunstvoller Frisur und antikem Gewand.[318] Während sie die linke Hand auf die Brust legt, ruht ihre rechte auf dem aufgerichteten Schwanz, ihr rechter Fuß auf dem Kopf eines Delphins, aus dessen Maul Wasser in Form einer Glocke über einen Blumenstrauß quillt. Vor der leicht einschwingenden Architektur liegt ein elliptisches Bassin mit einer kleinen Amorfigur in der Mitte. Der Abfluß des Beckens wird von zwei blechernen Schildkröten flankiert, die durch einen scharfen Wasserstrahl miteinander verbunden scheinen.

Nur wenige Schritte davon entfernt steht auf hohem Sockel eine Dianastatue mit reichgefaltetem Gewand und einem Halbmond auf dem Haupt, die in der leicht emporgehobenen linken Hand ursprünglich einen Bogen hielt.[319] Die Figur steht am Ausgangspunkt des teilweise von einer Baumallee begrenzten und in der Zentralachse durch den Lustgarten führenden Prospekts auf das gegenüberliegende Schloß Goldenstein.

61 Hellbrunn/Gartenanlage (um 1615), Ansicht der Steinbockgrotte.

Etwas weiter gelangt man wiederum auf der rechten Seite über einen Seitenweg zu einem kleinen, durch das ihn umgebende Unterholz beschatteten Platz, auf dem sich die Marmorgruppe eines Wildschweins mit zwei Jungtieren befindet (Abb. 60 siehe Tafel 18).[320]

Dank Stainhausers Aufzeichnungen ist eine ehemals daran anschließende *„Grotta des Trachens“* überliefert; sie wird wie folgt beschrieben: *„Gleich hernach kombt mann zu einer offenen mit Duffstain ausgesezten Grotten, darinnen ein Wasser von sich gebender Drach erscheinet, herunten bas ist ein durch das Wasser artlich formiertes Glas zu ersechen.“*[321]

Bis heute erhalten hat sich dagegen die auf der rechten Seite des Spazierwegs befindliche Steinbockgrotte, die in einem niedrigen, mit Giebel versehenen Bau mit flachbogiger, ganz mit Tuffstein verkleideter Nische untergebracht ist (Abb. 61). In der kleinen Höhle liegt ein wasserspeiender „Meerbock“ aus Marmor mit dem Kopf eines Steinbocks, Vorderflossen und Delphinschwanz. Das Wasser fließt durch einen Kanal ab, in dessen schief abfallenden, marmorverkleideten Boden ein aus zwei parallel verlaufenden Ketten bestehendes Ornament eingemeißelt ist.

Neben einer mit flachen Stufen und einer Sitzbank versehenen Terrasse steht der Dianabrunnen; eine kleine Architektur aus Konglomeratquadern, in die eine hohe, rundbogige und übergiebelte Nische eingelassen ist (Abb. 62 siehe Tafel 19). Die beiden rechtwinklig anschließenden Seitenflügel sind volutenförmig ausgebildet und enden vorne als kugelbekrönte Podeste. Die heute in der mit Tuffstein verkleideten Nische aufgestellte Dianastatue stand ursprünglich in der Mitte des Fasanengartens.[322]

Gegenüber dem Dianabrunnen, auf der anderen Seite des schmalen Kanals, befand sich ursprünglich die sogenannte „Schmiedgrotte“, die mit vielen hydraulisch bewegten Figuren ausgestattet war.[323] Im 18. Jahrhundert, während der Regierungszeit Erzbischof Andreas Jakob von Dietrichsteins (1747–1753), wurde nach ihrem Abbruch das große mechanische Theater errichtet (Abb. 63 siehe Tafel 20).[324]

65 Hellbrunn/Gartenanlage, Marmorfigur des sogenannten „Forstteufels“ (um 1700).

66 Darstellung eines Monstrums. Illustration aus Salomon Gessners „Thierbuch“ (1563).

Auf die noch zu besprechende Kronengrotte Bezug nehmend, steht auf hohem Sockel die Marmorstatue einer Minerva mit Helm, Speer und Aegis, von Stainhauser als *„Göttin Pallas“* bezeichnet.[325]

Wenige Meter weiter in südöstlicher Richtung befindet sich der Merkurbrunnen. Hinter einem kleeblattförmigen, von steinernen Sitzbänken umgebenen Bassin, in dessen Mitte die kleine wasserspritzende Figurengruppe eines Aktäons mit sechs Hunden zu sehen ist, erhebt sich auf einer hohen Basis aus Konglomerat die Statue des Merkur aus weißem Marmor mit Helm und Schlangenstab. Stainhauser erwähnt hier außerdem noch vier kreuzweise gegeneinander wasserspeiende Nattern, die jedoch bereits um 1790 nicht mehr existierten.[326]

Nach dem Merkurbrunnen kam der Besucher des 17. Jahrhunderts zum *„Brunn Dianae“*, der folgendermaßen beschrieben wird: *„An obbemeldten stosset ein anderes Brunnenwerckh, alda auf einem erhöchten Postament ein Göttin von einem weißen Marmelstain ausgehauen zu sehen, welche einen Vogel in der Handt haltundt und Dianam andeutten soll, darvor ist ein eingefastes Wasser, darvon fünf Wasser aufspringen.“*[327] Dieser zierliche Brunnen mußte unter Erzbischof Johann Ernst Thun (1685–1709) einer wesentlich größeren Anlage weichen, deren Ruinencharakter nicht zu den anderen Schöpfungen aus der Entstehungszeit Hellbrunns paßt (Abb. 64 siehe Tafel 21).[328] Sie beherbergt die Statue von Eurydike, die ursprünglich in der dem mechanischen Theater gegenüberliegenden Dianagrotte stand.

Einige Schritte weiter führt im rechten Winkel ein schmaler Weg nach rechts zu einem von niedrigen Mauern umfriedeten kleinen Platz, wo sich in einer künstlichen Höhle auf einem mit langer Inschrift versehenen Sockel die um 1700 geschaffene Figur eines Mischwesens befindet. Dieses eigenartige Monstrum besitzt einen bärtigen Menschenkopf, Hahnenkamm, löwenartige Pranken, Hinterfüße mit Vogelklauen und einen buschigen Schwanz (Abb. 65)[329]. Schon zur Zeit von Markus Sittikus soll ein auf Holz gemaltes Bild dieses „Forstteufels“ existiert haben.[330] Die unter Erzbischof Johann Ernst Thun angefertigte Marmorstatue dürfte sich von einer Illustration aus Conrad Gessners 1563 erschienenem „Buch der vierfüßigen Thiere“ ableiten, deren frappante Ähnlichkeit bis ins kleinste Detail geht (Abb. 66).[331]

In unmittelbarer Nähe des „Forstteufels“ gab es neben dem alten „Brunnen Dianae“ ein weiteres statuengeschmücktes Bassin: *„Alda ein weisse märmelstainene ausgehauene sizunde Wassergöttin, die des Neptuni weib Amphitrite, aller Wassergöttinnen Muetter seyn soll zu se-*

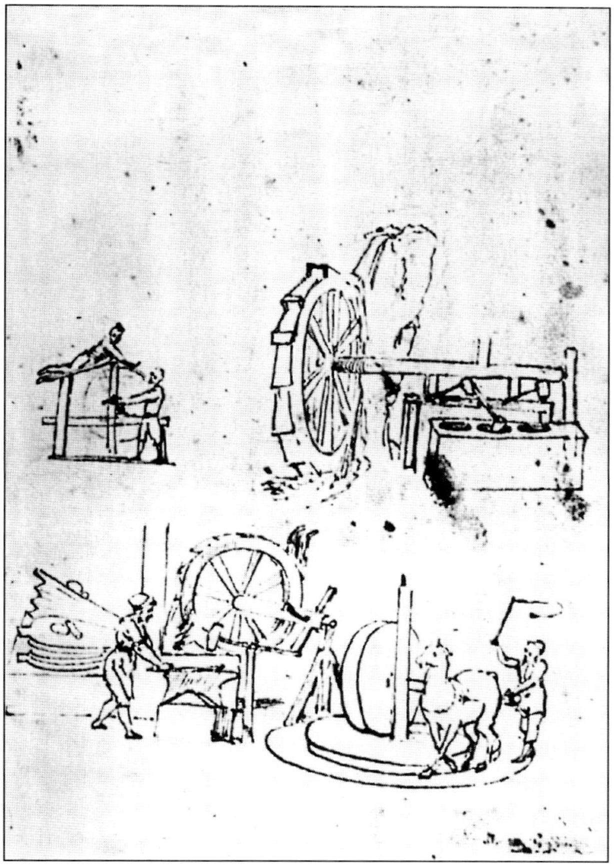

67 Pratolino, Villa Medici (1569–83); verschiedene Detailansichten einiger hydraulisch betriebener Automaten. Zeichnung von Giovanni Guerra (um 1604).

68 Pratolino, Villa Medici (1569–83); Studie zweier Wasserautomaten. Zeichnung von Giovanni Guerra (um 1604).

hen, aus welchen Brunnen das Wasser von dem ersten Stafel herabfallendt, auf den anderen gleich so hoch aufsteiget. Herunden erscheinet auch ein hochaufsteigendes Wasser, darneben vier nidere sich erzaigen.“[332] Der Brunnen wie auch die Figur der Amphitrite sind verschollen. Schließlich gelangt man zu einem etwas weiter südöstlich gelegenen, vorne im Rechteck von einer niederen, hinten halbkreisförmig von einer höheren Mauer aus Konglomeratblöcken eingefaßten Becken mit der Statue des auf einem Delphin reitenden Neptun. Vorne ist an einem Felsstück eine groteske Marmormaske angebracht, aus deren Maul Wasser fließt.

Der hier zur Diskussion stehende, mit seinen Brunnen und Grotten zum großen, von Mauern umfangenen Lustgarten hinführende, auch „Fürstenweg“ genannte Bereich[333] wurde in der bisherigen Forschung einerseits mit den Wasserkünsten der Villa d'Este in Tivoli und der dort befindlichen „Viale delle cento Fontane“[334], andererseits mit denjenigen im Park von Pratolino verglichen.[335] Sowohl die Intention, die der Anlage von Tivoli zugrundeliegt, wie auch deren Aufbau erweisen sich aber im Vergleich mit Hellbrunn als diametral entgegengesetzt. Während auf der einen Seite der Eindruck von Monumentalität, Offenheit, Repräsentation und des Zusammenhangs des Ganzen vorherrscht, hat Solari bei seiner Schöpfung den Hauptakzent auf das Moment der Überraschung und auf die autonome Wirkung der zier-

69 Entwurf für einen hydraulischen Automaten in der Gestalt eines Herkules. Holzschnitt aus Giovanni Battista Aleotti, „Gli artificiosi et curiosi moti spiritali di Herone“ (1589).

70 Hellbrunn/Gartenanlage (um 1615), Ansicht einer kleinen Grotte mit integriertem Automaten; Perseus und Andromeda.

lichen Kleinarchitekturen gesetzt. Im Gegensatz zu der unterhalb der Villa d'Este liegenden, aus unzähligen Wasser emporspritzenden steinernen Obelisken, Adlern, Lilien und Barken bestehenden „Viale delle cento Fontane“, die vom Anfangspunkt bis zu ihrem Ende optisch erfaßbar ist, lassen sich die in die bewaldete Böschung hineingestellten Wasserwerke und Grotten in Hellbrunn als Gartenindividualitäten nur sukzessive, beim Abschreiten des zweimal leicht nach Osten geknickten Spazierwegs, erfahren. In dieser Eigenschaft und teils auch aufgrund ihrer Thematik läßt sich eine starke Verwandtschaft mit Pratolino feststellen, welche bei einem Blick auf die 1599 von Giusto Utens gemalte Gesamtansicht des nahe Florenz gelegenen Gartens bestätigt wird (Abb. 19 siehe Tafel 4). Es wäre jedoch falsch, sich auf eine alleinige Abhängigkeit von den im weitläufigen Park verstreuten Wasserkünsten dieser Medici-Villen festlegen zu wollen. Einige neue Argumente vermögen hinsichtlich der Vorbildfrage ein wesentlich differenzierteres Bild zu zeichnen.

Die Automaten in den kleinen Grotten unmittelbar südlich des Brunnen Altems, welche Szenen aus Alltag und Mythologie zeigen, lassen sich einerseits direkt von solchen in Pratolino ableiten oder sind als Derivate bestimmter Beispiele der 1589 erschienenen Heron-Ausgabe von Aleotti zu betrachten.[336]

Die Skizzenbücher von Heinrich Schickhardt und Giovanni Guerra belegen, daß es in Pratolino in der „Grotta del Diluvio“ die hydraulisch bewegte Figur eines Schleifers und in der „Grotta della Samaritana“ diejenige eines Müllers gegeben hat (Abb. 67). Durch eine weitere Zeichnung Guerras ist auch ein Automat im Inneren der 1579/80 von Giambologna geschaffenen Kolossalfigur des Appenin überliefert, einen Herkules repräsentierend, der mit seiner Keule einen Meeresdrachen erschlägt (Abb. 68). Aleotti hat genau diese beiden Figuren in seinen Traktat aufgenommen, allerdings spiegelverkehrt und mit einer ausführlichen Beschreibung der entsprechenden technischen Details (Abb. 69). Diese Illustration dürfte es denn auch gewesen sein, die der Gestaltung der kleinen Hellbrunner Grotte mit der Darstellung von Perseus und Andromeda zugrunde lag. Abgesehen davon, daß die unbewegliche Figur der an einen Felsen gebundenen Heldin hinzugefügt wurde, sind die Ähnlichkeiten hinsichtlich des Meeresungeheuers und des ihm mit vorgestelltem rechten Bein gegenüberstehenden Perseus evident; die Keule des Herkules ist in Hellbrunn lediglich durch ein Schwert ersetzt worden (Abb. 70). Da auch in Saint-Germain-en-Laye die Existenz eines wasserbetriebenen Automaten mit der Gruppe eines Perseus, der mit seinem Schwert den Drachen tötet, in einer nach dem Helden benannten Grotte gesichert ist und außerdem eine große Ähnlichkeit bei den Orpheusdarstellungen der beiden Schloßanlagen festgestellt wurde, liegt es immerhin im Bereich des Möglichen, daß der in Hellbrunn tätige italienische Brunnenmeister den Florentiner Tommaso Francini gekannt hat.[337] Für das ursprünglich zwischen dem Müller und dem Schleifer befindliche Spielwerk, das mit den Figuren einer schreienden Eule und der auf einer Trompete blasenden Fama versehen war, gab es in der „Grotta del Mugnone" eine Parallele, während für den Mechanismus erneut eine Illustration aus Aleottis Heron-Ausgabe maßgebend gewesen sein dürfte (Abb. 43, 71).[338]

Das Aussehen der ehemals am Standort des mechanischen Theaters situierten, mit mehreren Figuren versehenen Schmiedgrotte läßt sich nicht mehr rekonstruieren, da diese im 18. Jahrhundert verlorengegangen ist. Auch sie wird jedoch von einer Illustration aus dem Anhang des Aleotti-Traktats abgeleitet gewesen sein, welche ihrerseits auf einen hydraulischen Automaten in der „Grotta del Diluvio" in Pratolino Bezug nimmt (Abb. 67, 72).[339]

Schließlich darf die in Hellbrunn auf die Dianastatue folgende marmorne Wildschweingruppe als Zitat der Ende des Cinquecento in der „Grotta dell'orsa" in Pratolino stehenden Skulpturen gelten (Abb. 60 siehe Tafel 18). Die Figur einer Bärin, die ihre Jungtiere säugte und die Wasser aus ihrem Maul spritzte, stand in einem vollständig mit Tuffstein ausgekleideten, niederen Bau, der von zwei Sitzbänken flankiert wurde.[340]. Die Grotte ist auch auf einer anonymen Zeichnung überliefert und zeigt eine enge Verwandtschaft zur Hellbrunner Steinbockgrotte (Abb. 61).

71, 72 Entwürfe für verschiedene hydraulische Automaten. Holzschnitt aus Giovanni Battista Aleotti, „Gli artificiosi et curiosi moti spiritali di Herone" (1589).

Was bereits für den formalen Aufbau des Brunnens Altems konstatiert wurde, gilt auch für die Kleinarchitekturen im Bereich des von Brunnen und Grotten flankierten Spazierwegs: die Vorliebe Solaris für bestimmte Elemente wie die prominent ausgebildeten Voluten, die kleinen Zierobelisken sowie die geradezu malerische Strukturierung seiner kleinen Schauwände durch Bildfelder und Lisenen. All dies deutet auf den Einfluß lombardischen Formenguts, das beispielsweise bei Ricchinis Kirchenbauten um 1610 anzutreffen ist.

6.7. Kronengrotte

Neben der Orpheusgrotte existiert im Bereich der oben beschriebenen Wasserkünste im Lustgarten ein weiteres pavillonartiges Gebäude, das von Stainhauser als „*Grotta dell'Idolo oder des Abgotts*" bezeichnet und heute „Kronengrotte" genannt wird (Abb. 73 siehe Tafel 22).[341]

Die Außengliederung des niedrigen, quadratischen Baus mit vier Eckrisaliten und Schindelwalmdach besteht aus vertieften rechteckigen Feldern, wobei die Ecktürmchen mit je zwei rot gefärbten Statuennischen versehen wurden, die heute leer sind. An der Südfassade umgibt wuchernder Tuffstein das Eingangstor, während die Nordseite von einem rechteckigen Vorbau mit querovalem Fenster und einem mit drei Steinkugeln geschmückten, geschwungenen Giebel beherrscht wird. Im Innern betritt man zunächst eine ganz mit Tuffstein verkleidete Grotte, in deren Mitte ein mit verschiedenen Amphibien und Reptilien verziertes, als Springbrunnen fungierendes Marmorpodest steht. Auf diesem Stein liegt eine Blechkrone, die sich durch einen regulierbaren Wasserstrahl in die Höhe heben läßt. Durch zwei Türöffnungen gelangt man zu einem in Hufeisenform um diese Grotte herumgeführten, bedeutend höheren Gang, dessen Wanddekoration aus größeren und kleineren rechteckigen Feldern mit geometrisch-perspektivischen Würfelmustern aus polychromen Fayenceplättchen besteht, umrahmt von Stuckbändern mit Eierstabmuster. Die übrigen Wandflächen sind mit Tuffstein verkleidet. An den Schmalseiten und diesen gegenüber befinden sich leere rundbogige Nischen mit großen, stuckierten Muscheln als Abschluß, darüber jeweils ein Steinbockkopf aus Stuck. Die Einfassung der Nischen entspricht derjenigen der Wandfelder. Die ovalen Oberlichtfenster liegen zwischen stuckierten Festons aus Früchten und Tüchern. Die Dekoration über den marmornen Türstöcken ist abgesehen von der Anbringung eines Widderkopfes nahezu identisch. In der Mitte der Nordwand wurde eine große, flachbogige Nische eingelassen, in welcher auf einem Haufen von Konglomerattrümmern zwei überlebensgroße Statuen aus hellgelbem Untersberger Marmor stehen. Dargestellt ist links Apollo in kurzer Tunika, der mit einem Messer in der erhobenen rechten Hand im Begriff ist, dem neben ihm stehenden, an einen Baum gefesselten Marsyas die Haut abzuziehen (Abb. 74 siehe Tafel 23).[342] Die Ornamentierung der flachen Decke des Umgangs besteht aus Kieselmosaik sowie aus Bildfeldern, die mit Tuffsteinbändern umrahmt sind und die in ihrer Form mit gleichartigen Mustern auf dem mit Kieselsteinen ausgelegten Boden korrespondieren. Die illusionistischen Malereien auf den Bildfeldern stellen vor blauem Himmel fliegende Vögel dar. Vor dem kleinen Gebäude läßt sich beiderseits des auf die Minervastatue hinführenden Weges mit Hilfe eines Ventils Wasser aus unzähligen Röhrchen spalierartig in die Höhe spritzen.

Während der um die Grotte herumführende Gang und seine Dekoration weitgehend unverändert geblieben sind, war die Ausstattung des niedrigeren, mit Tuffstein verkleideten Raumes ursprünglich eine andere.[343] So schreibt Hübner: „*(. . .) im Vordergrunde zwischen einigen Felsen von Toffsteine sieht man Tritone, und in der Mitte einen kleinen Löwen, von dessen Haupte das Wasser eine vergoldete Krone in die Höhe hebt.*"[344] Einem Reiseführer aus der Mitte des 19. Jahrhunderts ist zu entnehmen, daß „ein Idol mit Widderhörnern" 1807 nach Wien überführt und anschließend in der Ambraser-Sammlung des damaligen Antikenkabinetts ausgestellt wurde.[345]

Diese mit einer kräftig profilierten Basis versehene Figur, bei der es sich um einen marmornen römischen Tischfuß aus dem 2./3. Jahrhundert n. Chr. mit Löwenkopf, einer großen Tatze und einer eckigen Rückenstütze handelt, befindet sich heute im Antikensaal IV des Kunsthistorischen Museums in Wien (Abb. 75).[346] Das im 16. Jahrhundert in Istanbul gefundene Standbild, auf dessen Seiten Reliefs mit Erotendarstellungen sowie spätantike bzw. frühbyzantinische kryptographische Inschriften magischen Inhalts angebracht sind, erscheint auf einer Zeichnung in dem in der Wiener Nationalbibliothek aufbewahrten Codex des Johannes Löwenklau.[347]

Eine von oben gut sichtbare, offenbar nachträglich eingearbeitete Wasserzuleitung beweist, daß aus dem Löwentischfuß tatsächlich eine kleine Fontäne aufsteigen konnte, und bestätigt damit die Beschreibung Hübners. Die von ihm erwähnten Tritone sind heute ebenso verloren wie die ursprünglich mit Darstellungen allegorischer Frauengestalten bemalten Rundnischen an den Außenwänden.[348]

Für die teilweise aus polychromer Keramik bestehende und nördlich der Alpen seltene Wanddekoration des Umgangs sind unterschiedliche Einflüsse geltend gemacht worden. Eine Anlehnung an die Innenausstattung der von Elio Castello für Erzbischof Wolf Dietrich geschaffenen Gabrielskapelle im Sebastiansfriedhof scheint aufgrund der unmittelbaren geographischen Nähe plausibel[349], ein Vergleich mit dem Wandschmuck der Grotten in Pratolino läßt sich indes wegen deren weitgehender Zerstörung im 19. Jahrhundert und ihres anschließenden Verfalls nur hypothetisch durchführen.[350]

Entscheidende Impulse für den Bau und die Ausgestaltung der vermutlich als letztes Gebäude innerhalb der Hellbrunner Gartenanlage fertiggestellten Kronengrotte wird Solari einmal mehr am ehesten aus Florenz erhalten haben. So ist der von Tuffstein umwucherte Eingang der Südfassade bereits im Boboli-Garten bei der „Grotta grande" Buontalentis und der „Grotta di Madama" Fortinis vorgebildet.[351] Die ornamentale Gliederung der Innenwände durch rechteckige Felder, die oben mit Muscheln abgeschlossenen Rundbogennischen, die von kleinen Stalaktiten eingefaßten Bildfelder an der Decke sowie die von rot und gelb bemalten Kompartimenten gebildete Umrahmung der großen Nische mit der Marsyas-Gruppe weisen ebenfalls auf eine direkte Abhängigkeit vom kleinen pavillonartigen Bau Fortinis hin (Abb. 42).[352]

Das Spritzwerk vor dem Eingang der Kronengrotte findet seine Entsprechung in den Wasserkünsten des auf die Villa Pratolino hinführenden „stradone", bei dem sich, wie auf einer Zeichnung Giovanni Guerras ersichtlich ist, die zu beiden Seiten installierten Fontänen zu einer Pergola aus Wasser verwandeln ließen.

75 Römischer Löwen-Tischfuß, ursprünglich aufgestellt in der Hellbrunner Kronengrotte (Wien, Kunsthistorisches Museum, Inv.-Nr. I 103).

Stainhauser erwähnt in seiner Beschreibung östlich des zierlichen Gebäudes noch ein mit Figuren geschmücktes, heute verlorenes Becken: *„Heraußen ist ein Weyer wie ein Khleblath formiert, bey iedem desselben ein stainener Triton sich befindet, deren der oberst aus dem Mundt Wasser von sich gibt."*[353]

6.8. Giardino segreto

An einem pavillonartigen Bau vorbei führt der von Wasserkünsten begleitete Spazierweg zum östlich davon gelegenen großen rechteckigen Ziergarten. Das von Stainhauser als *„Brunnstu-*

ben" bezeichnete dachlose Gebäude wird heute entsprechend seiner Grundrißform Oktogon genannt. Dessen Außengliederung besteht aus vertieften Feldern. An der am Weg liegenden Nordseite befindet sich in rundbogiger Nische eine Tür mit einer Rahmung aus Nagelfluhquadern und profiliertem, konkavem Sturzgesims. Im Innern sind die ein achteckiges Bassin umfassenden Wände entsprechend den Außenseiten strukturiert und mit drei rundbogigen Nischen versehen.

Die Nische gegenüber der Türöffnung nimmt die Statue einer allegorischen Frauengestalt aus Marmor auf, die aufgrund ihres Attributs – ein Schilfbündel im Arm – als Ceres identifiziert wird.[354] Ursprünglich wurden in dieser Brunnenstube Saiblinge gehalten. Die Wände waren innen mit fünf gemalten Landschaften dekoriert, welche verschiedene Ansichten von Fischweihern zeigten.[355] Dazwischen standen vier Sitzbänke aus Marmor.

Laut Stainhausers Aufzeichnungen gelangte man unweit vom Oktogon in südöstlicher Richtung, an der Längsseite des angrenzenden Weihers, zu einem anderen kleinen Gebäude, das heute nicht mehr existiert. Er schreibt: „*Von obbemelter Brunnstuben gehet man zu einem schön aufgemauerten achteggeten Lusthaus, welches mit einem zierlichen Dach bedekht, inwendig hipsch gemahlen ist; alda gleichfahls auf ainem stainen Postament, ein weisses märmelstainen: zierlich gehauenes Weibsbildt, die Göttin Floram representiert. In dises Orth nach Ihnen gegebnen Zaichen oder Khlopfen, versamblen sich die schöne grosse Speisförchen, derer ein merckhliche Anzahl in dem Weyer darbey eingesezt seyn, das mann die selbigen, wann es regnet, unter dem Dach, wovern aber schön Wetter auf dem Gang heraus, mit höchstem Lust abspeysen khann.*"[356]

Der östlich des Schlosses situierte große rechteckige, von Spazierwegen eingefaßte Garten ist auf drei Seiten von Alleen umgeben. Er liegt quer zu der auf Schloß Goldenstein bezugnehmenden Vedutenachse, die ihren Ausgang bei der Dianastatue gegenüber den fünf kleinen Wasserautomaten nimmt. An seinem südöstlichen Ende grenzt er an den Waldemsberg, im Westen stehen in unmittelbarer Nähe der Kronengrotte auf prismatischen Sockeln zwei hohe kugelbekrönte Obelisken aus Marmor; die Rasenflächen werden durch Blumenboskette geziert.

Zwei große Karpfenweiher, an den Längsseiten durch schmale Kanäle verbunden, umschließen ein als rechteckige Insel ausgebildetes Parterre, das mit verschiedenförmigen niedrigen Hecken bepflanzt und über zwei kleine Stege erreichbar ist. An dessen Ecken stehen auf hohen Sockeln vier männliche, in Muschelhörner blasende Figuren aus Marmor.[357] Am halbrund ausgebuchteten oberen Teil des westlichen Bassins befinden sich auf Konglomeratpostamenten die Marmorstatuen zweier sich aufbäumender Einhörner.[358] Die Weiheranlage wird an ihren Längsseiten von je einem kleineren oblongen Becken flankiert.

In nördlicher Richtung befindet sich ein englischer Park, in den auch einer der beiden kleineren Weiher und der angrenzende Teil des alten Lustgartens einbezogen wurde.[359]

Das ursprüngliche Aussehen des hier zur Diskussion stehenden Bezirks zum Zeitpunkt seiner Fertigstellung bzw. kurz davor ist dank zweier lebensgroßer Porträts dokumentiert, die den Erzbischof in Pontifikalkleidung zeigen und bei denen die Hellbrunner Anlage jeweils im Hintergrund dargestellt ist (Abb. 2, 76 siehe Tafel 24).[360] Diese beiden kunsthistorisch wichtigen Gemälde ermöglichen zusammen mit den Aufzeichnungen Stainhausers eine detaillierte Rekonstruktion des alten Lustgartens, der durch Umfassungsmauern vollständig abgeschlossen war und damit den Charakter eines Giardino segreto italienischer Prägung besaß. Er war mit diversen Gewächsen, türkischen Erdbeeren, Rosen und „*allerley schönen auslendischen Bluemenwerkh*" bepflanzt, welche zu Beginn des 17. Jahrhunderts als exotisch und besonders kostbar galten; die Erwähnung von „*mehrlay welschen Fruchtbäumen*" läßt auf das Vorhandensein von Zitrusfrüchten schließen.[361] Zwischen dem Standort der beiden Obelisken und der großen Weiheranlage befanden sich zwei Irrgärten, in den Bassins hatte man verschiedene Fischarten ausgesetzt. Die Abschlußmauern waren mit bemalten Nischen versehen, ebenso gab es hier aufgebundene Weinreben.[362] Eine andere Situation gegenüber der heutigen herrschte auch auf der rechteckigen Weiherinsel, wie Stainhauser berichtet: *„In mitten des grossen Weyers komet mann durch ein zirlich von Holz gemachte und roth angestrichene Stiegen, dergleichen auch aine gegenüber ist in einem schönen vierfach abgethaillten Lustgarten mit allerlay selzamen Bluemenwerckh [. . .] erfült: in den Innern vier Driangeln, sieht mann erstlich, einen von Buchsbäumb gemachten Römischen Adler, nachmals Ihrer hochfürstl. Genaden drittens eines hochwürdigen Thumbs Capitl Wappen, und im vierten ein Sunnuhr. Ferner steiget mann auf ainer zwaymahl abgesezten stainen Stiegen, von neun und zwainzig Staffeln, dergleichen es gegenüber auch aine hat (und mann in den Absezen umb und umb gehen khan) zu einem schönen Lusthaus hinauf, alda mann die Gärtten und weyer schön übersechen khann, herundten bas ein absaz, von den Stiegen hinumb, khombt mann zu zwo stainenen Althanen mit weissmärmelstainen Stollen gezirt, unter den zwo Grotten, in denen zween stainene Zwergen aus einer Muscheln Wasser in ain weissmarmelstainene Schallen von sich gebundt. Darbey auch zwoo dergleichen Sizbänckh für die Rastenden zu finden.“*[363]

Der Lustgarten ist aufgrund seiner topographischen Lage mit Beispielen der venezianischen Terra ferma verglichen worden, wahrscheinlicher ist indes eine formale Anlehnung an die unterste Terrasse der Villa Lante (Abb. 31).[364] Wie dort bildet in Hellbrunn der große, von Ziergartenfeldern umgebene Weiher mit einem über Stege erreichbaren Isolotto den Endpunkt des mit Wasserkünsten ausgestatteten Bereichs. Auch wenn Solari in der Konzeption seines Gartens die durchgehende, strenge Axialität der Villa Lante nicht beibehalten hat, so sind die Analogien der beiden Anlagen dennoch augenfällig.

Der kleine, mit Treppen, einem offenen Pavillon und im unteren Teil mit einer statuengeschmückten Grotte versehene, ursprünglich auf der rechteckigen Weiherinsel befindliche

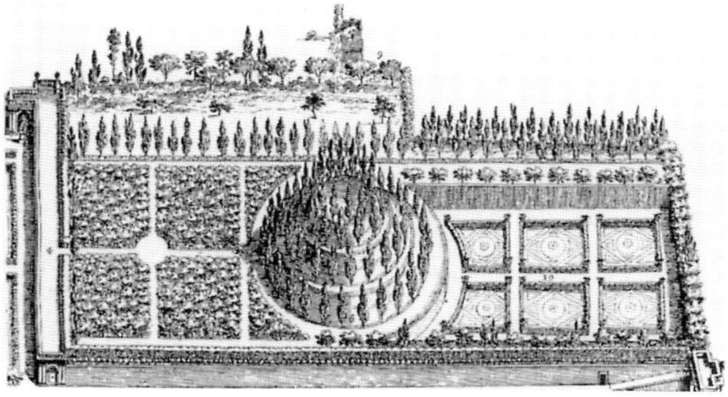

77 Rom, Villa Medici; Detailansicht der Gartenanlage. Kupferstich aus J. A. Falda, „Li giardini di Roma“ (1683).

Berg, der im 17. Jahrhundert auch „Erdbeerberg“[365] genannt wurde, steht in der Tradition italienischer Montagnetti.[366] Als mögliches Vorbild kommt der direkt auf den Überresten eines antiken Nymphäums errichtete 14 Meter hohe Berg im Garten der Villa Medici in Rom in Frage (Abb. 77). Dieser Montagnetto war entweder über 60 Stufen oder über einen sich spiralförmig zur Spitze hin windenden, von Zypressen gesäumten kleinen Weg zu besteigen, wo der Besucher mit einer schönen Aussicht über die Ewige Stadt belohnt wurde.[367] Das ruinöse Nymphäum war in eine Grotte im Innern des Berges eingebunden.[368] Wie ein Stich Giacomo Lauros aus dem ersten Viertel des siebzehnten Jahrhunderts erkennen läßt, befand sich im angrenzenden Lustgarten der auf dem Pincio gelegenen Villa, die Markus Sittikus aufgrund seiner kurialen Beziehungen gut gekannt haben dürfte, ein großer kugelbekrönter Obelisk auf prismatischem Sockel, typologisch vergleichbar mit dem in Hellbrunn stehenden Paar (Abb. 78).[369]

Als Vorlage für die Gestaltung der beiden an das halbrund ausgebuchtete große Weiherbecken anstoßenden Irrgärten dienten mit großer Wahrscheinlichkeit die Labyrinthentwürfe im vierten Buch des Serlio-Traktats.

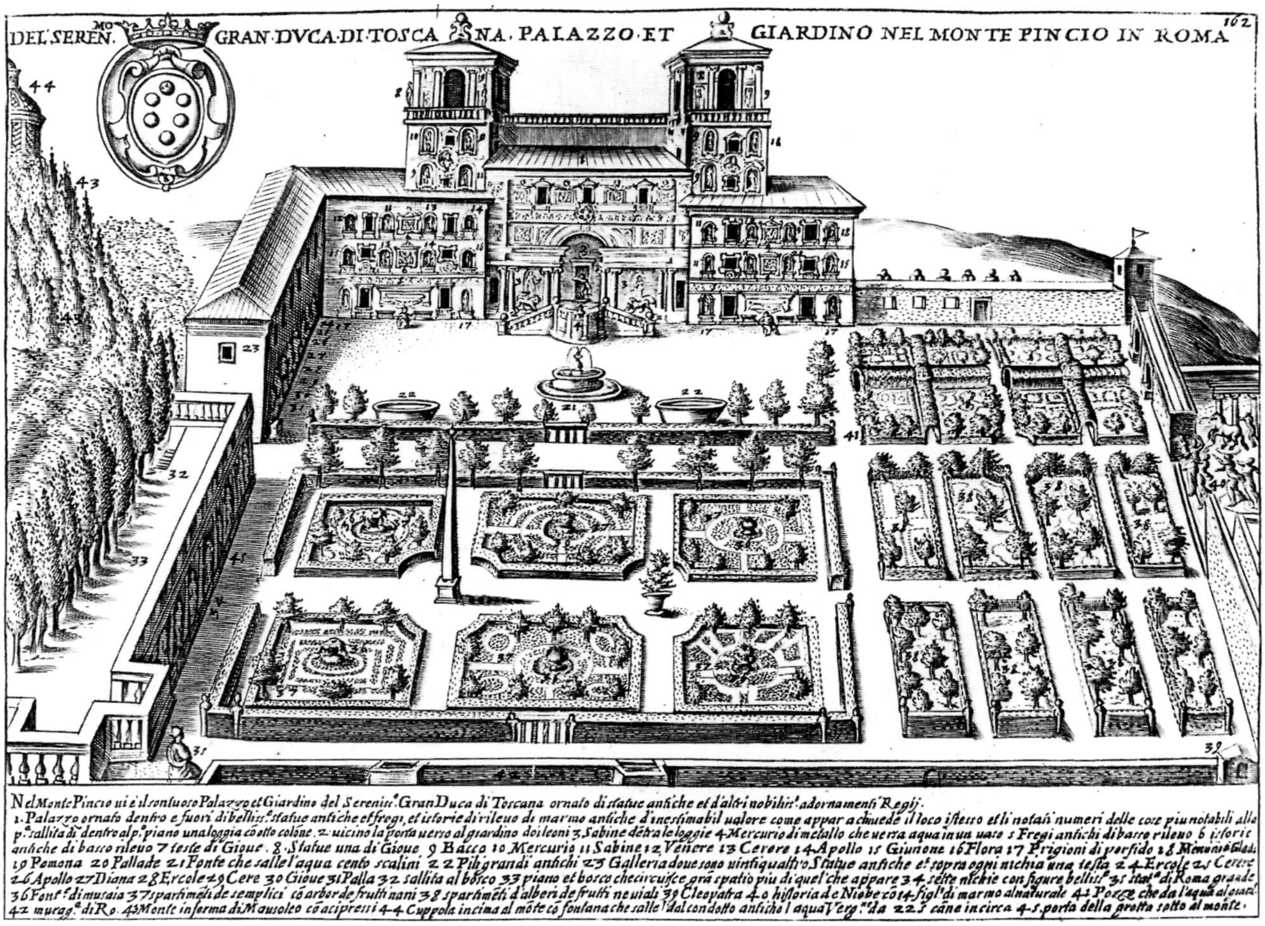

78 Rom, Villa Medici; Ansicht der Villa und des oberen Gartens. Kupferstich aus Giacomo Lauro, „Antique urbis splendor“ (1628).

7. Der mittlere Bereich – Waldemsberg

7.1. Monatsschlößchen

Das aufgrund einer Legende „Monatsschlößchen" genannte Gebäude befindet sich an der Nordwestseite des ganz mit Nadel- und Laubwald bewachsenen Waldemsberges.[370] Folgerichtig bezeichnet Stainhauser den zierlichen Bau in seiner Beschreibung als „Waldembs".[371]

Vom Ziergarten ausgehend, führt ein schmaler Weg über ein kleines Plateau vorbei an einem runden Marmortisch und steinernen Bänken zu diesem Lusthaus. Das in seinem Grundriß rechteckige, villenartige Gebäude präsentiert sich in Aufbau und Außengliederung analog zum Hellbrunner Schloß (Abb. 79). Entsprechend den charakteristischen Architekturelementen des Hauptgebäudes finden sich auch hier risalitartig nur wenig vorspringende Seitenteile, rechteckige Fenster mit den für die Bauten Solaris typischen Umrahmungen und profilierten Sturzgesimsen sowie die doppelten, rundumgeführten Gesimsbänder unter den Fenstern.

Zwei niedrige, rechteckige Anbauten bilden mit einer kurzen, von einem Dreiecksgiebel überdachten Verbindungsmauer, in die das Haupttor eingelassen ist, einen kleinen Vorhof. Diese eingeschossigen Seitentrakte haben früher die Unterkünfte für das Personal, die Silberkammer und die Küche beherbergt.[372] An der Eingangsfront wird die mit einem profilierten Sturz versehene Tür von je einem kleinen vergitterten Fenster flankiert. Im ersten Obergeschoß befindet sich in der Mitte ein Doppelfenster mit Sturzgesims und gesprengtem Dreiecksgiebel, der das Marmorwappen des Erzbischofs aufnimmt; daneben liegt je ein Fenster mit profiliertem Sturz.

Darüber werden vier aneinandergereihte Rundbogenfenster von je einem der gleichen Art wie unten eingerahmt. An den Schmalseiten des Gebäudes sind die beiden oberen Stockwerke jeweils mit drei Fenstern mit einfacher Umrahmung und profiliertem Sturz versehen, im Erdgeschoß sind ein bzw. drei quadratische Fenster angebracht. Die Gliederung der Nordwestfassade entspricht grundsätzlich derjenigen der Eingangsfront, nur der zwischen den leicht vorspringenden Seitenrisaliten befindliche Mittelteil weicht in seiner Ausgestaltung von der Vorderseite ab (Abb. 80). In das hier infolge des abfallenden Terrains höher liegende Erdgeschoß wurde ein von Blendnischen eingefaßtes Doppelfenster integriert. Die beiden oberen Stockwerke sind jeweils mit einem Balkon und schmiedeisernen Geländern versehen. Während der untere eine große rundbogige Tür mit zwei leeren, ebenfalls rundbogigen Nischen hat, ist darüber eine rechteckige Tür mit Dreiecksgiebel zu sehen, in dem in der Mitte ein großes Marmorwappen des Bauherrn eingelassen ist. Über dem vorspringenden Dachgesims sind oberhalb der Risalite zwei geschwungene Ziergiebel mit je einem kleinen Fenster und drei kleinen Marmorobelisken aufgesetzt. Zum Innern berichtet Stainhauser: *„(. . .) dannen hinein ist das Vorhaus, (. . .), darnach das Tafelzimmer, so zu bayden seithen Kämmer hat. Über ein abgesezte Stiegen von zweenzwainzig marmorstainen Staffeln, erzaigt sich ein Vorhaus und hinein Ihro hochfürstl. Genaden Zimmer und Schlafcamer sambt einer Nebencamer, gegenüber ein andere Camer und von dem Zimer hinaus ist ein schöne Pergola zum Aussechen. Über ein andere von vier und zwainzig weisstainen Staffeln abgesezte Stiegen, khombt mann erstlich in ein Vorhaus, darinnen vier ausgesezte Fenster gegen den Wald, weitter hinein ist der überlengte schöne Saal, darinnen von Öhlfarben künstlich gemahlene Landtschafften, allerlay Conterfaith und Städt zu sechen, von disem Saal hinaus gehet mann in Ihro hochfürstl. Genaden Studiolo oder Schreibstüberl."*[373]

Die älteste Ansicht des Monatsschlößchens findet sich im rechten Hintergrund des in Po-

79 Hellbrunn, Monatsschlößchen (um 1616/17); Ansicht der Eingangsfront.

80 Hellbrunn, Monatsschlößchen; Ansicht der Gartenfront von Nordwesten. Kupferstich aus Franz Anton Danreiter, „Salzburger Prospecte" (um 1735).

lička (Böhmen) aufbewahrten und Mascagni zugeschriebenen Markus-Sittikus-Porträts, das sich in diesem Detail von dem in Hellbrunn ausgestellten Gemälde von 1618 unterscheidet (Abb. 2). Mascagnis Bild läßt erkennen, daß das Gebäude äußerlich bis heute keine Veränderungen erfahren hat.[374]

Bei dem kleinen Lustschloß handelt es sich einmal mehr um einen sehr einfachen und kompakten Baukörper, der lediglich durch die nur angedeuteten Seitenrisalite rhythmisiert und jeweils durch einen aufgesetzten obeliskenverzierten Frontispiz nobilitiert wird. Als Parallele zu diesem letzten Schmuckmotiv sei auf die im Schloßhof bei der ehemaligen Kapelle und dem Uhrenturm vorgeblendeten geschwungenen Giebel verwiesen. Die vier gekoppelten Rundbogenfenster im zweiten Obergeschoß der Eingangsfront scheinen kaum vereinbar mit dem architektonischen Formengut Solaris; daß sie von Anfang an vorhanden gewesen sind, darf aber aufgrund von Stainhausers Text als sicher gelten.[375] Zwar finden sich im Bereich der Wasserkünste bei den pavillonartigen Bauten – so der Brunnenstube oder der Kronengrotte – verwandte Elemente wie die rundbogige Tür bzw. rundbogigen Nischen, im Zusammenhang mit Fenstern tritt diese Form allerdings sonst nirgends auf.

Eine um 1735 entstandene Vedute der Nordwestfassade von Franz Anton Danreiter zeigt, daß auch die den unteren Balkon einrahmenden Rundbogennischen ursprünglich mit figürlichen Malereien dekoriert waren (Abb. 80).

Als Entstehungsdatum für das Monatsschlößchen wurde bis anhin das Jahr 1615 angegeben.[376] Es ist jedoch bemerkenswert, daß Stainhauser anläßlich seiner frühesten detaillierten Schilderung der Sehenswürdigkeiten Hellbrunns vom 2. Dezember 1616 den *„zierlichen Palast Waldembs"* mit keinem Wort erwähnt.[377]

7.2. Belvedere

„Ain guette viertl stundt von dem Pallast Helbrunn in dem Thiergarthen, (. . .), erzaigt sich der zwar klaine doch überaus lustige Pallast Belvedere, also genant, (. . .) auf einer Höch erbauth, wann mann über die Stiegen hinauf khombt, ist im Eingang der Porten, der Kheller, die Silber Cammer, das Speisgewölb, und die Kuechen; darnach gehet mann über ein abgesezte marmelstainene Stiegen, dergleichen auf der anderen Seithen auch aine ist in ain Vorheysl, dadurch mann in das fürstliche Zimmer gehet, welches mit allerley schönen Landtafeln, Conterfaithen und Städten gezieret, da ein Pergola oder Gang, darauf mann auf und abwerths sehr weith aussechen kann auf Anif, Rif, Hällein, St. Martinsberg drei Meillweegs gegenüber auf das Schloß Goldstain, und abwerths die ganze Gögendt auf Salzburg, das hochfürstl. Haubtschloß und noch

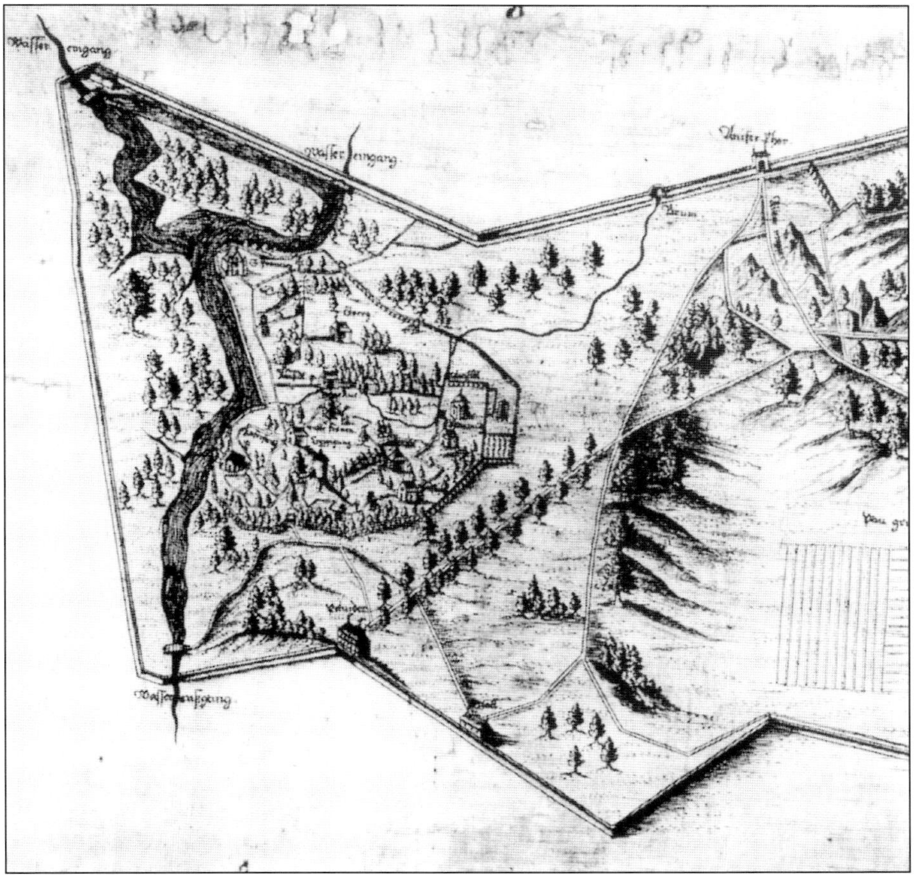

81 Hellbrunn/Gartenanlage; Detailansicht des hinteren Parkbereichs mit Belvedere, Eremitorien und Kreuzweg. Anonymer Plan, um 1630 (SLA).

weiter. An dises Zimmer stosset Ihro hochfürstl. Genaden pp. Schlaf-Cammer, welche gleichermassen mit Landschafften, Conterfaithen und einem stattlichen böth formiert ist."[378] Dieses Bild des nicht nur für seine zierliche Erscheinung, sondern hauptsächlich wegen des herrlichen Rundblicks von den Zeitgenossen gerühmten kleinen Lustschlosses vermittelt der schon oft zitierte Chronist Stainhauser.

Das genaue Datum seiner Erbauung ist nicht bekannt, doch kann man davon ausgehen, daß es im zweiten Halbjahr 1616 fertiggestellt und aufgrund seines formalen Aufbaus von Solari entworfen wurde.[379] Zur Zeit Hübners scheint das Lustschloß noch intakt gewesen zu sein, wenngleich es kurz vorher repariert werden mußte.[380] Im Laufe des 19. Jahrhunderts verfiel das Gebäude zusehends und wurde schließlich vollständig abgetragen. Da der ehemalige Standort bald darauf mit Sträuchern und Bäumen überwuchert war, geriet das heitere Schlößchen in Vergessenheit. Dank zweier Bilddokumente ist das Aussehen des Baus überliefert. Der Ausschnitt aus einem anonymen Übersichtsplan von 1630 zeigt den Standort des kleinen Palastes am südöstlichen Ende des großen Parks (Abb. 81).[381]

Vom „*Weg in der Leitten zur Grotten und Bellvidere*" zweigte etwa auf Höhe des Anifer Tores links ein schmales Sträßchen ab, das durch eine Baumallee direkt zu diesem „hochfürstlichen Lustorth" führte. Das letzte Blatt aus der um 1735 entstandenen Vedutenserie Hellbrunns von Franz Anton Danreiter vermittelt

82 Hellbrunn, Belvedere; Ansicht der Hauptfassade mit Brunnen und Zufahrtsrampe. Kupferstich aus Franz Anton Danreiter, „Salzburger Prospecte" (um 1735).

einen guten Eindruck seines ursprünglichen Erscheinungsbildes (Abb. 82).[382]

Die Ansicht gibt den Blick in nordöstlicher Richtung wieder, so daß nicht nur die Eingangsfront, sondern auch die eine Seite des Gebäudes eingesehen werden kann. Der Weg zum Schlößchen führte doppelläufig über eine halbrunde, zur Mitte hin ansteigende Rampe, deren konkave Stützmauer eine Brunnennische enthielt. Über eine in der Mittelachse angeordnete steinerne Treppe gelangte man auf eine Art Podium, das vorne und zu beiden Seiten durch Konglomeratquadermauern abgestützt wurde. Darauf erhob sich der teils auf diesem Podium, teils auf einer natürlichen mäßigen Bodenerhebung errichtete kleine Palast. Der Mittelrisalit des dreiachsigen zweistöckigen Baus sprang turmartig vor. Das ebenerdig gelegene, von Pilastern flankierte, überdachte Portal mit Rundbogen und Keilstein führte in die Küche, den Keller und andere wohl eher kleine Wirtschaftsräume. Das darüberliegende Mittelfenster trug einen gesprengten Segmentgiebel mit dem hohenemsischen Wappen. Zu beiden Seiten erreichte man über eine weitere zweiteilige Treppe die seitlichen Eingangstüren des turmartigen Vorbaus und damit den Piano nobile.

Die Geschosse wurden durch ein profiliertes Doppelband getrennt, analog zu den anderen Profanbauten in Hellbrunn. Die verwendeten Fensterformen entsprachen denjenigen des Monatsschlößchens.

Für Solari charakteristisch sind auch das über dem profilierten Abschlußgesims weit ausladende Hohlkehlgesims und das steile Satteldach, welches kugelgeschmückte Fahnenstangen trug. Der anonyme Plan von 1630 zeigt das Gebäude von der Rückseite her mit fünf Fensterachsen.[383] Es scheint, als wäre es direkt an die Umfassungsmauer angebaut worden.

Anhand einer Karte aus der zweiten Hälfte des 19. Jahrhunderts gelang es, den Standort des Schlößchens Belvedere wieder ausfindig zu machen.[384] Vom Spazierweg im südöstlichen Bereich des Tiergartens aus ließen sich trotz starken Bewuchses die Konturen der halbrunden Auffahrt und des Podiums erkennen. Am 31. Oktober 1990 wurden in Zusammenarbeit mit dem Salzburger Gartenamt zwei Sondagen vorgenommen.[385] Dabei konnten Reste des zentralen Treppenlaufs, welcher auf das Podium führte, in Form von einzelnen Backsteinen und Füllmaterial freigelegt werden. Die Blockstufen, vermutlich aus Konglomerat, waren allerdings nicht mehr vorhanden.

Auf der Podiumsebene ist Katzenkopfpflaster, bestehend aus runden Flußkieseln, festgestellt worden. Der aufgrund des Übersichtsplans von 1630 anzunehmende direkte Anschluß des Podiums und des Schlößchens an die rückwärtige Umfassungsmauer war dank bescheidener Backsteintrümmer genau zu lokalisieren. Der Befund hat gezeigt, daß Danreiters Stich in der Wiedergabe des Mauerverlaufs sehr präzise ist. Vermutlich vorhandene Konglomeratquader der seitlichen Podiumsstützmauer konnten nicht gefunden werden, sie dürften nach dem Abriß des Gebäudes als Baumaterial gedient haben. An der Umfassungsmauer waren die Laibungen zweier Fenster und einer Tür noch schwach sichtbar. In den Laibungen und auf der Innenseite der Mauer wurden Reste eines Marmorinoputzes gefunden, der beispielsweise auch im Erdgeschoß des Hauptschlosses vorkommt.[386] Somit handelt es sich bei diesem Teilstück der Umfassungsmauer tatsächlich um die ehemalige Nordostwand des Untergeschosses, in dem sich die Küche, der Keller und andere kleine Räume befanden. Die Fenster- und Türöffnungen wurden nach Abbruch des Gebäudes zugemauert; wie die beiden Ansichten aus dem 17. und 18. Jahrhundert zeigen, erhob sich darüber der Piano nobile mit dem kleinen Saal und der fürstlichen Schlafkammer, von wo aus man die

83 Hellbrunn, Belvedere (um 1616); Detailansicht der Umfassungsmauer von Westen.

oft zitierte Aussicht ohne Zweifel vortrefflich genießen konnte.

An der Außenseite der Umfassungsmauer sind die Fenster wesentlich deutlicher zu sehen, da sie hier nicht durch einen Verputz überdeckt wurden und die Rahmungen aus Konglomerat noch weitgehend intakt geblieben sind (Abb. 83). Ob es sich bei der hochrechteckigen zugemauerten Öffnung in der Mitte um eine Tür oder um ein Fenster gehandelt hat, kann nicht mit letzter Sicherheit gesagt werden. Die Einfassungen der beiderseits angebrachten quadratischen Fenster entsprechen genau denjenigen des Erdgeschosses beim Monatsschlößchen.[387] Der Befund beweist, daß der Plan von 1630 die Zahl der rückseitigen Fensterachsen zumindest im untersten Stockwerk nicht korrekt wiedergibt.

Obwohl hier im Laufe des 19. Jahrhunderts alles abgetragen wurde, gibt es heute an einer ganz anderen Stelle noch einen letzten lebendigen Rest dieser Anlage: In der Orangerie, versteckt in einer Ecke hinter der Eingangstür, ist ein kleiner Brunnen eingerichtet. Die steinerne Maske, aus der das Wasser fließt, gleicht dem Kopf eines löwenähnlichen Mischwesens und befand sich ursprünglich in der Nische unterhalb der zentralen Treppe des Belvederes, was sich mit Hilfe des Stiches von Danreiter eindeutig feststellen läßt (Abb. 82, 84).

84 Hellbrunn, Orangerie (18./19. Jh.); Ansicht der früher vor dem Belvedere befindlichen Brunnenmaske.

Geht man vom Standort des Belvederes an der Außenseite der Umfassungsmauer entlang ein Stück weit Richtung Norden, so kann man an zwei Stellen einzelne Architekturteile (Postament und Fragment einer Balustrade) entdecken, welche als Füllmaterial verwendet wurden und aufgrund ihrer Lage wohl ebenfalls von dem kleinen Lustschloß stammen dürften.

Hinsichtlich der Vorbildfrage hat die bisherige Hellbrunn-Forschung den zierlichen kleinen Palast stets ausgeklammert. Obwohl die Übereinstimmungen im Gegensatz zu den früher besprochenen Beispielen weniger eklatant sind, soll dennoch ein Blatt aus dem siebten Buch des Serlio-Traktats als mögliche Inspirationsquelle zur Diskussion gestellt werden (Abb. 85). Der Entwurf zeigt ein Gebäude mit kreuzförmigem Grundriß und einem erhöhten quadratischen Mittelteil, der einen einzigen großen Saal beherbergt. Die vier Flügelbauten, die ein gewalmtes Satteldach tragen, weisen an ihrer Längsfront jeweils zwei Fenster mit geradem profiliertem Gesims und Sturz auf, darüber verlaufen die charakteristischen doppelten Steinbänder. Der zentrale Baukubus wird jeweils durch ein rechteckiges Fenster im Piano nobile und ein quadratisches im Obergeschoß gegliedert. Erwähnenswert sind außerdem die Treppen an Vorder- und Rückfront sowie die rechtwinklig angeordneten zu beiden Seiten der Flügeltrakte. Es macht den Anschein, als habe dieser Entwurf in einer abgewandelten, reduzierten Form als Grundlage für den Bau des Belvederes gedient, wobei auf den vierten Flügeltrakt zugunsten einer durchgehenden Fassade verzichtet, der ästhetischen Wirkung der Treppen mehr Gewicht beigemessen und dem Ganzen schließlich durch die Verwendung von

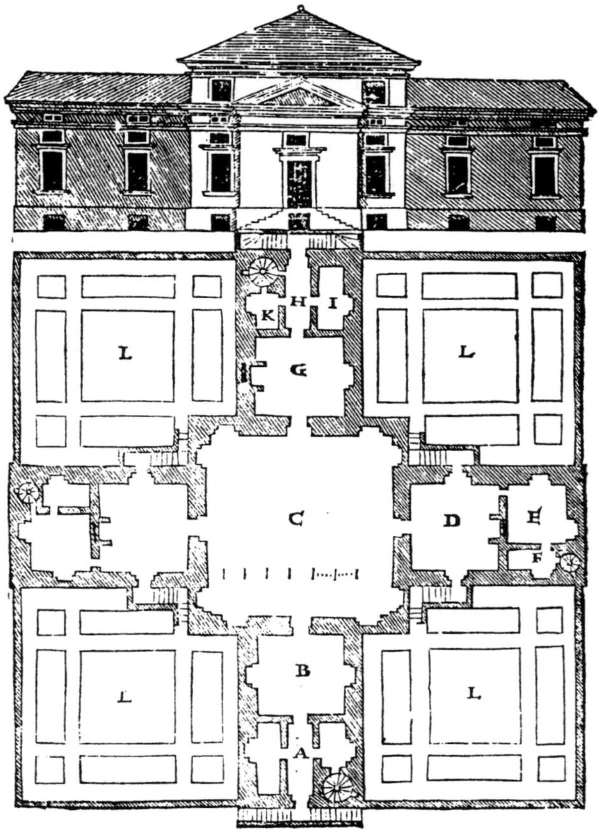

85 Entwurf für ein kreuzförmiges Gebäude mit Ansicht und Grundriß. Holzschnitt aus Sebastiano Serlio, „Tutte l'opere d'Architettura" (1619), Buch 7.

Pilastern und anderen Schmuckmotiven eine heitere Note verliehen wurde. Außerdem ist es Solari mit dieser Lösung gelungen, den zierlichen Bau geschickt in die Umfassungsmauer zu integrieren und damit bei dessen Errichtung nicht nur kostbare Zeit, sondern auch finanzielle Mittel zu sparen.

7.3. Steintheater

An der Nordostseite des Waldemsberges gelangt man, vom Monatsschlößchen herkommend, durch einen Buchenwald zum sogenannten Steintheater (Abb. 86). Gerade diese erstaunliche, einzigartig in die umgebende Natur eingebettete Anlage, die Johann Bernhard Fischer von Erlach in seinen „Entwurf einer historischen Architektur" aufnahm, wurde bis in die jüngste Zeit – entgegen ihrer Bedeutung – nur in ungenügendem Maße gewürdigt.[388] Noch immer herrscht Unklarheit darüber, wann die „älteste Freilichtbühne nördlich der Alpen" vollendet wurde, wie man sich ihre technische Ausstattung vorzustellen hat, welche Gattungen von Singspielen hier zur Aufführung gelangten und schließlich, auf welche kulturellen Einflüsse diese ausgefallene Schöpfung zurückgeht.[389] Diesen Fragen soll im folgenden nachgegangen werden.

Offenbar hat man den Waldemsberg an dieser Stelle als Steinbruch für den Schloßbau benützt, wodurch sich durch günstige Einschnitte die Gelegenheit bot, die so entstandene Höhlung noch weiter in einen riesigen, künstlichen apsidialen Raum zu verwandeln.[390] Im Hintergrund der mächtigen Bergnische wurde ein kleines Felsmassiv mit verschiedenen Öffnungen und drei Eingängen geschaffen. Die überhängende Steinwand hat man links durch eine feste Stützmauer gesichert, zur Rechten wurde sie senkrecht abgeschnitten. Die Bühne selbst ist um einen Meter über dem geräumigen, unter freiem Himmel liegenden Vorplatz erhöht. Hinter der halbkreisförmigen, aus dem Felsen gehauenen Szenerie läuft ein Umgang, der sich im unteren Teil zu einer rechteckigen Höhle von beachtlicher Größe erweitert. Ein Gang führt aus diesem unterirdischen System heraus auf einen

86 Hellbrunn, Steintheater; Ansicht der Felsenbühne. Kupferstich aus Franz Anton Danreiter „Salzburger Prospecte" (um 1735).

großen, allseits von hohen abgemeißelten Felswänden umschlossenen Platz, in den vom westlich darüberliegenden Bergrücken her eine steinerne Zugangsstiege einmündet.

In der als Bühnenraum dienenden großen Nische sind mehrere eingemeißelte Löcher zu erkennen. Auch auf der rechten Seite, in einer Einbuchtung des Felsens, sind solche künstlichen Vertiefungen auszumachen. Gegenüber dem Steintheater, das seit einigen Jahren im Sommer wieder für die verschiedensten Inszenierungen revitalisiert wurde, schließt ein großer natürlicher Felsenbogen den kühlen, schattigen Platz ab.

Wer die glänzende Idee hatte, die monumentale Bergnische als Rahmen für eine Theaterbühne zu nutzen, konnte mangels Bauakten nicht geklärt werden. Es kommen aber nach Ansicht aller Autoren, die sich zu diesem Punkt geäußert haben, nur der Bauherr selbst oder dessen Architekt Solari in Frage. Auch über die näheren Umstände, die zum Entschluß geführt haben, hier überhaupt eine Felsenbühne zu errichten, herrscht noch Unklarheit. Die Vermutung, daß es sich bei dem Ganzen lediglich um eine momentane Laune des Erzbischofs gehandelt habe, ist wenig wahrscheinlich.

Man hat das Steintheater einerseits mit den spanischen Dramen Calderons und religiösen Motiven, wie dem in Stein gehauenen Grabe

Christi, in Beziehung gesetzt[391], andererseits wurde eine Abhängigkeit vom venezianischen Theater sowie den damit im Zusammenhang stehenden Bauten Palladios und Scamozzis postuliert.[392] Diese Ansätze erwiesen sich jedoch als allzu hypothetisch und unbefriedigend. Es hat sich vielmehr gezeigt, daß für diese außergewöhnliche Schöpfung kein direktes architektonisches Vorbild existiert; andere Inspirationsquellen, nämlich die in Italien im Cinquecento wiederbelebte theoretische Auseinandersetzung der Kunst mit der Natur, die bereits im Bereich der Grottengestaltung ihren Niederschlag gefunden hatte, sowie die zeitgenössische italienische Bühnendekoration dürften eine entscheidendere Rolle gespielt haben.

Gerade die Singularität des Steintheaters hat jede bisherige Analyse der Vorbildfrage erschwert.

Dem humanistisch gebildeten Markus Sittikus müssen Ovids Bemerkungen über die Geschicklichkeit der Natur, „Kunst zu imitieren" (Metamorphosen, 3.157–62), gut bekannt gewesen sein, denn die als Bühne dienende Felsenhöhle erscheint noch in stärkerem Maße als die verschiedenen Brunnen und Grotten im Garten geeignet für die manieristische Naturbewunderung, wobei dem Naturwerk künstlerischer Reiz abgewonnen wird.[393] Dieser Hauptgedanke widerspiegelt sich auch noch im 18. Jahrhundert in der Beschreibung des Steintheaters durch Fischer von Erlach.[394] Daß außerdem der Topos von der Natur als Theaterraum für die Kunst in der Zeit um 1600 ein in Italien allgemein verbreiteter war[395], läßt sich schließlich aus einer ganz anderen Quelle ableiten, nämlich aus einer Beschreibung des in Planung und Bau befindlichen Sacro Monte in Arona, der noch zu besprechen sein wird, durch Marco Aurelio Grattarola im Jahre 1615: *„D'alto Monte vederte il largo dorso divennuto teatro a mostrar gl'atti espressi in molti tempii del vostro Carlo."*[396]

Da ähnlich wie in der Gartenarchitektur Florenz im letzten Viertel des Cinquecento für das Theatergeschehen Italiens das innovative Zentrum war, scheint es sinnvoll, hier nach Formen der Bühnengestaltung zu suchen, welche für die Ausstattung des Hellbrunner Steintheaters relevant gewesen sein könnten. Das Studium der zwischen 1586 und 1608 am Florentiner Hof aufgeführten Intermezzi im Rahmen der dort inszenierten Schauspiele hat ergeben, daß das Berg-, Felsen-, Grotten- und Höhlenmotiv bei den dazu benützten Bühnenszenerien sehr häufig zur Anwendung kam.[397] Man findet es in drei von insgesamt sechs Intermezzi der 1586 zur Eröffnung des Uffizientheaters veranstalteten Aufführungen.[398] Ebensooft begegnet man ihm im Zusammenhang mit dem 1608 von Giulio Parigi inszenierten Singspiel „Il Giudizio di Paride", und es ließen sich noch weitere Beispiele aufzählen.[399] Gerade hier wird deutlich, daß die Theaterdekoration des 16. und 17. Jahrhunderts eine im Umfang begrenzte und von gewissen Motiven bestimmte Typendekoration ist. Bereits Vitruv und nach ihm in leicht abgeänderter Form Serlio verlangen für die „scena satyrica" eine mehr oder weniger genau definierte Dekorationsart, bestehend aus Bäumen, Felsen und anderen Elementen der Natur, was die entsprechende Illustration im zweiten Buch des Serlio-Traktats veranschaulicht (Abb. 87).[400] Ausgehend von dieser renaissancezeitlichen Forderung nach einer typologischen Ordnung der Bühnenbilder findet sich auch noch wesentlich später in den in neun Kategorien eingeteilten Dekorationsentwürfen von Johann Oswald Harms (1643–1708) das Motiv von Ruinen und Höhlen.[401] Schließlich bildeten die Grotte und mit ihr verwandte Szenerien auch für die im späten 16. Jahrhundert sich rasch verbreitende und so beliebte Bühnengattung der Pastorale ein wesentliches Dekorationselement.[402] Es zeigt sich also, daß eine aus mindestens zwei Quellen genährte Motivation zur Gestaltung des Steintheaters bestanden hat: zum einen das für den Manierismus geradezu typische und von der Vorstellung des gegenseitigen Durchdringens von Kunst und Natur getragene Verlangen, hier eine neue, noch nie gesehene Bizarrerie zu schaffen, und zum anderen ein häufig auftretendes Bühnenbild – vielleicht sogar Serlios Entwurf für die „scena satyrica" im zweiten Buch seines Traktats „Tutte l'opere" – gleichsam in letzter Konsequenz in natura auszuformen.

Daß speziell Werke der Unterhaltungsform „Pastorale“ in Hellbrunn inszeniert wurden, ist nicht zuletzt aufgrund der Beschreibungen Stainhausers gesichert.[403] Lange herrschte indes die Meinung vor, auf dieser Felsenbühne seien daneben auch Komödien, Märtyrerdramen und die ersten Opern aufgeführt worden.[404] Besonders die jüngere Forschung macht in diesem Punkt Zweifel geltend, wobei die Ansicht vertreten wird, daß für die letzteren und andere ähnlich prunkhaft inszenierte Schauspiele nur das heute nicht mehr lokalisierbare Residenztheater eingerichtet gewesen sei[405], welches Markus Sittikus bereits im Januar 1614 mit einer *„überaus statlichen und khunstreichen Hof Tragicomoedia in italienischer Sprach“* eröffnet hatte.[406] Die Frage, welche Art von Aufführungen das Steintheater nun tatsächlich erlebt hat, ist vorläufig nur hypothetisch zu beantworten. Sie ist jedoch von erheblichem Interesse, wie die bisherige Auseinandersetzung mit dem Thama gezeigt hat; nicht zuletzt auch deshalb, weil die Bedeutung der Bühne auf dem Waldemsberg im Falle einer gesicherten Opernaufführung noch vergrößert und ihr Stellenwert dadurch erhöht würde.[407]

Obwohl Stainhauser in seinen Relationen über die Regierungsjahre des Hohenemser Erzbischofs auch auf das Theatergeschehen und die höfischen Feste in Salzburg eingeht, sind seine Aufzeichnungen hierzu meist spärlich. Leider hat es der Chronist in vielen Fällen unterlassen, den Ort und den Ablauf der jeweiligen Aufführungen oder andere wissenswerte Einzelheiten wie die technische Ausrüstung der betreffenden Bühnen festzuhalten. Nur selten weichen seine eher stereotypen Bemerkungen detaillierten Schilderungen, diese sind dann allerdings sehr hilfreich.

Die unter Markus Sittikus entfaltete Theatertätigkeit und Festkultur präsentiert sich überraschend mannigfaltig und umfaßte außer der Pastorale, Oper und der gerade in Mode gekommenen Tragikomödie mit ihren Intermezzi auch das von den Benediktinern geförderte Schultheater sowie theatralisch aufgezogene

87 Entwurf für die „Scena satirica“. Holzschnitt aus Sebastiano Serlio, „Tutte l'opere d'Architettura“ (1619), Buch 2.

Fastenpredigten und Karfreitagsprozessionen.[408] Diese Unterhaltungsformen orientierten sich wohl zur Gänze an italienischen Vorbildern, was sich durch die in der Gefolgschaft des Erzbischofs befindlichen „welschen“ Künstler erklären läßt und durch Stainhausers Aufzeichnungen mehrfach bestätigt wird.[409] Daneben dürften die prachtvoll gestalteten Einritte bei Fürstenbesuchen[410] und die Fastnachtsumzüge mit den dazugehörigen Turnieren von den Festivitäten am Florentiner Hof der Medici und von Carlo Borromeos Wirken in Mailand beeinflußt gewesen sein.[411]

Die in den Relationen Stainhausers gemachten Angaben scheinen trotz ihrer Ungenauigkeit darauf hinzudeuten, daß die mit viel Aufwand inszenierten Hoftragikomödien, die Opern sowie die geistlichen Singspiele tatsächlich ausschließlich im witterungsunabhängigen und mit der damals modernsten Technik versehenen Theater in der Residenz aufgeführt wurden, während man die Hellbrunner Felsenbühne in den Sommermonaten für pastorale Darbietungen bevorzugte.[412] Sowohl die erste schriftliche Erwähnung des Steintheaters durch den Chronisten im Zusammenhang mit dem Fürstenbesuch aus Teschen am 2. Dezember 1616[413], die vermuten läßt, daß die Freilichtbühne spätestens in jenem Jahr vollendet und bespielbar war, als auch der entsprechende Abschnitt in dessen Beschreibung Hellbrunns von 1619 scheinen diese These zu stützen.[414]

Möglicherweise geht die Annahme, im Steintheater hätten keine Opernaufführungen und ähnliche Schauspiele großen Stils stattgefunden, auf Stainhausers konsequente Nennung der Bühnenform „Pastoral" zurück. Dabei ist zu bedenken, daß der Begriff „Oper" im Sprachgebrauch des späten 16. und frühen 17. Jahrhunderts noch nicht existierte.[415] Ob der Chronist außerdem in jedem Fall in der Lage war, eine „Allegorieoper" von einer „Pastoraloper" und der sich davon ableitenden „Intrigenpastorale" zu unterscheiden, erscheint zumindest fraglich. Er dürfte sich der Einfachheit halber eines Überbegriffs bedient haben. Schließlich scheint auch die Innengestaltung der unweit des Schloßgebäudes gelegenen Orpheusgrotte auf das damalige Theatergeschehen unter Markus Sittikus Bezug zu nehmen. Dies könnte dahingehend interpretiert werden, daß die für das Residenztheater mehrfach belegte Oper „Orfeo" vielleicht auch in Hellbrunn zur Aufführung gelangte.[416]

Verschiedentlich wurde der Versuch unternommen, die ursprüngliche, heute allerdings verlorene Ausstattung und Bühnenmaschinerie des Steintheaters zu rekonstruieren. Stainhauser macht in dieser Hinsicht nur vage Andeutungen, wenn er schreibt: *„(. . .) das in den Fölsen ausgehauene und artlich accomodierte schön und große Theatrum, welches mit sondern Fleiß und Kunst also durchbrochen und zu Agierung der Pastoralen zugerichtet, daß die Personen überall aus den Fölsen artlich herfürkomen, darob sich die Auditores und Zuhörer nit wenig verwundern (. . .)".*[417] Diese eher banale Schilderung darf aber immerhin als konkreter Hinweis dafür gewertet werden, daß die Zuschauer den Auftritt der Schauspieler aus der mit zahlreichen Öffnungen und Zugängen ausgestatteten Felsenszenerie sehen konnten, und daß dieser *„mit sondern Fleiß und Kunst"* geschaffene Hintergrund als natürlich aussehendes Bühnenbild selbst Verwendung fand, was beim Publikum offenbar einiges Erstaunen auslöste. Trotzdem wurde gerade dieser vom Chronisten recht eindeutig beschriebene Sachverhalt angezweifelt und wiederholt die Ansicht geäußert, daß „man (. . .) hier nun keineswegs mit Benutzung der Felswände als Bühnendekoration" gespielt habe, weil dies allen Barockauffassungen widersprochen hätte; im Gegenteil – so wird von einigen Autoren argumentiert – würden die eingemeißelten Tramlöcher zeigen, daß man bemalte Dekorationen vor den Felswänden aufgestellt habe, um der ausgehöhlten Bergnische eine Art Saaltheater abzuringen.[418] Außerdem wird die Vermutung geäußert, daß man über der naturgegebenen Bühne ein Bretterpodium errichtet habe, welches mit einer „Telari"-Verwandlungsvorrichtung versehen gewesen sei.[419] Schließlich wird aufgrund der besonderen klimatischen Verhältnisse das Vorhandensein eines vor die Felsenbühne geschobenen, saalartigen und überdachten Zuschauerraums für die verwöhnten Gäste des Erzbischofs angenommen.[420] Ein solcher Bau hätte auf den Seiten, hinten und oben durch Vorhänge und Tapisserien abgeschlossen werden können und daher über eine künstliche Beleuchtung in seinem Inneren wie auch auf der Spielbühne verfügen müssen.

Während die zahlreichen, in den Felsen getriebenen quadratischen Löcher sowie die Glättung der seitlichen Wände für die Existenz eines Bühnenapparates sprechen, der sich allerdings nur vage rekonstruieren läßt, scheint es nach den schriftlichen Quellen des 17. Jahrhunderts ein Saaltheater auf dem Hellbrunner Waldemsberg in der eben beschriebenen Form nie gegeben zu haben.[421]

Zur Frage nach dem technischen Inventar der Bühnen zur Zeit von Markus Sittikus lassen Stainhausers Aufzeichnungen zumindest bezüglich des Residenztheaters etwas präzisere Schlüsse zu. Formulierungen wie *„mit köstlichem Apparat"* und *„khünstlich"* oder *„artlich verkhertem theatro"*[422] weisen darauf hin, daß wenigstens dort mit an Sicherheit grenzender Wahrscheinlichkeit die um 1600 auch noch in Italien verbreiteten Telari-Drehprismen verwendet wurden.[423]

Von besonderem Interesse ist seine Schilderung der Aufführung einer wegen ihres großen Erfolges oft wiederholten *„Repraesentation der heyligen Christina“* vom 27. April 1616. Nachdem er vier Szenenbilder unter *„Verkherung der theatri“* beschreibt, geht Stainhauser ausführlich auf den Höhepunkt des Stücks ein, der eine raffinierte Bühnenmaschinerie voraussetzt: *„Es wurde über dis alles belobt Christus der Herr, so in einem Gewülkh erschinen, S. Christina getrößt: wie gleichfals ein von dem Himel herabsteigender Engel, welcher die heylige Martererin mit himblischer Speis und Trankh gesterckht, und dan ein anderer in den Lüfften erschinen Engel (...). Ist über die massen der Composition halber des Italienischen Concepts heerlich, schön und lebhafft gewesen, auch trefflich wol abgangen.“*[424] Der theaterbegeisterte Markus Sittikus dürfte somit die Bühne in der Residenz nach dem modernsten Stand der in Italien verwendeten Technik ausgestattet haben. Die Aufzeichnung Stainhausers läßt jedenfalls den Schluß zu, daß besondere Himmelsdekorationen und Maschinen für Spezialeffekte benützt worden sind.

Wie eingangs erwähnt, kann von einer starken Orientierung an Florenz und an die Leistungen des dort ausschließlich für die Medici tätigen Bernardo Buontalenti ausgegangen werden. Dieser „uomo universale“, der als der bedeutendste Szenenkünstler des Manierismus gilt, eroberte dem Schauspiel nicht nur mehr Bühnentiefe, sondern dynamisierte es auch.[425] Buontalenti und nach ihm Giulio Parigi bewiesen mehrfach, daß sie mit ihrem vor der Erfindung der Kulissenbühne gebräuchlichen Übergangssystem, einer Kombination aus Drehprismen und einschiebbaren Winkelrahmen, in der Lage waren, nicht nur sehr schnelle, sondern auch verblüffende Szenenwechsel zu bewältigen.[426]

So wurde für das 1589 von Buontalenti inszenierte Singspiel „La Pellegrina“ ein Teil der Häuserdekoration mit echten Türen versehen, um den Darstellern das Hervortreten zu ermöglichen. Im weiteren Verlauf der Aufführung versetzte man das Publikum dadurch in Erstaunen, daß aus den aufgesetzten Kaminen der Häuser Rauch aufstieg und sich als süßer Duft im ganzen Saal verbreitete, was in den anschließend dazu publizierten Kommentaren entsprechend hervorgehoben und gelobt wurde.[427] Dieses Beispiel illustriert den Geschmack des damaligen anspruchsvollen Theaterbesuchers recht gut, dessen unstillbarer Hunger nach immer neuen Überraschungen und Sensationen durch ständig raffinierter werdende Spezialeffekte befriedigt werden mußte. Vor diesem Hintergrund wird der zeitgemäße Wunsch von Markus Sittikus nur allzu verständlich, nicht nur in der Residenz ein Theater zu besitzen, das der Forderung nach einer möglichst realistischen Bühnenwirkung gerecht werden konnte, sondern ebenso in Hellbrunn, wo er regelmäßig hochrangige Gäste hinzuführen und zu beeindrucken pflegte. Das Steintheater bot neben einer hervorragenden Akustik auch die Voraussetzung für die Aufnahme eines kleinen Chors in seinem Unterbau.[428] Vor allem aber war hier der oben besprochene Bühnenbildtypus des polyvalent einsetzbaren Berg- und Höhlenmotivs gleichsam „fest“ integriert, was jedoch eine allfällige Verwendung anderer Dekorationsmittel nicht ausschloß. Alle in den Relationen Stainhausers dokumentierten Sing- und Schauspiele hätten für eine Felsendekoration wie derjenigen im Steintheater Verwendung gefunden.[429] Wurde eine andere Szenerie benötigt, so wäre man ohne Zweifel in der Lage gewesen, sich eines großen Prospekts oder mehrerer, mit bemalter Leinwand versehener Winkelrahmen zu bedienen, welche an den Seiten einfach vor den felsigen Hintergrund hätten geschoben werden können, möglicherweise kombiniert mit den um 1610 noch immer weit verbreiteten Drehprismen. Als Schöpfer solcher gemalter Bühnenbilder käme in erster Linie Donato Mascagni in Frage, erinnern doch Teile seines im Hellbrunner Festsaal geschaffenen Wand- und Deckenschmucks an Theaterszenerien.[430]

Diese Überlegungen zum Steintheater zeigen, wie wenig im Verhältnis zu seiner Komplexität erforscht, geschweige denn beweisbar ist. Wenigstens konnte die wahrscheinliche Motivation zur Schaffung und Gestaltung der Hellbrunner Felsenbühne herauskristallisiert werden. Sie läßt sich durch die Auseinandersetzung mit der zeitgenössischen Kunsttheorie einerseits und mit einer möglichst realistischen Umsetzung eines bestimmten, typologisch definierten Dekorationsmotivs bzw. einer Hintergrundszenerie andererseits erklären. Die Frage indes, ob hier neben Pastoralen auch Opern und dieser verwandte Darbietungen aufgeführt wurden, muß unter Abwägung der momentan verfügbaren Quellen und der daraus resultierenden Argumente vorläufig noch offen bleiben.

Für das ganze 17. Jahrhundert ist nur eine einzige Operninszenierung für das Steintheater – bezeichnenderweise ein „Orpheus" – gesichert; die detaillierte Beschreibung durch Domenico Gisberti aus dem Jahre 1670 deutet darauf hin, daß die Felsenbühne jeweils nur in den Sommermonaten und stets nur unter freiem Himmel bespielt wurde.[431] Ein umfangreicher Apparat mit Periakten ist für das Steintheater zwar nicht eindeutig nachweisbar, dennoch aber anzunehmen. Es fällt schwer, sich vorzustellen, daß Markus Sittikus und seine verwöhnten Gäste bei Veranstaltungen in Hellbrunn völlig auf den Komfort und die technischen Raffinessen des Residenztheaters hätten verzichten wollen.

Auch die während seiner mehrmonatigen Bildungsreise nach Italien 1615–1616 niedergeschriebenen Notizen Jakob Hannibals II. lassen den Schluß zu, daß dieser seinem Onkel in Salzburg von den neuesten Entwicklungen in der Bühnentechnik berichtete. Das von Palladio 1579 begonnene und von Scamozzi fünf Jahre später vollendete Teatro Olimpico in Vicenza beispielsweise beurteilte der vom Erzbischof protegierte Neffe bezüglich der geforderten Szenenwechsel als unbefriedigend.[432]

Das Steintheater stellt eine der wichtigsten Leistungen Solaris in Hellbrunn dar. Neben seiner Bedeutung für die Entwicklung der Freilichtbühne und seiner einzigartigen Stellung innerhalb der Theatergeschichte bringt es den für den Manierismus so charakteristischen Topos von der Natur als Kunstwerk auf einzigartige Weise zum Ausdruck.

Auch nach 1619 und während des Dreißigjährigen Krieges wurden die meisten von Markus Sittikus initiierten kulturellen Aktivitäten von seinem Nachfolger Erzbischof Paris Lodron weitergeführt. Das vom Hohenemser in Salzburg begründete benediktinische Schultheater gewann nun größere Bedeutung und erhielt in der neuen Universität seinen Hauptspielplatz.[433]

Daneben benützte Paris Lodron aber weiterhin das Residenz- und mit Vorliebe auch das Steintheater.[434] Nach seinem Tode am 15. Dezember 1653 wurde die umfassende Förderung der Schauspielkunst allerdings mehr und mehr vernachlässigt.

8. Der kontemplative Bereich

Mit dem ursprünglich am südöstlichen Rand der Anlage gelegenen kontemplativen Bezirk, der bis ins 18. Jahrhundert zahlreiche Kapellen, Eremitorien und einen Kreuzweg umfaßte, hat sich die bisherige Hellbrunn-Forschung nur sehr oberflächlich auseinandergesetzt.[435] Dies hängt zweifellos damit zusammen, daß sich von den vielen kleinen Bauten praktisch nichts erhalten hat.

Auf dem bereits oben erwähnten anonymen Plan von 1630, der als erstes Bilddokument den ganzen Komplex in schräger Aufsicht wiedergibt, ist auch dieser Bereich detailliert eingezeichnet (Abb. 81). Außerdem fällt bei der Lektüre von Stainhausers 1619 verfaßter Beschreibung auf, daß er keinem anderen Teil der Anlage soviel Aufmerksamkeit schenkt wie dem hier zur Diskussion stehenden. Aufgrund eines erhalten gebliebenen Briefes des maßgeblich für die Planung des Sacro Monte in Arona verantwortlichen Marco Aurelio Grattarola an Markus Sittikus aus dem Jahre 1614 ist von einer Abhängigkeit dieses innerhalb des Schloßparks selbständigen Bereichs von den norditalienischen Sacri Monti auszugehen.

Nach einem kurz skizzierten Überblick über diese regional begrenzte Sonderform der Kreuzwegandacht scheint es lohnend, eine kirchen- und kunsthistorische Analyse des seit dem 19. Jahrhundert fast vollständig verlorenen Bezirks der Hellbrunner Parkanlage zu wagen.

8.1. Die norditalienischen Sacri Monti

Der älteste Sacro Monte befindet sich in Varallo und wurde vom Franziskanerpater Bernardo Caimi um das Jahr 1486 gegründet.[436] Caimi, der 1477 als Interimsverweser des Heiligen Berges von Zion nach Jerusalem entsandt worden war, faßte nach seiner Rückkehr in die italienische Heimat den Entschluß, gewissermaßen eine Reproduktion der Stätten des Heiligen Landes in einer Reihe von Stationskapellen aus der Erkenntnis heraus zu errichten, daß es für die Bewohner des Abendlandes immer schwieriger wurde, den Kalvarienberg in Jerusalem zu besuchen. Der Baubeginn dürfte bald darauf erfolgt sein, denn bereits 1491 fand die Einweihung der Kapelle des Heiligen Grabes in Varallo statt. Ein tiefgreifender Planungswechsel hat sich während der sechziger Jahre des Cinquecento vollzogen, als im Mailänder Giacomo d'Adda dem Sacro Monte ein Mäzen erwuchs, der die Anlage in wesentlich reicherem Maße ausstatten und das ursprüngliche Programm der Kapellen erweitern wollte.

Für dieses neue Projekt, das im zwischen 1565 und 1569 entstandenen „libro dei misteri“, einer umfangreichen Plansammlung detaillierter Bauentwürfe für den Sacro Monte von Varallo überliefert ist, war einer der bedeutendsten zeitgenössischen Architekten, Galeazzo Alessi (1512–1572) aus Perugia, verantwortlich. Auswirkungen hatte der „libro dei misteri“ nicht nur auf die Anordnung der Kapellen, sondern auch auf deren architektonische Gestalt. Wohl auf die absolute Schlichtheit der sehr einfachen, eher als Hütten zu bezeichnenden Bauten der ersten Bauphase Bezug nehmend, liefert Alessi neben aufwendigeren Beispielen ebenfalls Entwürfe für schlichte Gebäude, die weitgehend auf architektonischen Schmuck und Gliederung verzichten, denen man aber dennoch den Formwillen eines großen Architekten ansieht (Abb. 88). Oft reduziert er seine vorgeschlagenen Bauten auf einfachste stereometrische Formen und entwickelt dabei eine erstaunliche Originalität. Der „libro dei misteri“ erinnert in seinem Aufbau stark an den Traktat von Serlio, denn er bietet für jeden Kapellenentwurf nicht nur Grund- und Aufriß, sondern auch Vorschläge für dessen Innenausstattung mit Figuren, für Fenster und Türen, wobei er häufig durch einen erläuternden Begleittext ergänzt wird.[437]

88 Entwurf für eine Stationskapelle, Ansicht der Eingangsfront. Kupferstich aus Galeazzo Alessi, „Libro dei misteri" (1565–69).

Bereits Caimi scheint die Idee gehabt zu haben, im Innern der Stationskapellen lebensgroße, der unmittelbaren Nachvollziehbarkeit der Leiden Christi dienende Figuren aufzustellen.[438] Diese bestanden anfänglich aus Holz, wurden aber im Laufe des 16. und 17. Jahrhunderts entweder durch solche aus Terrakotta und Stuck ergänzt oder von diesen abgelöst.[439] Zusammen mit den ebenfalls im Innern der kleinen Bauten angebrachten Fresken hatte diese Ausstattung den Zweck, den Pilgern durch die Wirkung des teilweise krassen Realismus der Figuren zu beinahe authentischem Erleben der dargestellten Szenen bei ihrer privaten Meditation zu verhelfen. Diese Intensivierung der privaten Andacht war es denn auch, die während der beiden Besuche des Sacro Monte in Varallo von Carlo Borromeo 1578 und 1584 die zentrale Rolle spielte.[440] Der Mailänder Bischof schlief dort in einer kleinen Zelle, ernährte sich von Wasser und Brot, unterzog sich strengen Exerzitien und verbrachte viele Stunden im Gebet in den Kapellen. Kurz nach seinem zweiten Aufenthalt in Varallo starb er, und bald darauf kursierte die Legende, ihm sei bei seinem letzten Gebet am Sacro Monte der nahe Tod vorhergesagt worden.

Im 15. und 16. Jahrhundert beginnt man an verschiedenen anderen Orten Kreuzwege anzulegen. Parallel dazu erscheinen die sogenannten Kreuzwegbücher, in denen die Leiden Christi beschrieben werden.[441]

Mit Hilfe der in diesen Schriften aufgeführten genauen Zahlenangaben der Entfernungsmaße zwischen den einzelnen Stationen soll die Errichtung von Kreuzwegen erleichtert werden. Ein solches Werk, das von dem niederländischen Priester Christian Adrian Druys, genannt Adrichominus, 1590 in Köln herausgegebene „Theatrum terrae sanctae", wird in mehrere Sprachen übersetzt und übt in der Folge großen Einfluß auf die weitere Entwicklung der Kreuzweganlagen in Europa aus.[442]

In Italien hat das intensive Interesse Carlo Borromeos am Fortgang der Arbeiten am Sacro Monte von Varallo und seine Förderung desselben die Planung einer ganzen Reihe weiterer Projekte der gleichen Art ausgelöst. So wird bereits in den achtziger Jahren des Cinquecento der Bau eines Sacro Monte oberhalb des nahe von Varallo gelegenen Dorfes Orta in Angriff genommen, mit dem das Leben des heiligen Franz von Assisi dargestellt werden soll.[443]

1589 wird ein vierzig Kapellen umfassender Plan für den Sacro Monte von Crea bei Casale Minferrato entworfen, von dem allerdings nur ein geringer Teil zur Vollendung gelangt. Als Thema wählt man in den ersten Kapellen Szenen aus dem Leben des heiligen Eusebius, in den späteren solche aus der Vita Christi. Neben einer um 1600 entstandenen, aus siebzehn gruppenartig komponierten Kapellen bestehenden Anlage in Oropa, die der Heiligen Jungfrau geweiht ist, beginnt man kurze Zeit später (1604) auf die Initiative eines Franziskanerpaters mit dem Bau des Sacro Monte von Varese, in dessen Kapellen mittels figürlicher Szenen die Reihe der fünfzehn Rosenkranzgeheimnisse dargestellt ist.[444] Die an den Windungen des zur Hauptkirche Madonna del Monte hinaufführenden Weges gelegenen Kapellen, die trotz ihrer räumlichen Distanz aufeinander Bezug nehmen, verkörpern den architektonischen Höhepunkt in der Entwicklung der Sacri Monti. Wie bei den meisten anderen Projekten ziehen sich allerdings auch hier die Bauarbeiten über mehrere Jahrzehnte hin.

Vier Jahre nach der Heiligsprechung von Carlo Borromeo wird 1614 der Grundstein zur Kapellenanlage des Sacro Monte in Arona gelegt. Die Initiative zu diesem Vorhaben sowie zu dessen Planung gehen mit ziemlicher Sicherheit auf den Mailänder Kanoniker Marco Aurelio Grattarola zurück, der sich weiterhin um die Ausbreitung und Konsolidierung der Verehrung des „novello santo" bemühte.[445] Er dürfte den Vetter des Heiligen, Federico Borromeo, bald und leicht für seine Pläne gewonnen haben, an diesem Ort die Vita San Carlos in einer Kapellenreihe darzustellen, denn am 24. April 1614 erteilt der als Erzbischof in Mailand eingesetzte Federico Borromeo Grattarola die Kollektenerlaubnis.[446] Bereits ein Jahr später wird der Gesamtentwurf im Druck veröffentlicht.[447] Dieser sah auf dem Platz vor dem Eingangstriumphbogen eine Kolossalstatue des Heiligen, einen Weg mit fünfzehn Kapellen, welche die Vita activa San Carlos versinnbildlichen sollten, sowie zuoberst ein Seminar und eine Kirche vor.[448] Es bestanden neben Überlegungen zu Alleen, Besammlungsplätzen, Parkanlagen und Brunnen auch Pläne zur Schaffung einer Einsiedelei auf der kleinen Gipfelpartie des Sacro Monte und zur Errichtung weiterer fünfzehn Kapellen, welche die Vita contamplativa darstellen sollten.[449] Wohl kam es zur Fertigstellung von Kirche, Seminar und Kolossalstatue, die meisten Kapellen blieben jedoch unvollendet. Mit dem Tod Federico Borromeos im Jahre 1631 und der nachher folgenden Verwässerung der strengen, von Mailand ausgegangenen gegenreformatorischen Linie ging ein Großteil der Antriebskraft für die Verwirklichung dieser Pläne verloren.

Obwohl 1616 der Entschluß zur Schaffung einer weiteren Kreuzweganlage in Graglia (Piemont) mit sogar hundert Kapellen gefaßt wurde, war der kirchenpolitische und nicht zuletzt auch architektonische Höhepunkt der norditalienischen Sacri Monti bereits überschritten.[450]

8.2. Der Hellbrunner Kreuzweg mit den Kapellen und Eremitorien

Wohl schon Ende des Jahres 1616 muß der Kreuzweg von Hellbrunn mit all seinen Bauten vollendet gewesen sein, wie aus Stainhausers Eintragungen zum 2. Dezember im dritten Band der Relationen anläßlich eines Fürstenbesuchs aus Teschen hervorgeht: „*(. . .) Von diesem aus haben sie nachmals auch besucht die andächtig schöne neu aufgeführte Clausur zu S. Francisco genant (. . .) neben den anderen zierlichen, doch kleineren Capellen (. . .).*"[451] Anhand der ungewöhnlich ausführlichen Passage in der Hellbrunn-Beschreibung des Chronisten und dem mit ziemlicher Zuverlässigkeit gezeichneten anonymen Plan von 1630 läßt sich der ganz im Südosten gelegene Bereich recht gut rekonstruieren.[452] Wie der entsprechende Ausschnitt dieses Stiches zeigt, war der Kreuzweg eingebunden in einen umzäunten und somit für sich abgeschlossenen Bezirk, an dem ein Bach vorbeifloß, mit „*zierlich zugerichteten Gäng, (. . .) von allerlay Stauden schön gemachten Bögen, (. . .) das er einer lustigen Wildnis und ainsidlischen Orth allerdings gleichet*" (Abb. 81, 90).[453] Bei den eingezeichneten Kapellen handelt es sich durchwegs um stereometrisch sehr einfach gehaltene Bauten, die meisten mit quadratischem oder rundem Grundriß.

Neben ihnen ist jeweils das in ihrem Innern auf dem Altarbild dargestellte Thema angegeben wie „*Ölperg*", „*Judaskus*" etc.

Außer der Hauptkapelle S. Francisco lassen nur wenige der übrigen kleinen Gebäude Fassadenschmuck oder eine architektonische Gliederung vermuten. Einige der Eremitorien sind ebenfalls eingezeichnet mit der Beischrift *„Ainsidl"*. Der Plan bestätigt Stainhausers Aussagen, wonach sich in dem leicht hügeligen Gelände die aufgerichteten Kreuze in den Biegungen der verwinkelten Wege befunden haben; Sitzbänke luden dort zu nachdenklichem Verweilen ein, kleine Bäumchen waren zur weiteren Zierde des Ortes gepflanzt worden.[454]

Nur ein gutes Jahrhundert hatte die Anlage in ihrer Gesamtheit Bestand, deren Besuchern im März 1618 durch Papst Paul V. ein Ablaß gewährt worden war.[455] Bereits 1734 hat man die erste Kapelle abgebrochen, auf einem Übersichtsplan von 1776 sind die kleinen Bauten nicht mehr eingezeichnet.[456] Heute ist in diesem Bereich aufgrund der tiefgreifenden Umgestaltung des Tier- und Vogelgartens die genaue Lage des Kreuzwegs nur noch schwer faßbar. Als einziges Relikt dieses innerhalb des Schloßparks vollkommen selbständigen Bezirks hat sich am Ufer des Alderbachs ein unterhalb eines Felsens künstlich ausgehauener Grottenraum erhalten, in dem laut Stainhauser die Figur eines betenden Einsiedlers zu sehen war.[457]

Am Ausgangspunkt des Kreuzwegs stand die gemauerte Hauptkapelle S. Francisco, deren Altar mit einem Bildnis des Poverello von Assisi geschmückt war.[458] Neben der Kapelle befand sich auf der einen Seite eine Wohnzelle, auf der anderen eine Schlafkammer. In dem kleinen Kirchenbau, der auch mit einem Glockenturm versehen war, wurde des öfteren die Messe gelesen. Im nahegelegenen Bach erhob sich auf einer Insel ein *„Küniglhaus"*. Von der Hauptkapelle aus machte der Besucher sich auf, den teilweise über Treppen begehbaren verwinkelten Weg abzuschreiten. Die aufgestellten Kreuze waren der Passion Christi entsprechend mit den Leidenswerkzeugen und lateinischen Inschriften versehen, die auf die jeweilige Bibelstelle Bezug nahmen. Daneben standen die kleinen Bauten, teilweise versehen mit Malereien, teilweise mit lebensgroßen Figuren.

Beim ersten Kreuz mit dem Kelch befand sich eine Kapelle, deren Altarbild Christus am Ölberg betend zeigte, darauf folgte ein Eremitorium, in dessen Innern die lebensgroße Figur des heiligen Paulus zu sehen war, der andächtig in einer steinernen Höhle saß. Daneben stand eine hölzerne Kapelle, deren Altarbild den Judaskuß darstellte; das unweit davon befindliche Kreuz zeigte die gefesselten Hände. Dann kam man zu einem Kreuz mit den 30 Silberlingen und erreichte über eine kleine Stiege ein gemauertes Eremitorium, in welchem eine Grotte mit der Plastik des lesenden heiligen Bischofs Arnulfus untergebracht war. Der weitere Weg führte abwärts zu einem Kreuz mit Hahn und Judaskopf, daneben befand sich eine gemauerte Kapelle, auf deren Altar man ein Gemälde mit der Abnahme Christi vom Kreuz sehen konnte.[459] Von dort gelangte man zum dritten Eremitorium mit der Figur des betenden heiligen Sebaldus. Hier hatte außerdem ein vom Hof unterhaltener italienischer Einsiedler namens Antonius Quintus seine Wohnung, die mit einer kleinen Stube, Kammer und Küche versehen war. Dabei handelt es sich vermutlich um den auf dem Planausschnitt von 1630 rechts eingezeichneten eingezäunten Bereich (Abb. 81, 90). Nach einer längeren Wegstrecke wieder den Hügel hinauf erreichte man das Kreuz mit dem Haupt Christi, dem die Augen verbunden waren, und zwei Judasköpfen. Weiter aufwärts stand das Kreuz mit dem Rock des Herrn und nach einer Treppe das nächste Eremitorium, in dem ein auf Knien betender Einsiedler mit einem Bären und einem Löwen in die daran angebaute dritte gemauerte Kapelle blickte. Hier befand sich die Darstellung der Geißelung Christi; davor stand das Kreuz mit Geißel und Kette. Über eine höhere Treppe erreichte man die nächste Station mit der vierten gemauerten Kapelle, die mit einem kleinen Vorbau versehen war und auf deren Altarbild man Christus am Kreuz, umringt von Johannes, Maria und Maria Magdalena erblickte. Daneben stand das Kreuz mit den beiden eisernen Handschuhen und der Dornenkrone.

Anschließend stieg man über einige Stufen zu einem Baum hinunter, an dem sich die Geißelsäule mit dem *„Rohr der Crönung"* und einem Windlicht befand.[460] Daneben war das neunte

Kreuz mit Hammer, Schüssel und Zange aufgerichtet. Noch weiter abwärts gelangte man an der Figur eines bei einem Felsen knienden Einsiedlers vorbei zu einer Grotte, in der ein weiterer betender Eremit dargestellt war.

Nachher mußte man zur nächsten Station wieder hinaufsteigen, wo das Kreuz mit dem von Veronika dargereichten Schweißtuch stand. Gegenüber befanden sich das Kreuz mit den drei Würfeln und die fünfte gemauerte Kapelle mit einem hölzernen Vorbau, deren Altarbild die Auferstehung Christi zeigte. Ein gepflasterter, überdeckter Gang führte zu einem Eremitorium, dessen Inneres mit gemalten Landschaften, Wildnissen und mehreren Darstellungen von Einsiedlern dekoriert war.[461]

Von dort konnte man auch auf den vorbeifließenden Bach hinunterblicken. Den Weg wieder absteigend, erreichte man ein am Ufer stehendes Kreuz mit der Leiter, im Wasser stand eine hohe Martersäule aus rotem Marmor. Weitergehend gelangte man zuerst zu einem Kreuz mit Speer und Schwamm, unweit davon zum Kreuz mit den verwundeten Körperteilen Christi. Hier stand die sechste und letzte gemauerte Kapelle, deren Altar den sieben Schmerzen Mariens geweiht war. Im gleich daneben befindlichen letzten Eremitorium war ein am Boden kriechender Einsiedler dargestellt, der durch den entsprechenden lateinischen Begleittext als Johann Gerin identifiziert wurde.

Nach dieser Beschreibung wird deutlich, daß es sich bei dem hier zur Diskussion stehenden Bezirk der Hellbrunner Anlage nicht um den Typus eines Kreuzweges handelt, der in der Zeit um 1600 nördlich der Alpen verbreitet war.[462] Vielmehr ist in der Konzeption und in der architektonischen Ausformung eine starke Anlehnung an die oberitalienischen Sacri Monti spürbar, von denen die meisten erst kurz vor dem Bau des südlich von Salzburg gelegenen Komplexes vollendet worden waren bzw. sich gleichzeitig mit diesem noch in Planung befanden. Dies gilt insbesondere für die Anlagen von Varallo, Varese und Arona, von denen die letztere maßgeblich durch Federico Borromeo gefördert wurde. Es darf als sicher gelten, daß Markus Sittikus den von seinem heiliggesprochenen Oheim kurz vor dessen Tod besuchten Sacro Monte von Varallo kannte.

Ebenso dürfte der Salzburger Erzbischof über die in den ersten zwei Jahrzehnten des 17. Jahrhunderts auf diesem Gebiet entfaltete Planungs- und Bautätigkeit bestens informiert gewesen sein, ist doch ein regelmäßiger Briefwechsel zwischen ihm und Federico Borromeo gesichert.[463] Es gibt mindestens zwei Gründe anzunehmen, daß der zeitgleich mit der Errichtung Hellbrunns ins Leben gerufene Sacro Monte von Arona einen erheblichen Einfluß auf die Gestaltung des am südöstlichen Rand des Schloßparks angelegten Kreuzwegs ausgeübt hat: Erstens zeigt ein auf den 24. November 1614 datierter Brief Marco Aurelio Grattarolas an Markus Sittikus, daß der Hohenemser bezüglich des Projektes von Arona und dessen Baufortschritts auf dem laufenden gehalten wurde.[464] Zweitens war der Gesamtentwurf Grattarolas, wie an früherer Stelle erwähnt, bereits 1615 im Druck erschienen.

Solari, sollte er auch für die Planung dieses Bereichs in Hellbrunn verantwortlich gewesen sein, war mit der Architektur der norditalienischen Sacri Monti höchstwahrscheinlich vertraut, lagen diese Orte doch verhältnismäßig eng beieinander und in nicht allzu großer Entfernung seiner Heimat. Ob Solari auch den „libro dei misteri“ Alessis gekannt hat, ist zwar nicht sicher, liegt aber im Bereich des Möglichen.

Die in Hellbrunn aufgestellten 14 Kreuze mit den Leidenswerkzeugen Christi und lateinischen Begleittexten entsprachen den in Italien weitverbreiteten 14 „Stationen“.[465] Dazu kamen noch eine an einem Baum befindliche Geißelsäule und die im Wasser stehende Martersäule aus rotem Marmor. Auch die Zahl der Kapellen, deren Altarbilder auf die Leiden Christi Bezug nehmen, ist eine für italienische Kreuzwege kanonische: Es sind sieben, wobei sechs davon gemauert waren und eine aus Holz bestand.[466] Da die Hauptkapelle dem heiligen Franz von Assisi geweiht war, darf angenommen werden, daß die Aufsicht über den Hellbrunner Kreuzweg in den Händen der dem

Franziskanerorden zugehörigen Kapuziner lag.[467] Dies ist um so wahrscheinlicher, als auch das wichtige Amt des Hofpredigers unter Markus Sittikus stets von Mitgliedern dieses Ordens bekleidet wurde.[468] Von besonderem Interesse sind jedoch die Eremitorien. Hier, und nicht in den Kapellen, wie bei anderen vergleichbaren Anlagen Norditaliens, befanden sich die laut Stainhauser *„mansgrossen"*, also lebensgroßen, Figuren.[469] Die als *„artlich formiert"* bezeichneten Plastiken wilder Tiere in der Einsiedelei des heiligen Paulus lassen den Schluß zu, daß zumindest ein Teil der naturalistisch gestalteten Bildnisse aus Terrakotta bestand.[470] Es fällt auf, daß im Zusammenhang mit diesen Bauten das meditative Moment im Vordergrund steht, denn die Eremiten sind fast immer lesend, betend oder in Betrachtung einer bestimmten Szene aus dem Leidensweg Christi dargestellt. Genau dieser Aspekt aber, also die intensive private Andacht, war nicht nur für Carlo Borromeo, sondern auch für seinen Vetter Federico der Hauptzweck der Sacri Monti.[471]

Alle diese Argumente zeigen, daß die Anlage eines Kreuzwegs in Hellbrunn nichts anderes war als die Imitation eines kleinen Sacro Monte nach norditalienischem Muster, mehr noch ein „Meditationspark", in dem fast jeder Kapelle ein prominenter Einsiedler hinzugesellt wurde, der sich der andächtigen Betrachtung der jeweiligen Leiden Jesu hingab.[472]

Der an einem Bach liegende hügelige Ort, welcher der geistigen Versenkung dienen sollte, war glücklich gewählt worden, erinnerte er doch entfernt an eine in Spanien bereits um 1420 vom Dominikaner Alvaro in Cordoba gegründete Anlage, bei welcher der dortige Hügel als Kalvarienberg und das vorbeifließende Bächlein als Fluß Cedron gedacht waren.[473]

Der in einen Schloßpark eingebundene Kreuzweg ist analog zum Steintheater ein Sonderfall; er kann – wie bereits das kirchenpolitische Programm von Markus Sittikus – nur mit der unmittelbaren Orientierung des Hohenemsers an Leben und Wirken seines Vorbildes, San Carlo Borromeo, erklärt werden.

9. Der Wandel Hellbrunns im Laufe der Jahrhunderte

Obwohl der Gesamtcharakter Hellbrunns bis heute weitgehend erhalten geblieben ist, das Schloßgebäude und das Monatsschlößchen bezüglich ihres äußeren Erscheinungsbildes nicht oder nur unwesentlich angetastet wurden, hat man im Bereich der Gartenanlage und in den hinteren Teilen des Parks vieles abgerissen bzw. hinzugefügt.[474] Wie zu zeigen sein wird, fanden die entscheidenden Eingriffe während des 18. Jahrhunderts statt. Für die Umgestaltung des Gartens waren zunächst der auf Frankreich und die Kunst André le Nôtres ausgerichtete Zeitgeschmack maßgebend, später spielten englische Einflüsse eine Rolle.

Die Veränderungen in Hellbrunn haben sich etappenweise vollzogen, und zwar in fünf etwa gleich langen, mehr oder weniger klar abgrenzbaren Zeiträumen.

9.1. Phase I (1618–1679)

Noch vor Vollendung der südlich von Salzburg gelegenen Villa suburbana entstand 1618 ein bisher Donato Mascagni zugeschriebenes, lebensgroßes Porträt von Markus Sittikus.[475] Es zeigt den Landesfürsten in der Rolle des Bauherrn in Pontifikalkleidung stehend vor einer Ansicht Hellbrunns, mit seiner Rechten auf ein als Momentaufnahme der Bauarbeiten am Dom gedachtes Gemälde weisend (Abb. 76 siehe Tafel 24). Diese für den Manierismus typische, als Bild im Bild konzipierte Vedute galt bisher aufgrund des vollständigen Fehlens von Bauakten als das wichtigste Dokument zur Geschichte der von Solari geschaffenen Anlage, da es als einziges während der Erbauungszeit entstanden ist. Die Darstellung Hellbrunns im oberen Hintergrund des Gemäldes umfaßt den um das Schloßgebäude herum angelegten Bereich der Vergnüglichkeit mit seinen Brunnen und Grotten, den Fasanengarten und den von einer Mauer eingefaßten Giardino segreto. Besonders wertvoll ist die am oberen rechten Bildrand gemalte Ansicht von Schloß Emslieb, das in späterer Zeit stark verändert wurde. Obwohl das Gemälde einen recht detaillierten Einblick in die damaligen Verhältnisse erlaubt, ist doch gleichzeitig auch eine gewisse Unbeholfenheit des Malers feststellbar, die sich besonders in einigen Verzerrungen im Bereich des Lustgartens und in der falschen Proportionierung der Statuen entlang des sogenannten Fürstenwegs äußert. Interessant ist auch die Wiedergabe der Kronengrotte mit dem kleeblattförmigen Weiher. Während das Gebäude – wohl aufgrund der dort noch nicht abgeschlossenen Bauarbeiten – winzig klein erscheint, geriet das daran anstoßende Wasserbecken eindeutig zu groß.

Eine jüngst veröffentlichte, in Polička/Böhmen erhalten gebliebene Kopie des in Hellbrunn aufbewahrten Erzbischofporträts bildet trotz ihres eher fragmentarischen Erhaltungszustandes die geradezu ideale Ergänzung zum Ölgemälde von 1618.[476] Mascagni ist auch hier als Autor anzunehmen; er hat das Bild im Todesjahr des Hohenemsers, also 1619, gemalt und dafür während seiner Tätigkeit in Hellbrunn sehr genaue autoptische Studien durchgeführt, was sich anhand zahlreicher Einzelheiten belegen läßt.[477] Zwei Detailaufnahmen des erst kürzlich restaurierten Gemäldes zeigen, daß im Vergleich zur früheren Fassung die Hintergrundansicht der Gartenanlage wesentlich sorgfältiger und präziser wiedergegeben ist, auch die oben erwähnten Verzerrungen sind weitgehend korrigiert (Abb. 2, 89 a, b). Die Gestalt des Fürsten ist nun so ins Bild gesetzt, daß seine Schulter den Blick auf den Bezirk des großen Weihers fast zur Gänze freigibt, was besonders für die Rekonstruktion des „Erdbeerbergs“ wichtig ist, der sich auf dem rechteckigen Isolotto befindet. Die lange Einfahrtsallee mündet oberhalb des Hauptes in den Schloßhof, während auf der Salzburger Fassung das Gesicht des Fürsten in die Allee hineinragt. Auf

89a, b Detailansichten des Markus-Sittikus-Porträts (um 1619), Donato Mascagni zugeschrieben (Polička, Městské Museum). Oel auf Leinwand.

gleicher Höhe mit dem Kopf erkennt man rechts das Monatsschlößchen; an dessen Stelle zeigt das andere Mascagni zugeschriebene Gemälde inmitten von Bäumen zwei stallähnliche Gebäude.[478] Auch das Hauptschloß, der Brunnen Altems mit dem Sternweiher, der oberhalb der Orpheusgrotte gelegene Sitzplatz und die Exedra um den steinernen Tisch sind mit größter Genauigkeit wiedergegeben. In dem Zwickel zwischen der nördlichen Umfassungsmauer und den Stallungen entlang der Auffahrtsstraße zum Schloß, der im Salzburger Bild durch den Kopf des Bauherrn verdeckt wird, ist neben dem von Stainhauser genannten Armbrustschießstand ein der Pferdedressur dienender Platz mit kreisförmig angelegten Reitbahnen und einer Holzkonstruktion für Turniere erkennbar.[479] Im Bereich der großen Weiheranlage fallen die minuziös gemalten Hecken- und boskettartigen, heute allerdings verlorenen Baumpflanzungen auf, daneben ist auch die Kronengrotte in vollendetem Zustand abgebildet. Aufgrund seines Detailreichtums besitzt das Gemälde aus Polička größten dokumentarischen Wert; auch deshalb, weil es neben der Situation in Hellbrunn den beim Tode des Erzbischofs erreichten Stand der Bauarbeiten am Dom zeigt.[480]

Erst aus der Regierungszeit des Markus-Sittikus-Nachfolgers Paris Lodron (1619–1653) haben sich detaillierte Akten erhalten. Fünf Abrechnungen allein aus dem Jahr 1628 deuten darauf hin, daß schon bald nach der Fertigstellung des Schloßensembles die ersten Reparaturen und Ausbesserungen fällig waren.[481]

Bei dem bereits im letzten Kapitel erwähnten, um 1630 datierten anonymen Stich aus dem Salzburger Landesarchiv handelt es sich gleichzeitig um den ältesten Übersichtsplan, der den gesamten Komplex mit seiner Umfassungsmauer zeigt (Abb. 81, 90).[482] Es ist das einzige Bilddokument, das neben dem Steintheater und dem Schlößchen Belvedere auch den Kreuzweg mit den dazugehörigen kleinen Bauten wiedergibt, was seine Bedeutung unterstreicht. Bei der Darstellung des Giardino segreto und des Bereichs in unmittelbarer Nähe des Hauptschlosses fällt bei aller Bemühung um eine möglichst getreue Wiedergabe der Verhältnisse die etwas ungeschickte Kombination von Schrägsicht und Vogelperspektive auf. Der Plan erweist sich im ganzen als recht genau, trotzdem sind einige Fehler feststellbar. Sie betreffen zur Hauptsache die Wiedergabe der Schloßfassade, des Giebelaufsatzes und der Eckrisalite sowie die Abbildung eines Pavillons oberhalb des ovalen Bassins neben der Orpheusgrotte. Da dieses kleine Gebäude in den Beschreibungen Stainhausers nicht vorkommt und auch das Gemälde Mascagnis hier eine andere Situation zeigt, muß es sich um ein Phantasieprodukt des Künstlers handeln. Bemerkenswert ist außerdem die Darstellung verschiedener Tiere.[483]

Offensichtlich liegt dieser Plan dem 1644 in der „Topographia Bavariae" von Matthäus Merian veröffentlichten Stich zugrunde (Abb. 17).[484] Diese überarbeitete und sich durch größere Klarheit auszeichnende Ansicht Hellbrunns bedient sich jedoch lediglich der rechten Hälfte der Vorlage.[485] Die oben angesprochene Verzerrung in der Perspektive wird durch Merian zwar korrigiert, die Fehler des anonymen Übersichtsplans aber übernimmt er alle.[486] Bis auf zwei Ausnahmen wird auf die Darstellung von Tieren verzichtet, am rechten Rand des Stiches fügt Merian neu eine Legende ein.

Aus der Zeit von 1647 bis 1652 liegen wiederum Nachrichten über Reparaturen und Erneuerungen vor.[487] Die vom Maler Johannes Überlender und vom Bildhauer Jakob Geroldt erstellten umfangreichen Listen der ausgeführten Arbeiten mit den entsprechenden Kostenvermerken zeigen, daß davon besonders die aus Holz oder Blech gefertigten Figürchen der mechanischen Wasserspiele betroffen waren.

Von der Forschung unberücksichtigt gebliebenen ist die 1666 entstandene Salzburger Chronik von Franciscus Dückher von Haslau.[488] Auch sie enthält eine Ansicht des rund um das Schloßgebäude angelegten Lustgartens, bei der es sich allerdings nur um eine weitere Variante des Merian-Stiches von 1644 handelt.

Der Vorliebe des Erzbischofs Max Gandolf

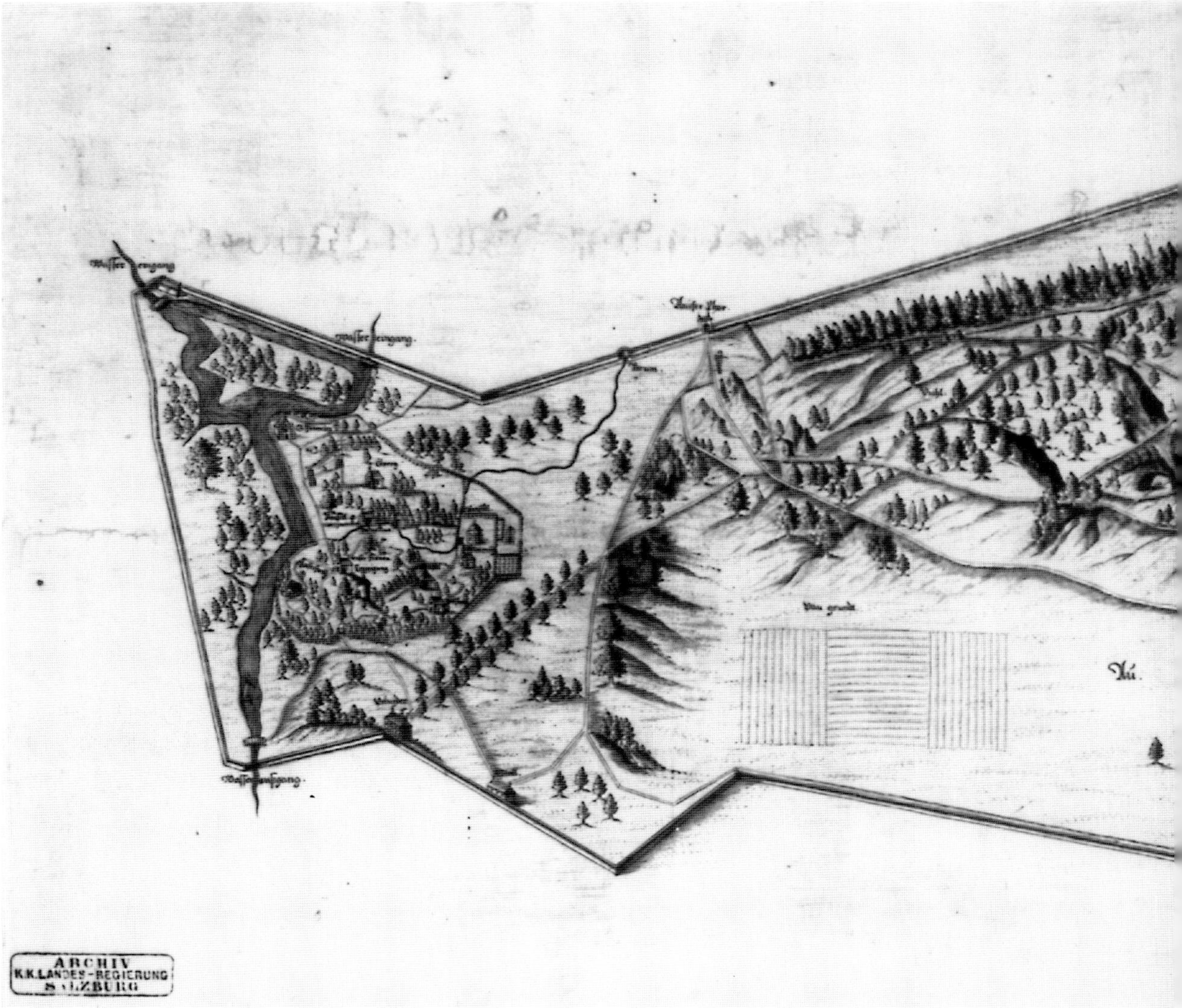

90 Hellbrunn/Gartenanlage; Gesamtansicht der Anlage aus der Vogelperspektive. Anonymer Plan, um 1630 (SLA).

von Kuenburg (1668–1687) für repräsentative graphische Darstellungen von bedeutenden Bauwerken seiner Residenzstadt ist die wohl eindrucksvollste Vedute Hellbrunns zu verdanken (Abb. 91).[489] Der 1679 von Melchior Küsell angefertigte Kupferstich gibt, wie aus der ausführlichen Legende hervorgeht, den Blick vom Monatsschlößchen auf die Gartenanlage, das Schloß und die umgebende Landschaft nördlich davon bis zur Festung Hohensalzburg sowie die dahinterliegenden Berge und Höhenzüge wieder.

Das Blatt, welches sich durch eine hohe handwerkliche Qualität und durch einen erstaunlichen Detailreichtum auszeichnet, bietet dem Betrachter einen hervorragenden Einblick in den Giardino segreto mit den darin enthaltenen Weihern, Bäumen, Hecken und kleinen Bauten. Küsell scheint nicht nur um eine korrekte Wiedergabe aller Einzelheiten bemüht gewesen zu sein, sondern auch darum, die ganze südlich von Salzburg gelegene Landschaft in ihrer Ausdehnung zu erfassen und aufs schönste zur Geltung zu bringen; einzig bei der Zahl der Fen-

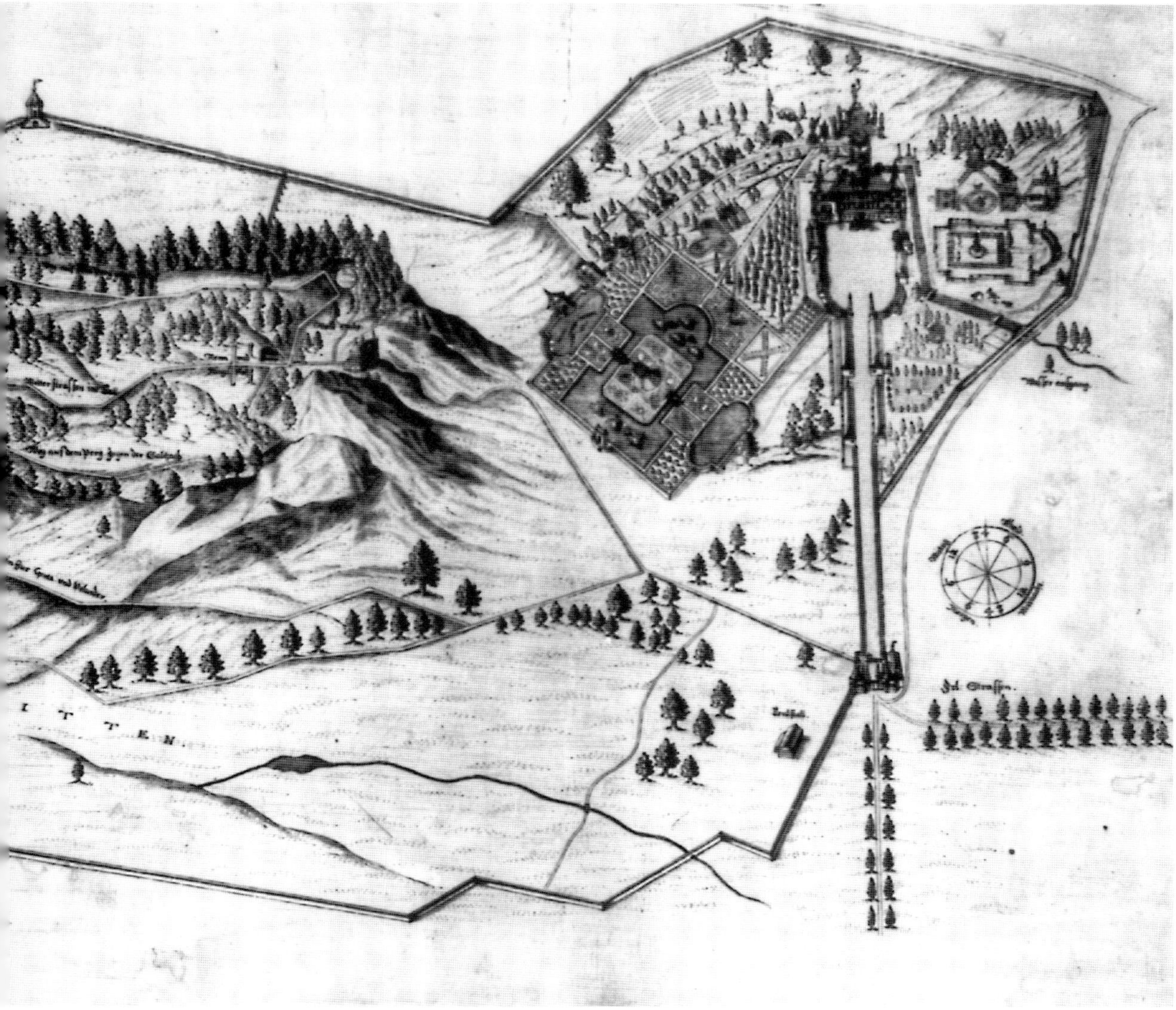

sterachsen an der Hauptfassade des Schloßgebäudes und dem darüberliegenden Dachaufsatz sind ihm Fehler unterlaufen. Neben dem guten Blick auf die Saiblingstube und das oktogonale Lusthaus beim Forellenteich verdient vor allem die präzise Darstellung des sogenannten „Erdbeerbergs" im Zentrum des Gartens die besondere Aufmerksamkeit des Betrachters. Deutlich sind der Eingang zur darin befindlichen Grotte, die eine der zu beiden Seiten angelegten Treppen und das oben aufgesetzte kleine Lusthaus zu erkennen.

Der während der Regierungszeit Guidobalds von Thun (1653–1668) im Jahre 1659 errichtete Weinkeller wird durch das Schloßgebäude verdeckt.

Die Vedute wird außerdem durch eine Fülle von geschickt ins Bild gesetzten Menschen und Tieren belebt; so ist außerhalb der südlichen Gartenmauer auch eine Jagdgesellschaft dargestellt, in deren mitgeführter Kutsche der Erzbischof vermutet werden darf. Vielleicht sind aus diesem speziellen Anlaß innerhalb des Giardino segreto zahlreiche Obelisken abgebildet worden, welche dann im Sinne der damals gebräuchlichen Festarchitekturen aufzufassen wären.[490]

Küsells Stich ist die letzte Vedute, die den ursprünglichen Charakter und ersten Zustand der Anlage zeigt.

9.2. Phase II (1679–1735)

Verschiedene Zeugnisse aus der Regierungszeit der beiden Erzbischöfe Max Gandolf von Kuenburg (1668–1687) und Johann Ernst von Thun (1687–1709) deuten auf eine zunehmende Vernachlässigung des Lustorts hin. Welche Gründe auch immer dafür verantwortlich gewesen sein mögen, aus den erhaltenen Akten geht hervor, daß bezüglich der Instandsetzungsarbeiten und Reparaturen vieles versäumt wurde.[491]

Um 1700 fanden die ersten größeren Veränderungen im Bezirk des mit zahlreichen Wasserkünsten ausgestatteten Weges statt, der vom Brunnen Altems zur Kronengrotte führt. Anstelle des von Stainhauser beschriebenen, ehemals unmittelbar an den Merkurbrunnen anschließenden Brunnen der Diana wurde in dieser Zeit eine wesentlich größere Anlage mit ruinenhaftem Charakter errichtet. Dorthin hat man die ursprünglich in der jetzigen Dianagrotte befindliche Statue plaziert (Abb. 64 siehe Tafel 21).[492] Damit ist eine lange Reihe von Umstellungen verschiedener Figuren ausgelöst worden, die sich bis in unser Jahrhundert fortgesetzt hat. Etwa gleichzeitig wurde unweit südöstlich davon die aus Marmor gefertigte Darstellung des Forstteufels aufgestellt (Abb. 65). Außerdem erhielt der benachbarte Neptunsbrunnen eine neue Felsumrahmung.[493]

Ein vom 13. Februar 1708 datierter Bericht der hochfürstlichen Bauinspektion und Verwaltung, in dem es um Ausbesserungen an der Einfassung des zentralen großen Weiherbeckens geht, erwähnt auch den *„Erdtpörberg"*, was vermuten läßt, daß der Giardino segreto bis zu diesem Zeitpunkt sein ursprüngliches Erscheinungsbuld bewahrt hat.[494] In den folgenden Jahren jedoch, etwa zwischen 1720 und 1735, kam es zu einer tiefgreifenden Umgestaltung dieses Bereichs der Gartenanlage, die bis heute sichtbar geblieben ist. Die Triebfeder dafür war der sich in Salzburg nun durchsetzende Geschmack des von Frankreich ausgehenden Hochbarocks, der auch in der Gartenkunst seinen Niederschlag fand. So ließ Erzbischof Franz Anton von Harrach (1709–1727) in den Jahren 1721–1727 unter der Leitung von Johann Lukas von Hildebrandt Schloß Mirabell mit dem dazugehörigen Garten dem neuen Stil anpassen.[495]

Der kurz darauf zum Aufseher der erzbischöflichen Gärten ernannte Franz Anton Danreiter (um 1695–1760) hatte nach dem Besuch des Gymnasiums und der Universität eine lange Auslandsreise unternommen, die ihn auch nach Frankreich führte.[496] Dort konnte er die weithin berühmten Anlagen von Versailles, Vaux-le-Vicomte und die mit ihnen verknüpfte Gartenkunst des großen André Le Nôtre studieren.

Nach dem neuen Zeitgeschmack wird der Garten nun in jeder Hinsicht „künstlich" angelegt und nach strengen Regeln konzipiert. Seiner Aufgabe nach soll er einen sorgfältig abgegrenzten Raum ausgestalten und in seiner Konstruktion stets überschaubar bleiben. Dabei sind quadratische und andere geometrisch geformte Zierbeete, streng axiale Wegführung sowie Reihenpflanzung von Bäumen die bevorzugten Ausdrucksformen. Im Gegensatz zur italienischen Terrassenarchitektur setzt sich in Frankreich in bezug auf die innere Strukturierung des Raumes das „Parterre" durch.[497]

Der in Hellbrunn ursprünglich nach südlichen Vorbildern konzipierte, durch eine Mauer umfangene Giardino segreto mit seinen Weihern und Irrgärten bot für eine Umgestaltung nach französischem Muster geradezu ideale Voraussetzungen. Einzig der im Sinne des italienischen Montagnetto errichtete Erdbeerberg mußte aufgrund der Forderung nach Überschaubarkeit weichen und wurde im Zuge der oben geschilderten Neuorientierung abgetragen.

Matthias Diesel (1675–1752), der bis 1718 als erzbischöflicher Garteninspektor in Salzburg tätige Vorgänger Danreiters, hat in seinem um

1720 erschienenen Vedutenwerk „Erlustierende Augenweide in Vorstellung herrlicher Garten und Lustgebäude" mehrere Blätter Hellbrunn gewidmet.[498] Sein Grundriß des Schloßes und des daran anstoßenden Gartens zeigt als erster Plan den neuen Zustand nach der Umgestaltung (Abb. 92). Das Blatt stammt aus einer Serie von Ansichten des inzwischen immer häufiger auch von Reisenden besuchten Lustorts, die Diesel entwarf und die vom bis 1735 tätigen Stecher Karl Remshard angefertigt wurden. Der Plan erweist sich in mancherlei Hinsicht als recht ungenau; so sind die Brunnen entlang des Fürstenwegs nur gerade angedeutet, während die Kronengrotte überhaupt weggelassen wird. Auch die Wiedergabe des Bereichs der Fasanerie entspricht wohl nicht der Realität. Deutlich zu erkennen sind hingegen die neu angelegten Zierbeete und Boskette, deren Anordnung und Ausformung sich mit einiger Wahrscheinlichkeit an dem 1709 in Paris anonym publizierten Lehrbuch „La Théorie et la Pratique du Jardinage" von Antoine Josephe Dezallier d'Argenville (1680–1765) orientieren. Der Traktat, in dem nicht nur Musterbeispiele, sondern auch eine Vielzahl verschiedenster illustrierter Vorschläge für die Gestaltung von Parterres, Hecken etc. enthalten waren, erfreute sich eines glänzenden Erfolgs und wurde bald in andere Sprachen übersetzt (Abb. 93).[499] Leider ist bezüglich der Umstände, die zur Anfertigung der Hellbrunner Ansichten durch Diesel geführt haben, so gut wie nichts bekannt. Die Frage, ob es sich dabei lediglich um nicht verwirklichte Idealentwürfe oder um tatsächlich ausgeführte Projekte handelt, konnte bis heute nicht geklärt werden.[500] Möglicherweise kann der Titel („Wahrer Grundriß" etc.) des hier zur Diskussion stehenden Blattes als Hinweis dafür gelten, daß der Plan nach den Vorstellungen Diesels wenigstens teilweise realisiert wurde. Bemerkenswert sind jedenfalls die beiden erstmals eingezeichneten Steinhügel, die das unterste Becken des Brunnens Altems flankieren, ein im Garten befindliches, an der Westseite der Wirtschaftsgebäude anschließendes großes Labyrinth als Ersatz für die beiden kleineren, ursprünglich ebenfalls hier vorhandenen Irrgärten sowie die Eliminierung des kleeblattförmigen Weihers bei der Kronengrotte.

Die wenig später von Diesels Nachfolger Franz Anton Danreiter in kombinierter Kupferstich- und Radiertechnik herausgegebene, aus vier Teilen bestehende Vedutenfolge war unter den zeitgenössischen Kunstkennern wegen ihrer hohen Qualität geschätzt.[501] Für seine „Salzburger Prospecte" hat Danreiter topographisch sehr genaue Vorlagen gezeichnet, die oft durch eine Vordergrundkulisse künstlerisch gesteigert wurden.[502]. Genaue Jahreszahlen hinsichtlich der Entstehung der Hellbrunner Ansichten sind auch hier nicht bekannt, doch dürfte eine Datierung um 1730–1735 zutreffen. Der wiederum von Remshard gestochene Grundriß und zwei weitere Ansichten des Giardino segreto zeigen in diesem Bereich die gleiche Situation wie Diesel rund zehn Jahre zuvor, sie sind gedoch wesentlich präziser und sorgfältiger ausgeführt (Abb. 94, 95). Das Fehlen des Erdbeerberges und des oben erwähnten Wasserbeckens bei der Kronengrotte scheint die Gültigkeit von Diesels Stich zu bestätigen. Wie auf jenem Grundriß fehlen auch hier die im 17. Jahrhundert überall eingezeichneten regelmäßigen Baumpflanzungen zwischen Schloßhof und den beiden Marmorobelisken. Deutlich wird bei Danreiters Plan, daß zu dieser Zeit die mit zahlreichen Bildnischen versehene Gartenumfassungsmauer noch intakt war. Im Gegensatz zu Diesels teilweise eher summarisch gehaltener Darstellung werden der Bereich des Theatrums, der Brunnen Altems sowie die Brunnen und Grotten entlang des Fürstenwegs überaus detailliert wiedergegeben.

Gut zu erkennen ist die neugepflanzte, auf Schloß Goldenstein ausgerichtete Fichtenallee im Südosten der Anlage, wo man das alte Tor der Gartenmauer entfernte und durch eine breitere Öffnung ersetzte.[503] Schließlich vermittelt der Stich nicht nur ein sehr klares Bild hinsichtlich der kunstvollen Gestaltung der Broderien, Hecken und Zierbeete, sondern zeigt erstmals auch die genaue Lage der sonst in keinem Bilddokument faßbaren Schmied-

91 Hellbrunn/Gartenanlage; Ansicht des Giardino segreto von Süden. Kupferstich von Melchior Küsell, 1679 (SMCA).

SALZBURGISCHER LUSTGA
ZUM HELLEBRUN
MDCLXXIX
DOMINO MAXIMILIANO GANDOLPHO, EX S.R.I. COMITIBUS
NATO, GERMANIÆ PRIMATI, Etc. Etc. PRINCIPI ac DOMINO DOMINO CLEMENTISSIMO.

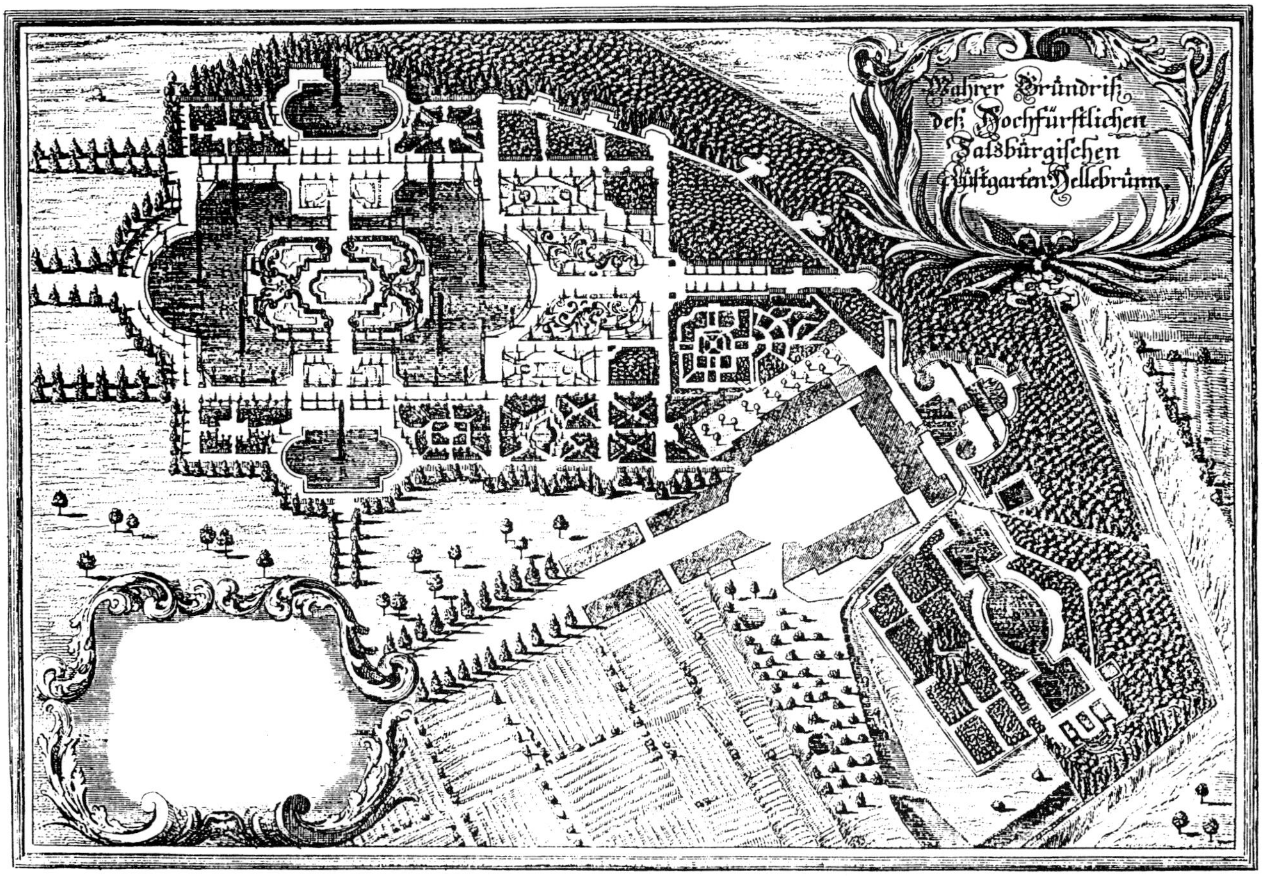

92 Hellbrunn/Gartenanlage; Ansicht aus der Vogelperspektive. Kupferstich aus Matthias Diesel, „Erlustierende Augenweide“ (um 1720).

93 Entwurf für ein Gartenparterre. Kupferstich aus Antoine Josephe Dezaillier d’Argenville, „La Théorie et la Pratique du Jardinage“ (um 1709).

grotte, welche sich an der gleichen Stelle wie das rund zwei Dezennien später errichtete mechanische Theater befunden haben muß, in ihren Ausmaßen jedoch wesentlich kleiner war.

Interessante Hinweise auf die Tätigkeit Danreiters in Hellbrunn bietet ein bis vor kurzem unveröffentlichter, im Archiv des Museums Carolino Augusteum aufbewahrter Grundriß der Anlage, der etwa denselben Bereich abdeckt wie der eben besprochene (Abb. 96).[504] Allerdings wird bei diesem anonymen, undatierten Plan auf die Darstellung der umgebenden Landschaft verzichtet; auch die nach Schloß Goldenstein orientierte Allee ist nicht eingezeichnet. Der direkte Vergleich zwischen dem vorliegenden handgezeichneten Grundriß des Museums Carolino Augusteum und dem Stich von Danreiter ergibt derart viele Übereinstim-

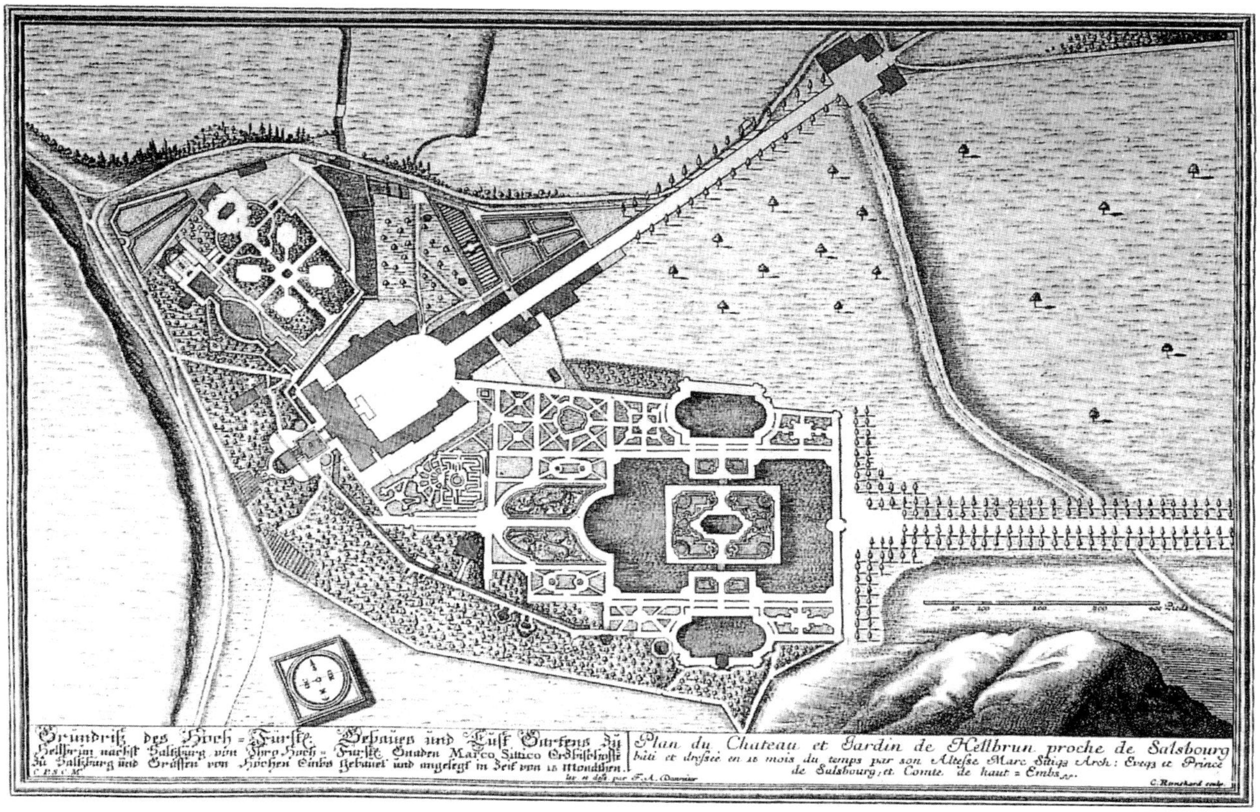

94 Hellbrunn/Gartenanlage; Grundriß des Schloßgebäudes und des Lustgartens. Kupferstich aus Franz Anton Danreiter, „Salzburger Prospecte" (um 1735).

mungen bezüglich kleinster Details, daß eine Zuschreibung an den bis zu seinem Tode 1760 in Salzburg tätigen Garteninspektor als sicher gelten kann. Einzelheiten wie die auf der kleinen ovalen Terrasse schräg oberhalb der Orpheusgrotte gelegene Steintafel sowie die angedeuteten Standorte der einst dort aufgestellten Narrenfiguren sind Beispiele für die minutiöse Genauigkeit, mit der der Plan angefertigt wurde.

Besondere Beachtung verdienen auch einige Abweichungen von dem um 1730–1735 erschienenen Stich Danreiters. Am auffälligsten ist ein anschließend an die nordöstliche Umfassungsmauer auf der Höhe des ehemaligen Schildkrötenweihers eingezeichneter abgeschlossener Gartenbezirk, der ebenfalls symmetrisch konzipiert ist. Vier in der Art eines Kreuzes angelegte Wege trennen dreieck- und rechteckförmige Felder mit linear ausgerichteten Baumreihen voneinander. In der Mitte wird ein Platz in der Form eines vierblättrigen Kleeblattes ausgespart, in dessen Zentrum ein kleines Bassin oder die Basis für eine Statue eingezeichnet ist. Die Ausgänge dieses boskettartigen Bereichs, der ebenfalls von einer Mauer eingefaßt wird, sind in der Verlängerung der Wege angeordnet. Danreiter wollte hier offensichtlich den damals noch freien Raum zwischen dem großen Weiher und der langen Schloßeinfahrt für die Anlage eines weiteren Gartenteils nutzen, der die ganze Fläche unter Einbezug der schon vorhandenen äußeren Mauern optimal abgeschlossen hätte. Außerdem wäre ausgehend von dem in südwestlicher Richtung verlaufenden Weg eine neue Blickachse als Gegengewicht zu der nach Schloß Goldenstein ausgerichteten geschaffen

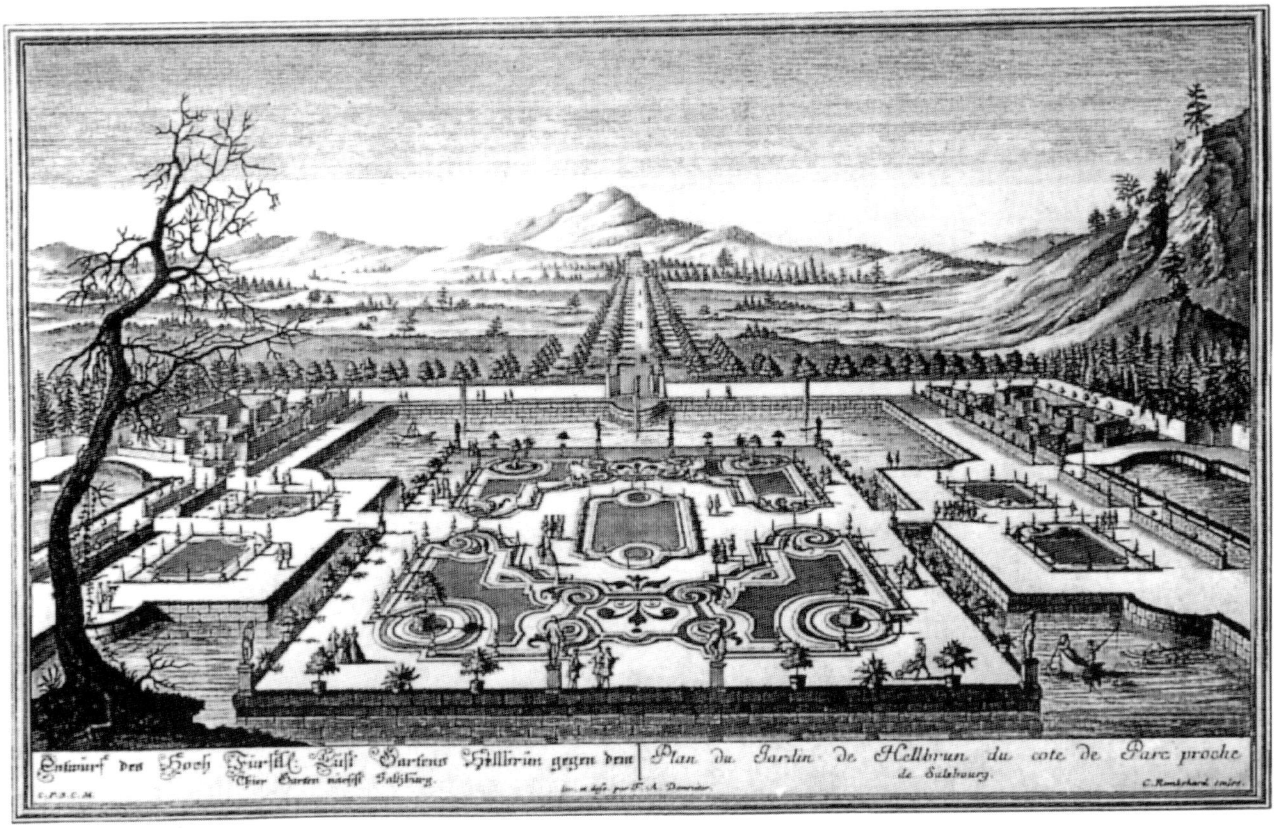

95 Hellbrunn/Gartenanlage; Ansicht des Lustgartens nach Südosten. Kupferstich aus Franz Anton Danreiter, „Salzburger Prospecte“ (um 1735).

worden, deren Point de vue das achteckige Lusthäuschen beim Forellenweiher gebildet hätte. Dieser Entwurf ist, wie der Vergleich mit dem später entstandenen Stich zeigt, nie realisiert worden.

Wie die Vorzeichnung im Bereich des Küchengartens im Nordosten der zum Schloße gehörenden Wirtschaftsgebäude vermuten läßt, war offenbar auch hier eine solche regelmäßige Baumbepflanzung geplant.

Innerhalb der Fasanerie ist nur noch unregelmäßiger Bewuchs mit Sträuchern dargestellt, was auf eine zunehmende Vernachlässigung dieses Bereichs hindeutet.[505] Offensichtlich gibt Danreiter hier – im Gegensatz zu dem später publizierten Stich – den tatsächlichen Zustand wieder.

Anschließend an die der Karl-Borromäus-Kapelle gegenüberliegenden Nebengebäude hat Danreiter einen langrechteckigen Bau eingezeichnet, dieser entspricht wohl der heute noch an dieser Stelle befindlichen Orangerie.[506]

Der wohl mit Sicherheit von Danreiter selbst gezeichnete Plan kann aufgrund der oben gemachten Beobachtungen als Bestandsaufnahme der damaligen Situation einerseits und als Projektstudie für eine Neugestaltung des Hellbrunner Lustgartens andererseits interpretiert werden. Vermutlich ist dieses wegen seiner Genauigkeit so wertvolle Bilddokument unmittelbar nach der Berufung Danreiters zum erzbischöflichen Garteninspektor im Jahre 1728 entstanden, als dieser nach der Neuplanung von Schloß Mirabell aufgefordert wurde, dem französischen Zeitgeschmack entsprechende Entwürfe auch für Hellbrunn zu liefern.

Somit ist der in den „Salzburger Prospecten“

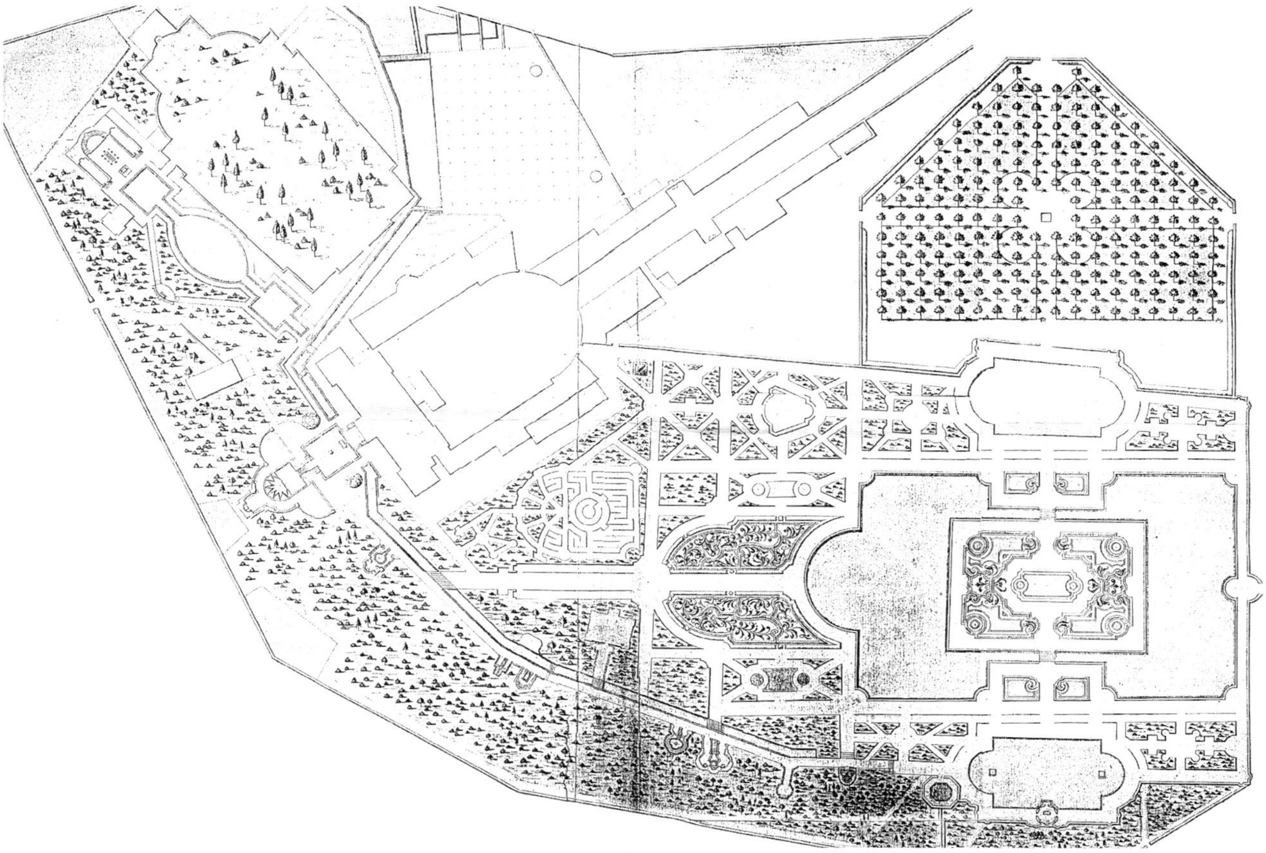

96 Hellbrunn/Gartenanlage; Entwurf für den Lustgarten mit Grundriß des Schloßgebäudes. Zeichnung von Franz Anton Danreiter, um 1730–35 (SMCA).

enthaltene, etwas später erschienene Grundriß wenigstens teilweise als Idealplan aufzufassen.

9.3. *Phase III (1735–1816)*

Der nächste Abschnitt umfaßt das Geschehen bis zur Säkularisierung des Erzstifts Salzburg und dessen Einverleibung in das habsburgische Österreich dreizehn Jahre später.

Bereits vor und besonders während der Regierungszeit von Erzbischof Andreas Jakob von Dietrichstein (1747–1753) war Danreiter gezwungen, sich mit dem teilweise katastrophalen Zustand einiger Brunnenwerke auseinanderzusetzen.[507] Dabei erkannte er, daß die zunehmende Vernachlässigung der Hellbrunner Wasserspiele auch negative Folgen hinsichtlich des langsam, aber stetig wachsenden Fremdenverkehrs haben mußte.

Den Archivalien ist zu entnehmen, daß die gegenüber der Steinbockgrotte und dem Dianabrunnen gelegene Schmiedgrotte stark beschädigt war und dringend einer umfassenden Renovation bedurfte. Zunächst wurden Überlegungen angestellt, lediglich das Dach zu reparieren, ein neues Werk einzubauen und die beweglichen Figuren wieder funktionstüchtig zu machen; am 26. Oktober 1748 wurde mit dem Rechnungsbeamten und Kunstarbeiter Lorenz Rosenegger ein „Uncosten-Contract" abgeschlossen und ihm die praktische Umsetzung des Projekts unter der Aufsicht von Danreiter und dem Baudirektor Johann Ernst von Keutschach übertragen.[508]

Wie aus den Akten hervorgeht, wurde zwei Jahre später jedoch eine vollkommen neue, mehr als doppelt so große Grotte errichtet, weshalb die für den Bau veranschlagte Summe

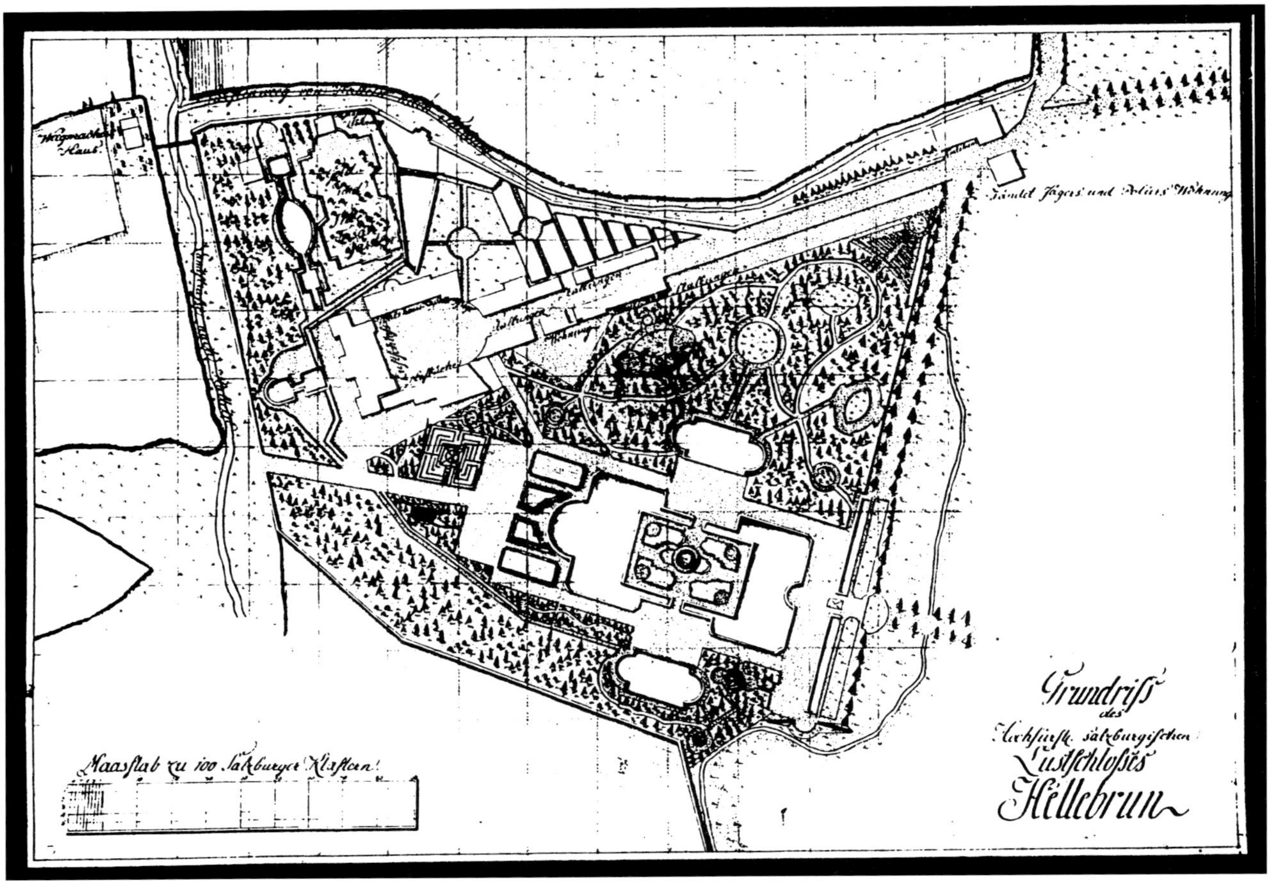

97 Hellbrunn/Gartenanlage; Grundriß des Schlosses, der Nebengebäude und der angrenzenden Gartenteile, Plan (dat. 1803) von Karl Steinhauser (SLA).

schon bald überschritten war. Erst im Oktober 1752 wurde die heute als „mechanisches Theater“ bezeichnete Schöpfung vollendet und im Juni des folgenden Jahres schließlich das Orgelwerk eingerichtet.[509] Vieles spricht dafür, daß Danreiter weitgehend selbst für die architektonische Planung dieses originellen Schaustücks verantwortlich war, mit dem das alltägliche Leben und Treiben in einer barocken Kleinstadt dargestellt werden sollte (Abb. 63 siehe Tafel 20); auch hierzu sind keine Zeichnungen mehr auffindbar.[510]

Beim mechanischen Theater handelt es sich um eine große Holzarchitektur, die mit zahlreichen Figuren aus demselben Material ausgestattet ist, von denen sich über 100 auf einen Griff am Hebel des komplizierten Uhrwerks zu bewegen beginnen. Dazu ertönen die Klänge einer gleichfalls mechanischen, durch Wasserkraft betriebenen Orgel.

Ein Übersichtsplan Hellbrunns aus dem Jahre 1776 von Stephan Müllner zeigt, daß innerhalb der Gartenanlage bis zu diesem Zeitpunkt sonst nichts verändert wurde.[511] Im Gegensatz zu den anderen während des 18. Jahrhunderts entstandenen Stichen ist auf dieser Gesamtansicht auch ein am Salzachufer künstlich angelegtes Gebilde zu erkennen, das Müllner in der Legende als *„eine Insul mit einem grüenen verlaubten Sommerhaus“* beschreibt. Wie aus dem Plan ersichtlich ist, steht diese Schöpfung im Zusammenhang mit der auf Schloß Goldenstein ausgerichteten Fichtenallee, die um 1730 gepflanzt wurde.

Außerdem sind auf diesem Grundriß der Gesamtanlage die Kapellen und Eremitorien des alten Kreuzwegs nicht mehr eingezeichnet, deren erste bereits 1734 abgetragen wurde. Daß dieser ganze Bereich zunehmend in Verfall geriet, dürfte wohl auch der damaligen Geisteshaltung der Aufklärung zuzuschreiben sein.[512]

Um 1790, während der Regierungszeit des Erzbischofs Hieronymus von Colloredo (1772–1803), der als sparsamer Landesfürst in die Geschichte einging, kam es zur letzten durchgreifenden Umgestaltung des Gartens, dem ja erst ein halbes Jahrhundert früher ein neues Gesicht verliehen worden war.[513] Nach Abbruch des nord- und südöstlichen Teils der Umfassungsmauer wurde „anstatt eines sehr mageren Obstgartens" ein Park nach englischem Vorbild angelegt, in den man auch den nördlichen Weiher und den angrenzenden Teil des alten Lustgartens einbezog.[514] Im Zuge dieser Maßnahmen wurde außerdem das zierliche, beim Forellenteich stehende oktogonale Gebäude entfernt.[515]

Diese Maßnahme spielte sich vor dem Hintergrund neuer Modeströmungen in der Gartenkunst ab. So traten in der zweiten Hälfte des 18. Jahrhunderts die englischen Architekten ihren Siegeszug gegen den von Frankreich ausgegangenen Rationalismus und Formalismus an und eroberten mit ihren Ideen bald ganz Europa.

Mehrere Grundrisse Hellbrunns aus der Zeit um 1800 geben die neue Situation wieder, wobei der 1803 von Karl Steinhauser gezeichnete Plan als der qualitativ beste zu betrachten ist (Abb. 97).[516] Aus all diesen Bilddokumenten läßt sich gleichermaßen der normierte Grundkanon der englischen Gartenarchitektur ableiten, der auch in dem annähernd dreiecksförmigen „Naturpark" zur Anwendung kam.

Die in den Plänen Diesels und Danreiters greifbare kunstmäßige Strenge und Symmetrie wich nun einer Anlage mit gewollt unregelmäßigen, sich durch die Landschaft schlängelnden Wegen, in der weder Terrassen noch Wasserspiele einen Platz hatten.[517]

Von der im Zusammenhang mit den Napoleonischen Kriegen stehenden Besetzung Salzburgs durch die Franzosen ist auch Hellbrunn nicht verschont geblieben. In dieser Zeit dürfte ein Großteil des Mobiliars verschleppt oder zerstört worden sein; auch die im Tiergarten gehaltenen Wildbestände wurden durch die einquartierten Truppen stark dezimiert.[518]

Im Bereich des Gartens gab es von dieser Zeit an, von einigen wenigen Ausnahmen abgesehen, keine nennenswerten Veränderungen mehr. 1804 wird der bis dahin in der Kronengrotte aufgestellte spätantike Löwentischfuß entfernt und in die Salzburger Universität gebracht; von dort überführt man ihn drei Jahre später nach Wien ins damalige k. u. k. Münz- und Antikenkabinett (Abb. 75).[519] Nach dem Reichsdeputationshauptschluß von 1803 fiel das nunmehr weltliche Fürstentum Salzburg zwei Jahre lang an den in der Toskana entthronten Großherzog Ferdinand. 1805 wurde es zunächst österreichisch, 1809 französisch, 1810–1815 war es bayerisch, und 1816, endgültig und stark verkleinert, ist es dem habsburgischen Österreich einverleibt worden. Damit gelangte Hellbrunn in den Besitz des Kaiserhauses, woran auch heute noch die gelbe Farbe des Schloßgebäudes und des Monatsschlößchens erinnert.

9.4. Phase IV (1816–1922)

Innerhalb dieser Phase haben nur noch kleinere Eingriffe stattgefunden, die sich auf das Erscheinungsbild der Gartenanlage nicht mehr wesentlich auswirkten.

Zunächst ist in der Kronengrotte als Ersatz für den oben erwähnten Löwentischfuß ein niedriger, mit verschiedenen Amphibien und Reptilien verzierter Steinhügel aufgestellt worden, der ein pyramidenartiges Postament aus Marmor mit einer Inschrift trug (Abb. 98).[520] Dieses Gebilde, auf dem eine blecherne Krone lag, die durch Öffnen eines Ventils mit einem Wasserstrahl emporgehoben werden konnte, ist bis Anfang dieses Jahrhunderts erhalten geblieben und wurde dann zu seiner jetzigen Form umgestaltet.[521]

In unmittelbarer Nähe, am Anfang des von zahlreichen Brunnen gesäumten Spazierwegs, hat man um 1845 in einer der fünf kleinen Grotten die Figuren der Fama und der schrei-

98 Hellbrunn, Kronengrotte; Innenansicht des ersten Raumes. Radierung aus dem Hellbrunn-Führer von Benedikt Seitner (1836).

enden Eule gegen solche mit der Darstellung des Apollo und Marsyas ausgetauscht.[522]

Vermutlich hängt diese Maßnahme mit der Neubesetzung der Brunnenmeisterstelle zusammen, die am 21. Oktober 1842 erfolgte.

Jakob Seitner, der dieses Amt von seinem Vater übernahm, wird jedenfalls in einem Reiseführer jener Zeit als Verantwortlicher für den Umbau der Vogelsanggrotte genannt, wobei der aus einer Höhle hervortretende Drache entfernt und durch einen Brunnen mit sich im Kreis drehenden wasserspritzenden Figuren ersetzt wurde.[523]

Am Rande des großen eingefaßten Karpfenweihers hat man wohl in der zweiten Hälfte des 19. Jahrhunderts parallel zum Obeliskenpaar die lange in einem Depot untergebrachten Einhörner des Erzbischofs Johann Ernst von Thun aufgestellt, die sich ursprünglich beim Eurydikebrunnen befanden.[524]

Im selben Zeitraum dürfte im hinteren Teil des weitläufigen Parks das nach einem Brand zunehmend dem Verfall preisgegebene Schlößchen Belvedere abgetragen worden sein.[525]

Die Versetzung der ehemals oberhalb der Orpheusgrotte aufgestellten Statue eines Narren in die alte Fasanerie im Jahre 1901 bildet den Endpunkt einer langen Reihe von Veränderungen, deren Resultat das heutige Gesicht der Anlage ist.[526] Erwähnt sei auch, daß zwischen 1913 und 1921 der Münchner Theaterwissenschaftler Arthur Kutscher das Steintheater revitalisierte, indem er dort mit seinen Studenten verschiedene Werke aufführte.

1922 ging Hellbrunn in den Besitz der Stadt Salzburg über.

99 Salzburg, Hellbrunn; Entwurf für das neue Festspielhaus von Hans Poelzig (um 1922).

9.5. *Phase V (seit 1922)*

Die letzten Jahrzehnte sind im Vergleich zu früheren Epochen äußerlich relativ spurlos an dem nun zunehmend von Touristen besuchten Ort vorbeigegangen. Beinahe wäre es allerdings ganz anders gekommen und 1922 zu einem Schicksalsjahr für Hellbrunn geworden. Im südlichen Teil des Parks sollte nach der Vorstellung des damaligen Salzburger Festspielgründers Max Reinhardt ein gewaltiges Festspielhaus in die Höhe wachsen.[527] Mit der Planung wurde der Architekt Hans Poelzig betraut, der für Reinhardt schon das große Schauspielhaus in Berlin entworfen hatte und fortschrittliche Ideen vertrat. Eine Brücke zwischen den Kulturstädten Berlin und Salzburg wollte man mit dem riesigen Gebäude schlagen, das mit seinem Erscheinungsbild und seinen Dimensionen Assoziationen zu einer Gralsburg mit rundem Grundriß wachrief (Abb. 99). Die Wucht und Schwere dieses Festspielhauses hätten zweifellos das in Hellbrunn bis anhin gewahrte Gleichgewicht von Natur und Architektur, von Heiterkeit und Stille empfindlich gestört; so darf man aus heutiger Sicht wohl von Glück reden, daß Kritik, Intrigen, Inflation und vor allem Geldmangel das monströse Projekt verhinderten. Gleichwohl kam es am 19. August jenes Jahres noch zur Grundsteinlegung. Über die genaue Stelle dieses festlichen Aktes gibt es widersprüchliche Aussagen; der Stein ist seither verschollen.

1923 verlagerte sich das Geschehen in den Bereich des Schloßhofes. Wahrscheinlich aufgrund der rasch steigenden Besucherzahlen faßte man den recht ungewöhnlichen Entschluß, das Restaurant unter Aufgabe der Kapelle auszubauen.[528] Zwei neu geschaffene Durchgänge ermöglichten nun eine direkte Verbindung zwischen Küche und den Speisesälen. Für die Gäste wurde im Nordwesten eine gedeckte Veranda angegliedert, die man später jedoch wieder veränderte.

Neben einer 1938 durchgeführten Restaurierung der Wandmalereien im Fasanengarten durch Anton Bachmayr[529] ist vor allem ein elf Jahre später begonnenes Großprojekt zu erwähnen, das auf dem sogenannten „Mitterfeld“ (zwischen Waldemsberg und der östlichen Umfassungsmauer) den Bau eines Campinghotels und einiger Apartmenthäuser im Bungalowstil vorsah. Die entsprechenden Akten sind mit dem Vermerk „Geheim“ versehen und somit in der Öffentlichkeit nie diskutiert worden. Zu einer Realisierung des Vorhabens kam es auch hier nicht.[530]

1951/52 wurden unter der Leitung des Akademieprofessors Arthur Sühs die Malereien in den Grotten des Schloßgebäudes restauriert, 1960 nahm man die umfassende Reinigung und Wiederherstellung des Festsaals und des Oktogons in Angriff. Der schlechte Zustand der Malereien, zum Teil verursacht durch zu hohe Feuchtigkeit und Risse im Mauerwerk, erschwerte die Arbeiten, welche sich über viele Jahre hinzogen. Obwohl es gelang, den Wand- und Deckenschmuck von störendem Schmutz zu befreien, sind einige Stellen unglücklich ergänzt bzw. übermalt worden, was in jüngster Vergangenheit Anlaß zu Kritik gegeben hat.

1960 konnte Erzbischof Andreas Rohracher die gegenüber dem alten Standort eingerichtete und neu im ehemaligen Glockenhaus untergebrachte Kapelle weihen.

Nach einer Idee der Stadträtin Martha Weiser und dem Festspielpräsidenten Bernhard Paumgartner wurde das „Fest in Hellbrunn“ ins Leben gerufen und 1970 zum ersten Mal veranstaltet, das als zweiter Brennpunkt im Festspielgeschehen gedacht war.[531] Während mehrerer Stunden gelangten dabei simultan an verschiedenen Plätzen zahlreiche künstlerische Darbietungen von Werken der Renaissance bis zur Gegenwart zur Aufführung: Ballett, Komödie, Pantomime, Rezitation, Musik, Feuerwerk und eine kleine barocke Oper im Steintheater. Das Fest findet seither alljährlich im August statt.

Hellbrunn wird heute noch hauptsächlich wegen seiner Wasserspiele besichtigt. Bei über 350.000 Besuchern im Jahr ist mittlerweile nicht nur eine Kapazitätsgrenze erreicht worden, sondern es haben auch die unweigerlich damit verbundenen Abnützungserscheinungen und Schäden ein teilweise gravierendes Ausmaß erreicht. Seit Sommer 1992 sind deswegen in sämtlichen im Erdgeschoß des Schlosses untergebrachten Grotten umfangreiche Restaurierungsarbeiten notwendig geworden.

Im Zuge des in Europa ständig wachsenden Interesses an Gartenarchitektur und Grottenbauten hat im Herbst 1995 in Salzburg ein mehrtägiges internationales Fachkolloquium zum Thema „Grottenrestaurierung“ stattgefunden. Neben kunsthistorischen Fragen wurden vor allem technische Methoden zur besseren Konservierung der anfälligen und teilweise stark beschädigten Kunstwerke diskutiert.[532]

Aufgrund der zweifachen Umgestaltung während des 18. Jahrhunderts ist in Hellbrunn eine überaus interessante Abfolge von unterschiedlich konzipierten Bereichen entstanden, die den heutigen Betrachter von der italienisch-manieristischen über die französisch-barocke zur englischen Gartenkunst der Zeit der Aufklärung führt.

Man kann nur hoffen, daß es gelingen wird, die Anlage mit all ihren Besonderheiten – von denen einige weltweit einzigartig sind – für kommende Generationen zu erhalten. Wer je in der Abenddämmerung einen Spaziergang in diesem „locus amoenus“ gemacht, das hier so deutlich faßbare Ineinandergreifen von Kunst und Natur gespürt und das faszinierende, stets wechselnde Spiel von Licht und Wasser erlebt hat, wird sich diesem Wunsch gewiß anschließen.

10. Numen vel dissita jungit: Der Versuch einer Interpretation Hellbrunns

Das im Festsaal des Schloßgebäudes an der südwestlichen Supraporte angebrachte Motto „NUMEN VEL DISSITA JUNGIT“ (Der göttliche Wille verbindet sogar das Entgegengesetzte), welches sich über einer Darstellung der beiden Wappentiere Löwe und Steinbock befindet, hat man unterschiedlich aufgefaßt (Abb. 100 siehe Farbtafel 25).[533] Eine genauere Betrachtung dieses Wahlspruchs ist vor allem deswegen lohnend, weil man dadurch dem Verständnis Hellbrunns einen entscheidenden Schritt näherkommt.

Seine Interpretation auf der Basis christlich-alchimistischer Mystik unter Berücksichtigung des darunter erscheinenden Bildes dürfte zwar – weil sie von der Symbolik der Zeit um 1600 ausgeht – stimmen, geht jedoch hinsichtlich seiner Bedeutung für Hellbrunn als künstlerisch gestaltetes Ensemble nicht weit genug.[534] Die Behauptung, das Motto beziehe sich einerseits auf die Vereinigung unterschiedlichster Räume im Schloß durch die Enfilade, andererseits auf die Vereinigung der gemalten mit der gebauten Architektur und auf die unterschiedlichen Gartenbezirke in ihrer räumlichen Erstreckung, vermag nicht zu überzeugen.[535]

Der Wahlspruch, der sich nicht ausschließlich auf die Person von Markus Sittikus zu beziehen scheint, wird am besten durch das bereits mehrfach erwähnte, 1618 datierte ganzfigurige Bildnis des Erzbischofs illustriert (Abb. 76 siehe Tafel 24). Es zeigt den Landesfürsten in Pontifikalkleidung vor einer schwarz gerahmten Vedute Hellbrunns stehend und auf die mit einem Goldrahmen versehene Ansicht des zu jenem Zeitpunkt noch unvollendeten Domes weisend. Ungewöhnlich ist dieses als Staatsporträt aufzufassende Gemälde zunächst deshalb, weil es mehrere Bilder unterschiedlicher Bedeutungsebenen in einem Bild vereinigt. Mindestens ebenso wichtig ist jedoch die damit verschlüsselt dargestellte Dichotomie der fürsterzbischöflichen Rolle, die der Hohenemser im Sinne des in Rom geltenden Prinzips „Papa – Rex / Rex – Papa“ spielte. Markus Sittikus herrschte zwar als souveräner Territorialfürst über das Land Salzburg, erscheint auf dem Porträt aber in Funktion des geistlichen Oberhaupts, wobei das Hauptverdienst seiner kurzen Regierung – der Neubau des Domes – demonstrativ hervorgehoben wird. Somit hat man mit diesem Porträt ein Rechtfertigungsbild vor sich, das in seiner Aussage wohl nicht zufällig an den gleichzeitig regierenden Papst Paul V. Borghese erinnern soll. Im Jahre 1605 hatte ein mantuanischer Diplomat nach Hause berichtet, daß der neugewählte Papst so große Bauten plane, „daß sie einem Fürsten entsprechen, der die höchste geistliche Macht mit der höchsten weltlichen vereinigt“.[536]

Bezeichnenderweise richtete Paul V. sein Hauptaugenmerk auf die Vollendung des Petersdomes, dessen Fassade 1612 – im selben Jahr, in dem der Hohenemser in Salzburg seinen Regierungsantritt feiern konnte – fertiggestellt wurde. Daneben ließ der Papst den Vatikanischen Palast und die Sommerresidenz auf dem Quirinal ausbauen.[537]

Bei der Betrachtung des Bildnisses von Markus Sittikus läßt sich bezüglich der Architektur ebenfalls eine Gegenüberstellung von Geistlichem und Weltlichem herauslesen, denn die beiden seit 1614 parallel laufenden baulichen Großprojekte des Erzbischofs (Dom, Hellbrunn) hätten in Wesen und Funktion nicht verschiedener sein können.

Der Sinnspruch im Festsaal des Schlosses ist mit dem darunter befindlichen Bild des Steinbockes, der den Löwen umarmt, untrennbar verbunden. Dieses Allianzwappen, das den Begriff „iungit“ visualisiert, begleitet den Hellbrunnbesucher – in Stein gehauen und halb- oder vollplastisch umgesetzt – wie ein Leitfaden durch die ganze Anlage und dürfte sich deshalb auch ganz konkret auf die gemeinsame Schöpfung des Bauherrn und seines Architekten beziehen. Dabei wird nicht die räumliche Ausdehnung angesprochen, sondern die sowohl in der Gesamtplanung des Komplexes als auch bei einzelnen seiner Elemente faßbare Gegensätzlichkeit. Die ins Untergeschoß integrierten, nebeneinanderliegenden Grottenräume, in denen ein ständiger Stimmungswechsel zwischen Belustigung, Beschaulichkeit, Erstaunen und Furcht provoziert wird, eignen sich als Beispiele besonders gut für das Verständnis des manieristischen Zeitgeistes.

Die im Motto ausgedrückte Polarität läß sich aber auch auf die in ihrem Charakter sehr unterschiedlichen Bereiche Hellbrunns übertragen. Dies gilt insbesondere für den um das Schloßgebäude angelegten Lustgarten mit seinen Wasserscherzen, der in der Verkörperung weltlicher Sinneslust und Kurzweil in vollkommenem Gegensatz steht zu dem zu meditativer Andacht einladenden Kreuzweg mit den Kapellen.

Mit dem aus der hintersinnigen Kombination von Wahlspruch und Allianzwappen entspringenden Concetto wollte der Erzbischof letztlich auch betonen, daß ihn der „göttliche Wille" mit Salzburg verbunden hatte. Dieser gleiche Wille, so scheint es, der Markus Sittikus überdies mit einem kurz vor seiner Wahl heiliggesprochenen Oheim segnete, war in seinen Augen für den günstigen Ausgang dieses Ereignisses wohl mitverantwortlich. Damit wurde schließlich die Voraussetzung für eine überaus glanzvolle Regierungszeit geschaffen, in welcher der Hohenemser seiner Doppelfunktion und seinen in der Jugend in Italien gewonnenen Eindrücken gemäß wirkte.

Nach der Deutung des Mottos soll in Ansätzen auch eine Charakterisierung Hellbrunns versucht werden. Auffallend ist zunächst, daß das Überraschungsmoment in der Konzeption der Anlage eine entscheidende Rolle spielt. Die vom Schlößchen Freisaal aus kerzengerade auf den Waldemsberg zulaufende Hellbrunner Allee, die ebenfalls während der Regierungszeit von Markus Sittikus entstanden ist, zeugt nicht nur von einem straff und effizient geführten modernen Bauwesen, sondern läßt als „direttissima" und ohne irgendwelche Rücksichten gezogene Achse auch den absolutistischen Willen des Erzbischofs erkennen.

Die Straße führt aber nicht auf die Mitte des Schlosses hin, sondern biegt, unmittelbar vor dem Eingang in eine von der Salzach herkommende Querallee mündend, rechtwinklig nach Westen um, wo sich zwischen den beiden obeliskenbekrönten Mauerkulissen die erste Ansicht des Schlosses präsentiert. Die Zufahrt führt von da unbeirrt geradeaus, wobei die sie eingrenzenden Mauern und niedrigen Gebäude jedes Ausbrechen des Blicks nach den Seiten verhindern. Erst wenn der geräumige Hof erreicht wird, zeigt sich die Hauptfassade in ihrer ganzen Breite. Die allseitig abschließende glatte Mauerarchitektur der Nebengebäude und die einfache horizontale Gliederung des Schlosses geben dem Hof ein ruhiges und strenges Gepräge, zu dem die Treppe und das aus der tiefer gelegenen Grotte dringende Geräusch des Wassers in eigenartigem Gegensatz stehen. Auch hier lassen sich Überraschungen erahnen, die hinter der Mauer verborgen liegen.

Der schnurgerade auf das Schloßgebäude führende Weg und der von den niedrigen Anbauen vollkommen eingefaßte Hof erinnern an Pratolino.[538] Allerdings unterscheidet sich die von Buontalenti errichtete Anlage in zwei wesentlichen Punkten von Hellbrunn; zum einen liegt die Villa auf einem Hügel, so daß sich der Bau dem nahenden Besucher aufgrund der Steigung erst Schritt für Schritt offenbart; zum anderen entfaltet sich in Pratolino der Garten mit seinen Wasserkünsten bereits vor dem Gebäude, dessen im Erdgeschoß integrierte Grotten von der Eingangsfront her zugänglich sind.

Um auch für seine in der Ebene befindliche Anlage einen hohen Grad an Spannung erzeugen zu können, war Solari gezwungen, auf künstliche Hilfsmittel zurückzugreifen. Damit sind nicht nur die Mauern gemeint, welche die Einfahrt flankieren, sondern auch die Anbauten des Hofes, die durch ihren formalen Aufbau die Aufmerksamkeit auf das Schloßgebäude konzentrieren, vor allem aber allseits den Blick in den umgebenden Lustgarten und die Fasa-

101 Entwurf einer Villa mit Lust- und Tiergarten, Ansicht aus der Vogelperspektive. Kupferstich aus Joseph Furttenbach, „Architectura civilis" (1628).

nerie versperren, was die Neugierde nur noch mehr zu steigern vermag.

Daß dieses Konzept konsequent durchgehalten wurde, läßt sich bei der Vorstellung eines Hellbrunnbesuches zur Zeit des Bauherrn gut nachvollziehen. Wie verwundert müssen die Gäste des Erzbischofs nach dem formellen Empfang im Hof mit allen Aspekten der Etikette und nach einer Führung durch die repräsentativen Räume des kleinen Palastes gewesen sein, wenn sie über eine der beiden dunklen Wendeltreppen plötzlich in den Bereich der Grotten und Wasserspiele gelangten. Dieses bereits in Pratolino vorgebildete unmittelbare Eintauchen des Besuchers von der Villa in eine vollkommen andersartige Welt mit all ihren Schaustücken und Spielereien wurde ohne Zweifel auch in Hellbrunn als besonders faszinierend empfunden.

Abgesehen davon ließ sich der Garten von keiner Stelle aus in seiner Gesamtheit erfassen, da er aus einer Abfolge verschiedenartiger, mehr oder weniger abgeschlossener und selbständiger Elemente bestand.[539]

Ähnlich wie sich das Schloßgebäude dem nahenden Besucher erst nach und nach in seiner ganzen Breite präsentierte, waren die einzelnen Gartenindividualitäten nur durch ihr Abschreiten erlebbar.

Der ursprüngliche Charakter des Giardino segreto ist zwar aufgrund der durchgreifenden Veränderungen im 18. Jahrhundert nur noch fragmentarisch erhalten, die Intention des Architekten ist dennoch deutlich spürbar. Dies gilt besonders für den sogenannten Fürstenweg, der den Grundgedanken der Schloßallee wieder aufnimmt. Solari hat auch hier eine beiderseits eng begrenzte und mehrfach geknickte Achse angelegt, die den neugierigen Gast mit einer Aneinanderreihung von Kuriositäten in Form von Automaten, Brunnen und Grotten stets aufs neue in Erstaunen und Bewunderung versetzen soll. In diesem Sinne kann man das im Lustgarten befindliche Ensemble von Weihern und dem zierlichen Montagnetto, dessen Ansicht sich dem Betrachter erst nach dem Verlassen des Weges offenbart, als krönenden Abschluß einer bewußt inszenierten Kette von Überraschungen auffassen.

Neben diesen Beobachtungen hat die zwangsläufige Auseinandersetzung mit der Vorbildfrage einen zweiten Hauptwesenszug der Anlage herauskristallisiert. Die Schöpfung Solaris erweist sich als nicht von einem einzigen Beispiel italienischer Gartenarchitektur oder einer einzigen Kulturlandschaft abhängig, wie in der bisherigen Forschung oft behauptet wurde, sondern ist vielmehr als ein Konglomerat verschiedener Zitate anzusehen. Wie die Untersuchung von Schloß, Garten und Brunnen ergeben hat, handelt es sich dabei in einigen Fällen um eine direkte Rezeption der südlich der Alpen beheimateten Vorbilder, in anderen kann aber nur noch von Anspielungen darauf gesprochen werden. Dem Bauherrn ging es mit der Errichtung von Hellbrunn – neben dem eigenen Anspruch auf Erholung und Zerstreuung – offensichtlich auch darum, seine hochrangigen Gäste mit den eigenen Kenntnissen auf dem Gebiet der zeitgenössischen Gartenkunst zu verblüffen. Mit der Ausstattung dieser ersten rein italienisch geprägten Villa suburbana im deutschen Sprachraum vermochte er selbst dem weitgereisten und kulturell gebildeten Besucher eindrucksvoll vor Augen zu führen, daß er von den meisten Gärten mit ihren Bizarrerien und den großartigsten Adelssitzen desjenigen Landes wußte, in dem er den größten Teil seiner Jugend verbracht hatte. Mit der baulichen Umsetzung der um 1600 einflußreichsten Traktate (Serlio, Aleotti) und der wahrscheinlichen Anlehnung an Francesco Colonnas „Hypnerotomachia Poliphili" demonstrierte in ähnlicher Weise auch der Architekt seine breitgefächerten Kenntnisse.

Sowohl im formalen Aufbau als auch in seiner Konzeption präsentiert sich Hellbrunn als ein verspätetes Produkt des reifen Manierismus. Der Geist des Tiroler Erzherzogs Ferdinand II. und seiner Kunst- und Wunderkammer wird hier spürbar, nicht nur in der von Markus Sittikus angelegten Gemäldesammlung mit ihren zweidimensionalen Jagdtrophäen, die teilweise zu direkten Vergleichen mit Beispielen aus dem nahe Innsbruck gelegenen Schloß Ambras einladen, sondern auch im Lustgarten und im Tierpark.[540] Es scheint, als habe der Erzbischof den vom exzentrischen Erzherzog vorgebildeten Museumsgedanken vom Kleinen ins Große übertragen.[541] Entsprechend hat Hellbrunn, das mit seiner Vielfalt an Wasserkünsten, Skulpturen, exotischen Gewächsen, seltenen Tieren und sonstigen Sehenswürdigkeiten vom enzyklopädischen Humanismus geprägt war, eine faszinierende Wirkung auf den damaligen Besucher ausgeübt. Durchaus im Sinne des am Hof von München tätigen niederländischen Arztes und Sammlers Samuel von Quiccheberg kann man die vom Hohenemser initiierte Anlage als ein „theatrum mundi" bezeichnen, in dem die verschiedenen Lebensbereiche und Aspekte der in jener Zeit bekannten Welt gemäß dem in katholischen Kreisen weitverbreiteten Wahlspruch „omnia ad maiorem dei gloriam" vereint waren.[542] Zwar gab es um 1600 auch anderswo in Europa Adelssitze, die mit ihren Gärten von derselben Grundidee getragen wurden, trotzdem manifestiert sich besonders in Hellbrunn eine Sammlertätigkeit, die den üblichen Rahmen sprengt.[543] Neben der bemerkenswerten Integration eines Miniatur-Sacro-Monte in den Park seines Lustschlosses hat der Erzbischof mit der Neukombination einer ganzen Reihe von Zitaten berühmter Beispiele italienischer Villenbaukunst den Außenbezirk des kleinen Palastes zu einer veritablen Wunderkammer der Gartenarchitektur gestaltet.

Hellbrunn ist in einer Zeit entstanden, in der Wasserscherze so verbreitet waren, daß der gebildete Besucher gar nichts anderes mehr erwartete und das eigentliche Spannungsmoment nur noch in der Frage bestand, wann und wo man durchnäßt werden würde. Die Anlehnung an die glanzvollen Vorbilder einer in Italien bereits zu Ende gegangenen Epoche scheint zwar intendiert, vielfach aber – aus welchen Gründen auch immer – hat es der Architekt bei einer bloßen Anspielung bewenden lassen.

Ein in der 1628 erschienenen „Architectura civilis" von Josef Furttenbach enthaltener Kupferstich, der einen *„Lust- und Thiergarten sampt allen darinn zu findenden delitien“* vorstellt[544], illustriert treffend die damaligen, mit solchen Schöpfungen verbundenen Vorstellungen (Abb. 101).[545] Dieser Entwurf, der in seinem Wesen starke Bezüge zu Hellbrunn wachruft, zeigt, daß die vom Ulmer Architekten von 1605 bis 1608 in Italien gewonnenen und später in seiner Heimat publizierten Eindrücke selbst in der ersten Hälfte des 17. Jahrhunderts nördlich der Alpen noch immer als etwas Neues und Außergewöhnliches galten.

11. Die Trabantenschlösser entlang der Hellbrunner Allee

Die beiden kleinen Adelssitze entlang der von Salzburg ausgehenden und im rechten Winkel auf die Schloßeinfahrt stoßenden Allee gilt es ebenfalls zu untersuchen, da sie fast zeitgleich mit Hellbrunn entstanden und mit großer Wahrscheinlichkeit von Solari entworfen worden sind. Die zierlichen Gebäude gehörten zwar nicht unmittelbar zum Ensemble des Hohenemsers, nahmen aber sowohl aufgrund ihrer Lage als auch bezüglich ihres formalen Aufbaus starken Bezug auf diese, weshalb man die beiden Bauten auch als „Trabanten-“ oder „Satellitenschlösser“ bezeichnen kann. Deren Besitzer, der Nepot des Erzbischofs Jakob Hannibal II. und der Leibgardehauptmann Johann Sigmund von Mabon, waren hochrangige Mitglieder des Salzburg Hofstaates und standen ihrem Landesfürsten besonders nahe.[546]

11.1. Emslieb

Im November 1618 erwarb Graf Jakob Hannibal II. von Hohenems, der unter seinem erzbischöflichen Onkel das Amt eines hochfürstlichen Obristhofmarschalls und geheimen Rats innehatte, mit Bewilligung der Äbtissin des Stifts Nonnberg am südöstlichen Ende der Hellbrunner Allee den Baugrund für ein Herrenhaus.[547] Dieses neue Landgut, zu dem neben einem kleinen Palast zwei Nebengebäude gehörten, erhielt den Namen Emslieb.

Es muß in weniger als einem Jahr fertiggestellt worden sein, denn Stainhauser erwähnt das Schlößchen bereits in seiner Beschreibung von 1619 und bezeichnet es als *„auf die italienische Arth erbauth“*.[548] Da Markus Sittikus im Oktober 1619 starb, worauf sein Neffe Salzburg verließ, ist anzunehmen, daß der Nachfolger Erzbischof Paris Lodron das Gebäude Jakob Hannibal abkaufte und seinem Rat und Günstling Thomas Perger schenkte, der sich fortan „von Emslieb“ nennen durfte.[549] In der Familie Perger blieb das Schlößchen bis 1710, von diesem Zeitpunkt an wechselte es häufig den Eigentümer. Heute befindet es sich in Privatbesitz.

Am Ende des 18. Jahrhunderts ließ der damalige Bischof von Chiemsee, Graf Breuner, Emslieb umbauen, wobei das Gebäude u. a. mit einem roten Giebeldach und einer mit dessen Familienwappen gezierten Balustrade versehen wurde.[550] Im Verlauf des 19. Jahrhunderts hat man es neu fassadiert (Abb. 102 siehe Tafel 26).[551]

Die ursprüngliche Gestalt des Schlößchens läßt sich nur mit Vorbehalten rekonstruieren, da auch in diesem Fall keine Baupläne existieren. Nur auf dem in Hellbrunn aufbewahrten Markus-Sittikus-Porträt von 1618 hat sich eine Ansicht des damals wohl noch nicht vollendeten kleinen Palastes erhalten, die wenigstens einen ungefähren Eindruck vermittelt (Abb. 103). Vermutlich war Emslieb auch auf der ein Jahr später entstandenen Kopie des Bildes zu sehen; durch die Beschneidung des Gemäldes an den Seiten ist dieser Teil aber verlorengegangen. Leider leistet auch der für Hellbrunn so wichtige Stich von Melchior Küsell (1679) keine Hilfe, denn hier wird nur ein Teil des Daches inmitten dichten Baumwuchses gezeigt. Eine um 1800 von Carl Schneeweis angefertigte Radierung gibt den Zustand des Gebäudes nach dem ersten Umbau im späten 18. Jahrhundert wieder (Abb. 104).[552] Heute präsentiert sich das Schlößchen von der Gartenfront her als ein dreigeschossiger fünfachsiger Bau mit zwei Eckrisaliten und Blechmansardendach. Die von Stainhauser beschriebenen Innenräume sind ähnlich denen des Schlößchens Belvedere in Hellbrunn verteilt. So befanden sich im Erdgeschoß die Wirtschafts- und Eßräume sowie eine durchgehende Halle mit Tonnengewölbe in der Mitte, im ersten Geschoß reich mit Bildern geschmückte Wohn- und Schlafzimmer, während man vom darüberliegenden Stockwerk, das aus einem großen Saal mit zwei Nebenzimmern bestand, eine schöne Aussicht auf den Gaisberg genießen konnte.[553] Die heutige Innendekoration stammt weitgehend aus dem Ende des 18. Jahrhunderts. Die Aufzeichnungen des Chronisten lassen vermuten, daß sich der auf der Ostseite gelegene Garten in seiner Ausstattung an denjenigen von Hellbrunn anlehnte, wenn auch nur im kleinen. Er war in vier Zierbeete eingeteilt und von einem Kanal umgeben, an dem einige seltene Wasservögel gehalten wurden; außerdem gab es hier, ähnlich wie bei der Villa des Erzbischofs, einen Weiher, in dem Felchen und Saiblinge ausgesetzt waren.[554]

Der Vergleich zwischen dem heutigen Zustand, der Radierung von Schneeweis und der Ansicht auf dem Markus-Sittikus-Porträt zeigt, daß die Umbauten im 18. und 19. Jahrhundert überaus radikaler Natur waren. Dies dürfte auch der Grund dafür gewesen sein, daß hier die Vorbildfrage noch nie gestellt wurde.

Ursprünglich scheint es sich um einen einfachen Baukörper mit vier Ecktürmen gehandelt zu haben (Abb. 103). Während der Mittelteil des Gebäudes mit einem Walmdach versehen war, wurden die hier recht dominanten Eckrisalite von Zeltdächern abgeschlossen. Die heute auf beiden Seiten des Schlößchens sichtbare Vertikalgliederung durch Lisenen ist als spätere Zutat anzusehen, statt dessen kann man auf der Ansicht von 1618 die bei allen Profanbauten Solaris vorkommende Betonung der Horizontalen durch Steinbänder erkennen. Falls diese zwangsläufig unvollständige Rekonstruktion zutrifft, würde sich ein Vergleich mit dem Palazzo Gallio in Gravedona anbieten (Abb. 105). Das durch einen festungshaften Charakter geprägte Gebäude, das 1583 auf den Grundmauern eines mittelalterlichen Kastells von Pellegrino Tibaldi errichtet wurde und eine doppelgeschossige Loggia besitzt, weist ebenfalls vier Ecktürme auf.[555] Wie im Falle des Schlößchens Emslieb befinden sich die Dächer dieser Türme annähernd auf gleicher Höhe mit dem zentralen Baukörper. Auffallend ist die Übereinstimmung der Grundrisse der jeweiligen Erdgeschosse hinsichtlich der durchgehenden Halle in der Mitte (Abb. 105, 106).

103 Schloß Emslieb; Ansicht von Süden. Detail des Markus-Sittikus-Porträts (dat. 1618), Donato Mascagni zugeschrieben (Schloß Hellbrunn).

104 Schloß Emslieb; Ansicht der Hauptfassade. Radierung von Carl Schneeweis, um 1800 (SMCA).

Tibaldi, der als bevorzugter Architekt Carlo Borromeos auch für die Planung der Villa d'Este in Cernobbio verantwortlich war, dürfte sich für den Palazzo Gallio Anregungen im dritten Buch des Serlio-Traktats geholt haben (Abb. 107).[556] Der Entwurf von Serlio unterscheidet sich von Tibaldis Lösung zwar durch die Höhe der Eckrisalite und die durchgehende Verwendung von Loggien; die Parallelen in der Konzeption der Baukörper sind jedoch evident. Aufgrund seiner Lage am nördlichen Ende des Comer Sees muß Solari den Palazzo Gallio gekannt haben.

Emslieb präsentiert sich damit als eine verkleinerte Umsetzung des oberitalienischen

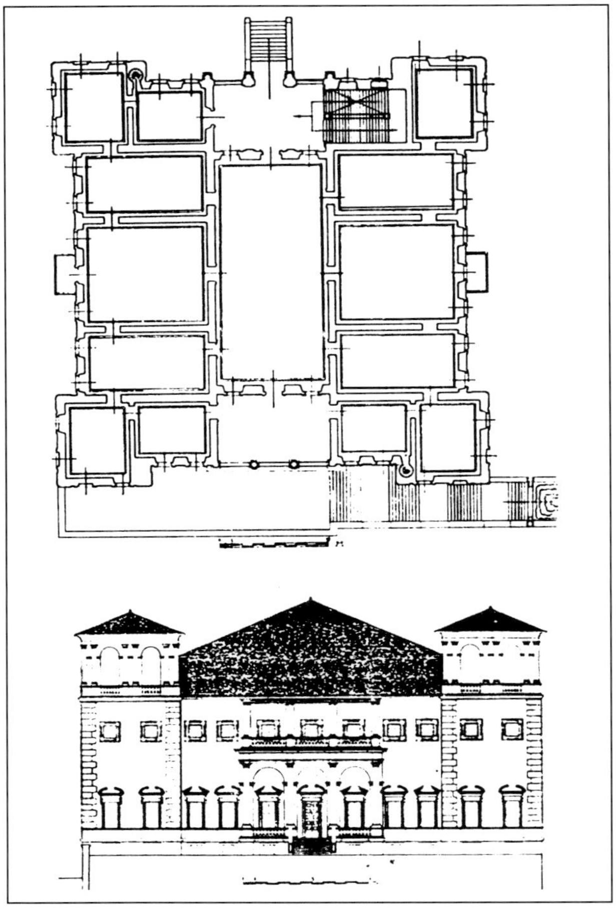

105 Gravedona, Palazzo Gallio (um 1583); Ansicht der Hauptfassade und Grundriß des Erdgeschoßes (Zeichnung nach Rocco).

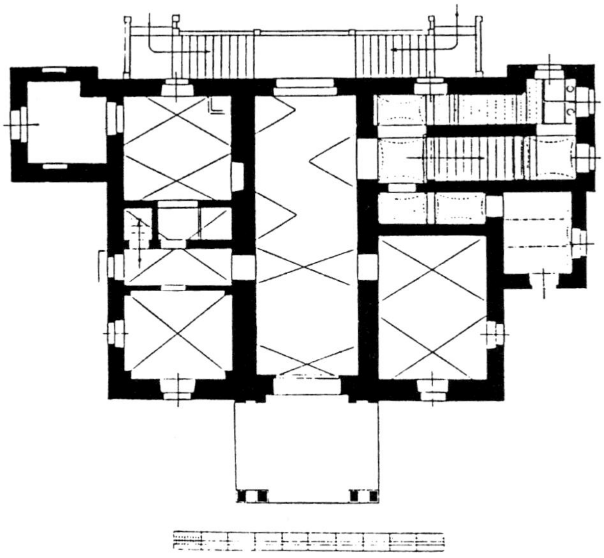

106 Schloß Emslieb (um 1618/19); Grundriß des Erdgeschoßes.

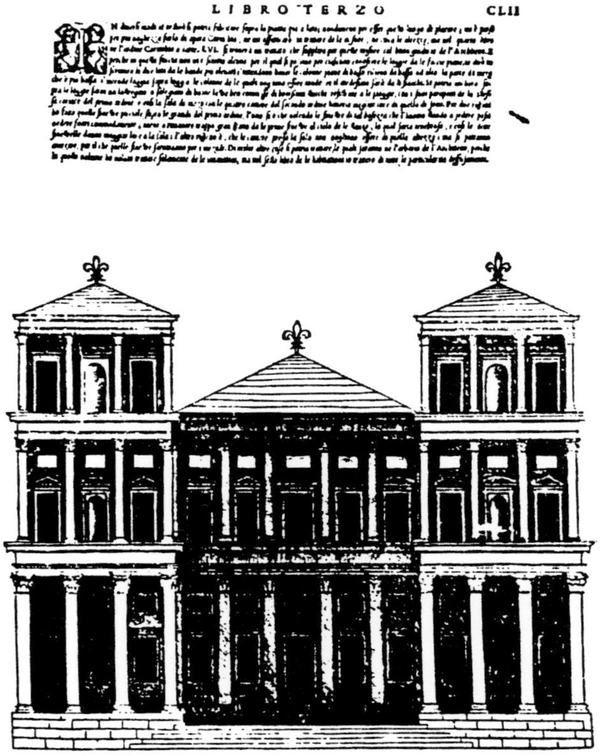

107 Entwurf für einen Palazzo mit vier Türmen, Ansicht der Hauptfassade. Holzschnitt aus Sebastiano Serlio „Tutte l'opere d'Architettura" (1619), Buch 3.

Vorbildes mit indirektem Bezug auf einen Serlio-Entwurf. Solaris Bau scheint auch den Erzbischof besonders angesprochen zu haben, denn die gleichzeitig in dessen Lustgarten errichtete Kronengrotte stellt wohl nichts anderes dar als eine Miniaturausgabe des Schlößchens an der Hellbrunner Allee.

Offenbar hat man im späten 18. Jahrhundert die vorderen Eckrisalite zugunsten einer einheitlichen und zierlicheren Barockfassade abgebrochen, um dem kleinen Palast sein eher wehrhaftes Aussehen zu nehmen.

11.2. Emsburg

Der Bauherr der weiter nördlich an die Hellbrunner Allee anstoßenden Emsburg, Johann Siegmund von Mabon, diente unter Markus Sittikus als Leibgardehauptmann.[557] Der Erzbischof verlieh ihm 1618 die Urbarsgerechtigkeit für eine Mühle, Behausung und Säge, die Mabon vorgängig von Marx Teuffenbacher zu Morzg gekauft hatte und eine ebensolche für das von Martin Prem aus Hallein erworbene Stangellehen ein Jahr später.[558] Zum Ankauf der Mühle gab ihm der Hohenemser einen Betrag, verlieh ihm die Edelmannsfreiheit und gab dem daraufhin begonnenen Gebäude den Namen Emsburg. Als Markus Sittikus starb, waren die Bauarbeiten noch in vollem Gange. Einem Ansuchen Mabons an das sede vacante regierende Domkapitel, daß ihm die Baumeisterei einem Versprechen des verstorbenen Erzbischofs gemäß das obere Stockwerk ausbauen möchte, wurde stattgegeben.[559]

Erzbischof Paris Lodron bestätigte 1625 dem inzwischen zum Obristleutnant und Stadthauptmann avancierten Mabon seine Freiheiten und erlaubte ihm überdies die Errichtung eines Bräuhauses. Nach seinem Tode 1633 verblieb das Schlößchen vorerst im Besitz der Erben, gelangte aber durch die Heirat der Tochter Ursula Maria von Mabon an die Freiherren von Rehlingen.[560]

Zwei Ansichten aus der zweiten Hälfte des 17. Jahrhunderts vermögen das äußere Erscheinungsbild der Emsburg recht präzise wiederzugeben, die bis dahin noch ihr ursprüngliches Aussehen bewahrt hatte (Abb. 108 siehe Tafel 27).[561] Es handelte sich dabei um einen schlichten kubischen Bau mit drei Geschossen und einem angebauten Turm auf seiner Westseite. Die Haupt- und Gartenfassade wiesen jeweils sieben Achsen auf, während an den Seiten jedes Stockwerk sechs Fenster besaß. Charakteristisch für Solaris Profanbauten sind die umlaufenden horizontalen Doppelbänder und die Hervorhebung der Fenster des Piano nobile durch profilierte Sturzgesimse. Die Eingangsfront wurde durch einen leicht vorspringenden Mittelteil akzentuiert, in dem auf Höhe der oberen Stockwerke Doppelfenster eingebaut waren, das untere mit gesprengtem Dreiecksgiebel und Wappenkartusche.

Darüber erhob sich ganz ähnlich wie beim Schloßgebäude in Hellbrunn ein gaubenartiger Aufbau mit vorgeblendetem Ziergiebel. An den Ecken des Walmdaches waren mit Kugeln verzierte Obelisken angebracht, ein Motiv, das ebenfalls in Hellbrunn mehrfach zur Anwendung kam und das den an sich einfachen Baukubus nobilitierte. Während der Stich von Küsell den angebauten Turm in seinem Originalzustand mit einfachem Zeltdach zeigt (Abb. 91), ist auf einem Altargemälde der Morzger Pfarrkirche an derselben Stelle bereits ein barockes Zwiebeldach zu erkennen.

Vor dem durch eine Substruktion aus Konglomeratgestein erhöhten kleinen Palast befanden sich zwei einstöckige Nebengebäude, welche die Einfahrt flankierten. An der Südseite des Unterbaus waren vier Arkaden eingebaut, die wahrscheinlich zur Aufnahme von Grotten oder Wasserwerken dienten. Parallel zur Südseite verlief ein umgeleiteter und teilweise begradigter Bach, der von mehreren kleinen Brücken überspannt wurde und der auch die in den Besitz integrierte Mühle antrieb. Von der ursprünglichen Ausstattung der Emsburg, die Gemälde, Skulpturen oder Wappenkartuschen umfaßte, hat sich nichts erhalten. Nur eine Inschrift, die als Zeichen der Dankbarkeit des ersten Hausherrn gegenüber seinem erzbischöflichen Gönner angebracht wurde, ist heute noch über dem Portal zu lesen.[562]

Daß sich der Garten, der das Schlößchen nach seiner Fertigstellung im Jahre 1620 einfaßte, wohl stark an denjenigen von Hellbrunn anlehnte, kann nur vermutet werden. Erst über seine Gestalt in der zweiten Hälfte des 17. Jahrhunderts herrscht aufgrund eines neu aufgefundenen, unlängst publizierten Planes, der in die Zeit zwischen 1680 und 1690 datiert wird, größere Klarheit (Abb. 109).[563] Dabei handelt es sich nicht nur um die erste Gesamtdarstellung der Anlage, sondern auch um „das einzige Verbindungsglied für die stilistische Entwicklung der Gartenkunst zwischen dem manieristisch-frühbarocken Hellbrunn und dem Höhepunkt der Formalgärten in Salzburg durch Johann Bernhard Fischer von Erlach, Matthias Diesel und Franz Anton Danreiter“.[564] Der im Sinne des Barock axial auf die Emsburg Bezug nehmende Garten ist auf dem Plan in kleine, voneinander abgegrenzte und in sich zentrierte Kompartimente aufgeteilt, von denen das

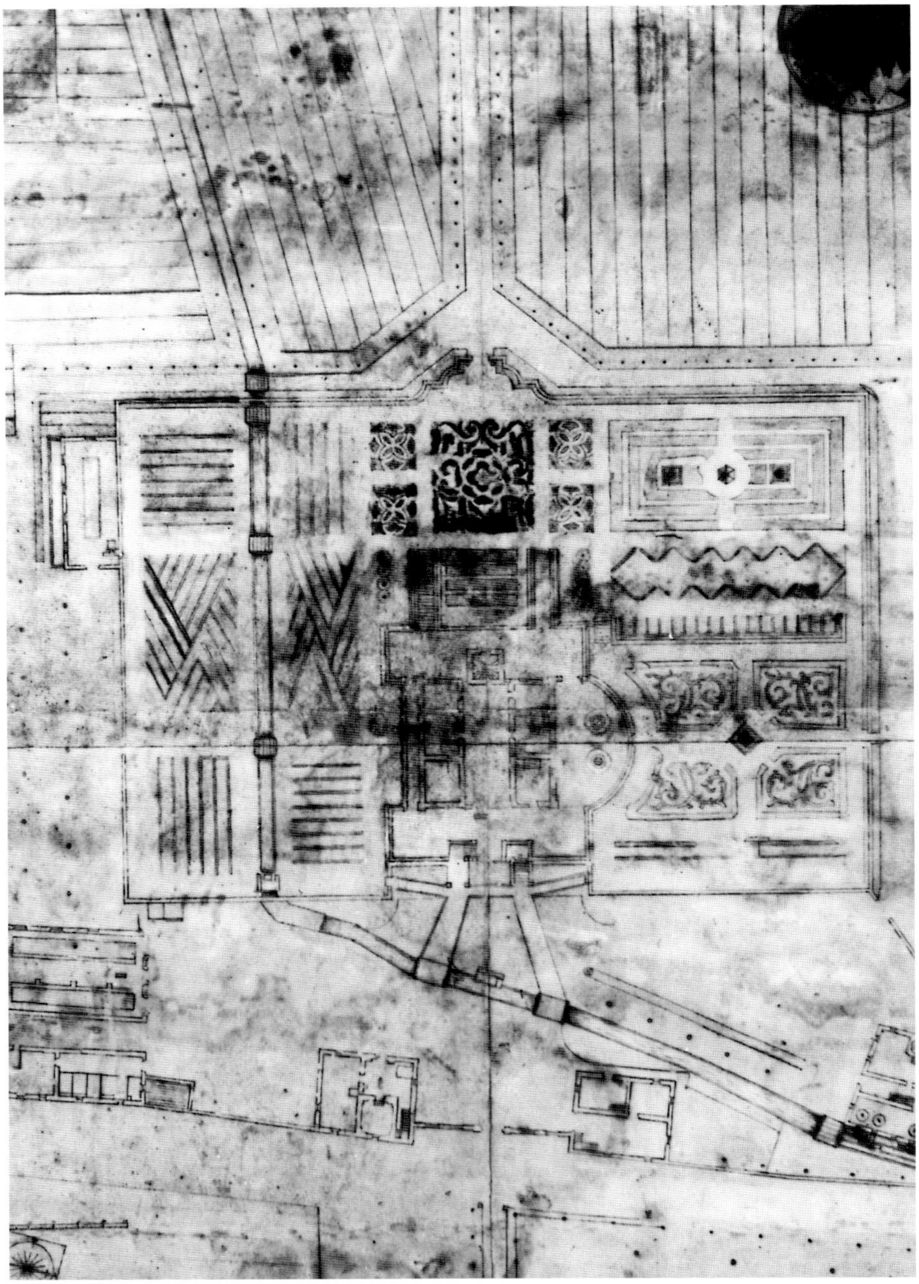

109 Salzburg, Emsburg; anonymer Plan des Gartens mit Grundriß des Gebäudes, um 1680/90 (SLA).

westliche und das nördliche formal an die Substruktion anschließen. Als Zentren der auch durch Terrassierung voneinander abgesetzten Quartiere hat man sich Brunnen und Lusthäuschen vorzustellen.

1701 wurde das Gebäude mit allem Zugehör an Erzbischof Johann Ernst verkauft, der es dem im gleichen Jahr gegründeten militärischen St.-Ruperti-Ritterorden zur Nutznießung zuwies. Da alle Türen und Fensterläden der

110 Emsburg; Ansicht der Hauptfassade. Radierung von Carl Schneeweis, um 1800 (SMCA).

Emsburg sowie der vorgelagerten Nebengebäude mit dem Ordenskreuz bemalt waren, bürgerte sich der Name Kreuzhof bzw. Ritterhof ein.[565]

Erst aus der Wende vom 18. zum 19. Jahrhundert sind weitere Ansichten des Schlößchens bekannt. Auf einer Radierung von Karl Schneeweis (1745–1826) aus der um 1800 veröffentlichten Serie „24 Prospecte von und um Salzburg“ ist der zu Beginn des 19. Jahrhunderts entfernte Ziergiebel über dem risalitartigen Mittelteil der Ostfassade noch zu sehen (Abb. 110).[566] Das wohl um 1802 entstandene Aquarell eines sonst unbekannten Dilettanten namens Lohr zeigt das Gebäude bereits ohne dieses Schmuckmotiv.[567] Die hinsichtlich verschiedener Details ungenaue Ansicht gibt immerhin das Zwiebeldach des Turmes wieder.

Nachdem der Ruperti-Ritterorden 1811 durch die bayerische Regierung aufgelöst worden war, gelangte die Emsburg in den Besitz der Abtei St. Peter. Das Stift verkaufte den kleinen Palast in der zweiten Hälfte des 19. Jahrhunderts an den Salzburger Landeshauptmann Hugo Graf Lamberg, der es umbauen ließ. Im Zuge dieser Neugestaltung wurde an der Südseite ein Erker angefügt, die um das Schloß führende Balustrade durch einen Zinnenkranz ersetzt und dem Turm statt des barocken runden nun ein spitzer Helm aufgesetzt.[568] Aufgrund eines neuerlichen Besitzerwechsels im Jahre 1873 kam es zu einer Reihe tiefgreifender Veränderungen, die bis heute sichtbar geblieben sind. Vor dem Hintergrund des Wiener Historismus wurde die Anlage um eine aus zwei bogenförmigen, von Balustraden gesäumten Rampen bestehende Auffahrt erweitert, der Ostfassade lagerte man eine auf vier Säulen ruhende Altane mit dem Palladio-Motiv vor.[569] Schließlich ließ Kunibert Graf Lamberg, der Sohn des einstigen Landeshauptmanns, 1913/14 an der Nordseite des Gebäudes einen apsisartigen Anbau anfügen.[570]

Eine im Jahre 1948 durchgeführte Restaurierung ermöglichte zwar die Sanierung des allgemeinen Zustandes und eine Rekonstruktion

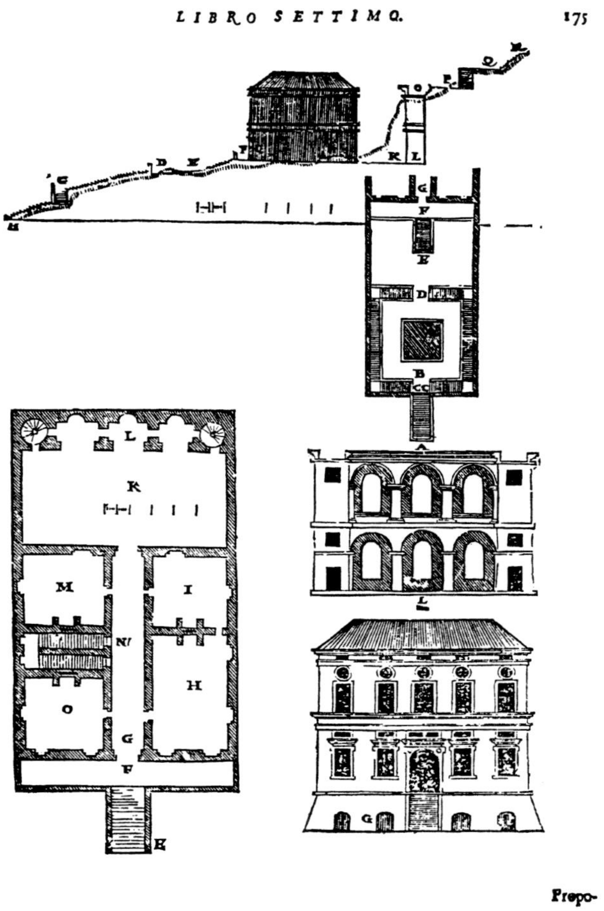

112 Entwurf für einen Palazzo in ansteigendem Gelände mit verschiedenen Ansichten und Grundrissen. Holzschnitt aus Sebastiano Serlio, „Tutte l'opere d'Architettura“ (1619), Buch 7.

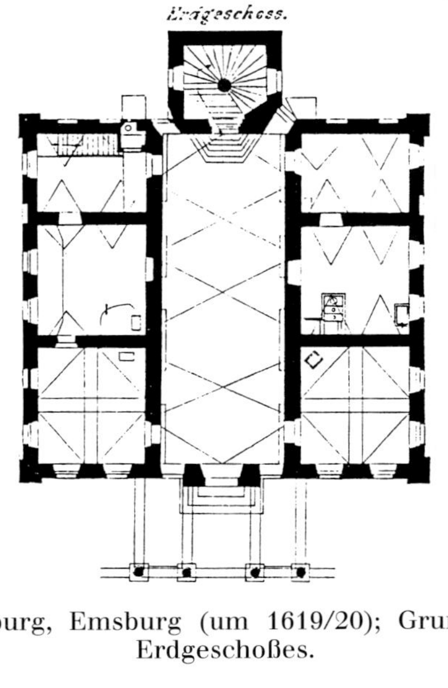

113 Salzburg, Emsburg (um 1619/20); Grundriß des Erdgeschoßes.

des Turmes in seiner ursprünglichen Form, allerdings wurden an der Hauptfassade zwei Fensterachsen vermauert und die beiden Nebengebäude seitlich der Einfahrt an der Hellbrunner Allee um ein Stockwerk erhöht, was die Proportionen der Gesamtanlage gravierend veränderte.

Bezüglich möglicher Vorbilder der Emsburg herrscht in der bisherigen Forschung noch weitgehend Uneinigkeit. Zum einen wird der venezianische Einfluß auf deren Baugestalt hervorgehoben[571], zum anderen werden Bezüge zur Villenarchitektur der Toskana vorgeschlagen[572]. Zwar ergeben sich beim Vergleich mit der um 1485 von Giuliano da Sangallo (1443–1516) für Lorenzo il Magnifico in der Nähe von Florenz errichteten Villa Poggio a Caiano mehr oder weniger greifbare Übereinstimmungen gewisser Architekturelemente, wie bei der mit Arkaden versehenen Substruktion, der Treppenanlage und der das Schloß umgebenden, von einer Balustrade eingefaßten Plattform; gesamthaft vermag diese These aber nicht zu überzeugen (Abb. 111 siehe Tafel 28). Erheblich wahrscheinlicher ist indes, daß der wohl auch für die Planung und den Bau der Emsburg verantwortliche Solari von einem Entwurf aus dem siebten Buch des Serlio-Traktats ausgegangen ist.[573] Das Blatt zeigt verschiedene Ansichten und den Grundriß eines in ansteigendes Gelände eingefügten kubischen Baus mit zwei Geschossen (Abb. 112).

Die Parallelen zum Schlößchen an der Hellbrunner Allee sind auf den ersten Blick augenfällig: die im Serlio-Traktat als Ausnahmeerscheinung zu betrachtende Substruktion mit vier (!) Arkaden, die Horizontalgliederung durch Doppelbänder, die Ausstattung der Fenster des Piano nobile mit profilierten Sturzgesimsen und das Portal mit geradem Türsturz. Der risalitartige Mittelteil, der bei der Emsburg das einzige vertikale Element der Hauptfassade darstellt, geht wie die Gartenfront des Schloßgebäudes in Hellbrunn ebenfalls auf einen bereits früher besprochenen Entwurf des Bologneser Architekturtheoretikers zurück (Abb. 10). Die vier an den Eckpunkten des Daches angebrachten Obelisken sind nicht unbedingt von venezianischen Einflüssen abhängig, sondern werden als Schmuckmotiv mindestens ebenso häufig in der lombardischen Kulturlandschaft angetroffen. Besonders interessant ist schließlich ein Blick auf den Grundriß aus dem Serlio-Traktat, der für das Erdgeschoß eine zentrale durchgehende Halle zeigt (Abb. 112). Dieselbe Raumaufteilung, die von einer mit Tonnengewölbe versehenen Eingangshalle in der Mitte ausgeht, findet sich sowohl in der Emsburg (Abb. 113) als auch im Schlößchen Emslieb (Abb. 106).[574]

Die Emsburg stellt in ihrem Aufbau und ihrer Funktion etwas vollkommen Neues im Salzburger Kunstkreis dar: Anders als Erzbischof Markus Sittikus und sein Neffe Jakob Hannibal hat der Bauherr hier einen aus Mühle, Bräuhaus und Stangellehen bestehenden Besitz in eine kleine „villeggiatura“ nach italienischem Muster verwandelt, in welcher sich der Hauptbau mit dem ihn umgebenden Lustgarten durch die erhöhte Lage von der Sphäre der „fattoria“ abhebt.[575] In dieser Hinsicht mag auch ein Vergleich mit der Villa Poggio a Caiano berechtigt sein. Was jedoch den architektonischen Charakter des Schlößchens selbst betrifft, so sind hier einmal mehr starke Einflüsse des Serlio-Traktats und der lombardischen Baukunst greifbar.

12. Zusammenfassung und Fazit

Hellbrunn erweist sich in seiner Gesamtkonzeption als eine Villa suburbana rein italienischer Prägung und nimmt damit in der Baukunst nördlich der Alpen eine Sonderstellung ein. Trotz verschiedener Eingriffe im 18. und 19. Jahrhundert ist der stark manieristische Charakter auch heute noch deutlich spürbar. Gleichzeitig ist es weltweit die einzige Anlage, die – wenn auch teilweise in leicht veränderter Form – noch funktionierende, mit Wasserkraft betriebene Automaten aus der Spätrenaissance besitzt.

Hinsichtlich des Schloßgebäudes ist es erstmals gelungen, den seiner Planung zugrundeliegenden Architekturtraktat zu bestimmen. Eine Reihe darin enthaltener Entwürfe beweist, daß der mit an Sicherheit grenzender Wahrscheinlichkeit auch für die unter Markus Sittikus errichteten Profanbauten verantwortliche Comaske Santino Solari das um 1612 bereits in zwei Auflagen gedruckte und aufgrund seiner Praxisorientiertheit in weiten Teilen Europas verbreitete Werk „Tutte l'opere de l'architettura" von Sebastiano Serlio benützte. Die in der bisherigen Forschung vorgeschlagenen Einflüsse der anderen beiden wichtigsten Architekturtheoretiker des Cinquecento, Andrea Palladio und Vincenzo Scamozzi, auf die Gestaltung Hellbrunns ließen sich dagegen nicht nachweisen.

Der in der zweiten Hälfte des 16. Jahrhunderts von der Familie des Erzbischofs verpflichtete oberitalienische Architekt Martino Longhi dürfte mit dem Palast in Hohenems eine indirekte Vorbildwirkung auf Solari ausgeübt haben; sowohl diese Schöpfung wie auch der Palazzo Altemps in Rom, zeigen eine Abhängigkeit von den Entwürfen Serlios. Parallel dazu wird Solari aber auch gezwungen gewesen sein, Wünsche und Ideen seines Bauherrn zu berücksichtigen, wobei vermutlich bestimmte Erinnerungen an die Jugendjahre in Rom und andere biographische Reminiszenzen eine Rolle gespielt haben.

So zeigt der Schloßhof in seiner Form wohl nicht zufällig Bezüge zum Cortile del Belvedere in Rom, wo 1565 mit den von Pius IV. für den Vater des Erzbischofs veranstalteten Hochzeitsfeierlichkeiten eine entscheidende Standeserhöhung des Hohenemser Grafenhauses stattgefunden hatte.

Die vom Servitenmönch Fra Arsenio bzw. Donato Mascagni geschaffenen Malereien des Festsaales und des Oktogons im Innern des Schlosses sind nicht nach einem streng einheitlichen Programm konzipiert worden, sondern stellen ein Konglomerat verschiedener Zitate dar, wobei die dekorative Wirkung im Vordergrund steht. Elemente der berühmtesten Beispiele Mittelitaliens und der dort angesiedelten Quadraturmalerei der Brüder Alberti werden durch Motive der Bühnengestaltung Palladios und Serlios bereichert und neu kombiniert. Die Beschäftigung mit den illusionistischen Architekturdarstellungen und der im Festsaal allgegenwärtigen Groteskenmalerei hat neben Bezügen zum Teatro olimpico in Vincenza und zur tragischen Szene im zweiten Buch des Serlio-Traktats auch eine wahrscheinliche Abhängigkeit von der Fassadendekoration des Palazzo di Bianca Cappello von Poccetti in Florenz sowie indirekt auch von Entwürfen des vierten Buches von Serlio ergeben. Darin hebt der Bologneser Architekturtheoretiker u. a. die für Hellbrunn vorbildliche Sala delle Colonne von Peruzzi als nachahmenswertes Werk hervor.

Besonders für den das Schloß umgebenden Bereich der Vergnüglichkeit mit seinen Brunnen, Grotten und dem Giardino segreto konnte die von der Forschung immer wieder aufgeworfene Vorbildfrage bis auf wenige Ausnahmen geklärt werden. Im Sinne des um 1600 an den europäischen Fürstenhöfen etablierten Sammelwesens angelegt, steht er am Ende der Entwicklung der manieristischen italienischen Gartenarchitektur, an die er sich zur Gänze anlehnt.

Gleich einer Wunderkammer im großen vereinigt auch dieser Bezirk Hellbrunns Elemente der berühmtesten Villenanlagen südlich der Alpen zu einem neuen Ganzen. Konkrete Bezüge haben sich erwartungsgemäß zu den Gärten des toskanischen Kulturkreises (Villa Castello, Giardino Boboli) herauskristallisiert, der in der zweiten Hälfte des Cinquecento mit dem für die Medici tätigen Architekten Bernardino Buontalenti das innovative Zentrum für diese Kunstgattung bildete. Neben der von Buontalenti in der Nähe von Florenz errichteten Villa Pratolino, die aufgrund ihrer reichen Ausstattung mit raffinierten Wasserspielen als Vorbild für Hellbrunn eine herausragende Stellung einnimmt, ist auch die Kenntnis anderer wichtiger Beispiele, wie der Villa Medici in Rom, der Villa Lante in Bagnaia und der Villa d'Este in Cernobbio, nachzuweisen, die Ende des 16. Jahrhunderts als Höhepunkte der Italienreise eines jeden Kunstinteressierten galten. Anleihen von den Villen in Frascati und Tivoli sind nur in sehr begrenztem Umfang greifbar, eine venezianische Komponente fehlt völlig.

Während für die entlang des sogenannten Fürstenwegs gelegenen, mit Wasserkraft bewegten Automaten die 1589 erschienene Heron-Ausgabe von Giovanni Battista Aleotti maßgebend ist, zeigen die als teatri ausgeformten Schauwände und die mit Brunnen versehenen Kleinarchitekturen Einflüsse der lombardischen Baukunst.

Was die hinter dem Schloßgebäude aufgestellten Gartenskulpturen betrifft, so hat sich die in der bisherigen Forschung konstatierte große qualitative Bandbreite bestätigt. Ob einzelne Beispiele, wie der Neptun im Untergeschoß des Schlosses oder die Gruppe des Apollo und Marsyas in der Kronengrotte, von Solari selbst geschaffen wurden, ließ sich aufgrund der Quellenlage nicht feststellen. Thematisch ist auch hier kein eigentliches Programm faßbar, die Figuren entsprechen weitgehend den im Cinquecento in Italien üblichen Personifikationen aus der antiken Mythologie und widerspiegeln den absolutistischen Willen von Markus Sittikus. Besonderes Augenmerk verdient zweifellos der Skulpturenschmuck der Orpheusgrotte, welcher mit der Kombination des musizierenden Helden mit der schlafenden Eurydike eine raffinierte Neuinterpretation des weitverbreiteten Themas bietet und überdies den Bauherrn als Mäzen der Künste verherrlicht. Außerdem ist im Falle der Eurydikefigur die Vorbildwirkung einer Illustration aus dem für die Entwicklung der Gartenarchitektur bedeutsamen Werk „Hypnerotomachia Poliphili" von Francesco Colonna wahrscheinlich.

Als herausragende Leistung innerhalb des Hellbrunner Komplexes erweist sich das auf halber Höhe des Waldemsberges gelegene Steintheater, das sich wegen seiner Eigenständigkeit bis heute einer definitiven Beurteilung entzog. Diese Schöpfung zeigt sich von der Naturimitation des Manierismus einerseits und von bestimmten Typen der italienischen Bühnendekoration andererseits abhängig. Zwar konnte die vieldiskutierte Frage, ob hier zur Zeit von Markus Sittikus auch Opern und dieser Gattung verwandte Singspiele inszeniert wurden, nicht mit Bestimmtheit beantwortet werden, verschiedene Überlegungen lassen diese Möglichkeit aber zu. Dagegen kann als sicher gelten, daß es vor der Felsenbühne im 17. Jahrhundert einen Anbau im Sinne eines Saaltheaters nie gegeben hat und daß alle Aufführungen unter freiem Himmel stattfanden.

Die Integration eines Kreuzweges in eine Villenanlage ist singulär und läßt sich nur durch die verwandtschaftliche Beziehung des Bauherrn zu Carlo Borromeo erklären, der die für diesen Bezirk vorbildlichen norditalienischen Sacri Monti so maßgeblich gefördert hatte und dessen Wirken für die Regierungszeit von Markus Sittikus stets und bis ins Detail richtungweisend war. Unterstrichen wird in Hellbrunn die von Carlo und Federico Borromeo hinsichtlich der Sacri Monti hervorgehobene meditative Funktion durch die Kombination mehrerer Kapellen mit Eremitorien, wobei sich berühmte Einsiedler in Gestalt lebensgroßer Terrakottafiguren der Betrachtung der Passion Christi hingeben. Die nachweislich geführte Korrespondenz zwischen dem Salzburger Erzbischof und den beiden für die Planung des Sacro Monte in Arona Hauptverantwortlichen, Marco Aurelio Grattarola und Federico Borromeo, untermauert die These, daß der Hohenemser mit der Errichtung seines Kreuzweges – wenngleich in kleineren Dimensionen – direkt an die um 1615 zum Teil noch im Bau befindlichen Vorbilder anknüpfte. Im Gegensatz zur Gestaltung von Schloßgebäude und Garten, wo sich Rückgriffe auf erheblich ältere Vergleichsbeispiele manifestieren, ist die im kontemplativen Bereich faßbare konzeptionelle und formale Anlehnung an die norditalienischen Sacri Monti eine wesentlich unmittelbarere.

Schließlich zeigte die Untersuchung der anderen innerhalb der Anlage von Hellbrunn situierten Gebäude sowie der entlang der Hellbrunner Allee befindlichen Trabantenschlösser eine mehr oder weniger deutliche Abhängigkeit von Serlios „Tutte l'opere".

Basierend auf dem Traktat handelt es sich durchwegs um einfache Baukörper, die nur mittels weniger Schmuckmotive wie vorgeblendete Ziergiebel oder kugelbekrönte Obelisken nobilitiert werden. Die Vorlagen Serlios werden abgeschwächt und zugunsten einer zierlicheren Wirkung gemildert. In diesem Sinne läßt sich auch die für Solaris Bauten so charakteristische Betonung der Horizontalen durch umlaufende Steinbänder betrachten; die Vertikale tritt in den Hintergrund und wird allenfalls durch das Einfügen von Doppelfenstern oder risalitartigen Architekturteilen angedeutet.

Zwar lassen die im Rahmen der vorliegenden Arbeit behandelten Profanbauten Solaris auf den ersten Blick eine gewisse Großartigkeit und Originalität vermissen, dennoch findet der aus dem Intelvital stammende Comaske zu ansprechenden Lösungen, die sich gut in die Salzburger Kunstlandschaft einfügen. Die bis 1620 in und um Hellbrunn errichteten Bauten lassen den Architekten als geschickten Praktiker erscheinen, dem es innerhalb einer erstaunlich kurzen Zeit gelang, neben einer Vielzahl anderer Bauvorhaben ein überaus komplexes und weitläufiges Projekt zu realisieren. Das Bauwesen unter Markus Sittikus muß äußerst straff und effizient organisiert und das von ihm absolutistisch regierte Land Salzburg ein für damalige Begriffe sehr moderner Kleinstaat gewesen sein. Der ganz vom Geist der Gegenreformation und des Späthumanismus geleitete Hohenemser hat während seines nur sieben Jahre dauernden Episkopats in der Kirchenpolitik, besonders aber auf dem Gebiet der Kulturförderung Beachtliches geleistet; davon legt das nicht zuletzt der politischen Repräsentation im weitesten Sinne dienende Schloß Hellbrunn eindrückliches Zeugnis ab.

13. Anmerkungen

1. Einleitung

1 Der Beitrag von Paul Buberl in der österreichischen Kunsttopographie (1916) leitet die wissenschaftliche Auseinandersetzung mit dem Thema im 20. Jahrhundert ein.

2. Zum Stand der Hellbrunn-Forschung

2 Ospald (1971), p. 70, 94 ff.; dazu auch Stahl (1988), p. 189 f.

3 Der vollständige Titel lautet: „Beschreibung des fürstlichen und überaus fürtrefflichen lustorth Hellbrunn genannt, welchen der hochwürdigist fürst und herr, herr Marx Sittich, ertzbischove zu Salzburg, und legat des stuels zu Rom etc. die Zeit seiner fürstlichen Regierung von grundt auf erbaueth und in disen vor augen stehundten form löblich gebracht hat. Beschriben durch Johann Stainhauser hechstgedacht ihr hochfürstl. Gn. bestelten secretarien. Anno domini MDCXIX." Die Originalhandschrift Stainhausers ist verloren. Insgesamt sind vier Abschriften bekannt: H. H. St. A., R 37 (Böhm 332) cvp. 7401. SMCA, HS 2206, HS 2207 (zwei weniger sorgfältige Abschriften); UBS M I 209 (wörtlich getreue Abschrift des Exemplars im Wiener Staatsarchiv, angefertigt 1873 von A. J. Hammerle.

4 Buberl (1916), p. 176 f. Der von ihr verfaßte Bericht (Istoria del viaggio d'Alemagna del [. . .] duca di Toscana Ferdinando secundo) wurde 1628 in Venedig gedruckt.

5 Ebd., p. 177: „(. . .) à vedere le peschieri, l'uccelliere, le fonti, i viali coperti, i labirinti, i spertimenti de semplici, li scherzi dell'acque e altre delizie, che in gran quantità vi erano e potrebbe certo la detta villa comparire con qualsivoglia più deliziosa d'Italia."

6 Ebd., p. 179: „Il palazzo è di forma moderna; vi sono molte stanze et alcune sale riguardevoli et in somma una residenza cosi copiosa di tutte le delitie humane, che si possono desiderare."

7 Ebd., p. 179: „Il viaggio dell'AA.SS.EE. di Baviera e Salzburgo in giornate divise e All'Altezza Real di Savoia in lettere di Ravaglio descritto", München 1670.

8 Ebd., p. 179 f.: „Oh che ben retiro, oh che vaghe delitie, oh che paradisetto terrestre (. . .). Egli Hellbrunn, luogo veramente degno di questo nome, avendo all'intorno l'acque più del vetro chiare, più del cristallo limpide e più de medisimi cieli trasparenti e diafne." In einem Brief vom 31. August 1670 heißt es: „Truovo distillata in quest'acque Venetia, Roma tra queste fabbriche in un compendio ridotta, ed io sù queste carte in un ristretto d'umiliatione confuso."

9 Hübner (1792), p. 520 ff.

10 Seitner (1836), p. 5 ff.; Schallhammer (1856), p. 6 ff.

11 Buberl (1916), p. 163 ff.

12 Ebd., p. 167.

13 Ebd., p. 166 f.

14 Martin (1948), p. 6: „Von Kindheit an in Rom (. . .) hatte er die Gartenpaläste des römischen Adels gesehen, die Villa Mondragone bei Frascati, die seinem Onkel Kardinal Marco Sittico d'Altemps gehörte, und die Villa Aldobrandini des Neffen und Staatssekretärs Papst Klemens VIII. (. . .) oder ähnliche Villen am Comosee."; Pupp (1965), p. 11: Als norditalienisches Beispiel nennt er die Villa d'Este in Cernobbio, ohne allerdings konkrete Bezüge herzustellen.

15 Donin (1948), p. 151 ff.

16 Ebd., p. 11 f.

17 Ebd., p. 152 f.: „Aber alle diese großartigen Villen – und Parkanlagen in Roms Umgebung können Solari wohl nur Anregungen ganz allgemeiner Natur gegeben haben. Denn, abgesehen von den Baulichkeiten, ist schon die ganze Planung Hellbrunns grundverschieden von der der römischen Villen, schon in der Ausnützung des hügeligen Geländes."

18 Ebd., p. 160: „Ganz ähnlich aber war auch der ältere Mittelteil des Hellbrunner Schlosses ausgebildet, dessen horizontale Doppelbänder zwischen den Fenstern wir bei den meisten der eben genannten venezianischen Villen antreffen, wobei die Villa Grimani (Valmarana) um 1600 vorspringende Seitenrisalite ähnlich wie die später angesetzten Seitenflügel in Hellbrunn besitzt."

19 Ebd., p. 169 f.: „Diese (. . .) Malereien werden dem Don Arsenio Mascagni zugeschrieben und sind in der Gesamtkomposition, aber auch in Einzelheiten, kennzeichnend für die Auszierung von Sälen venezianischer Villen."

20 Welti (1963), p. 116 ff.

21 Ebd., p. 116 ff.

22 Ebd., p. 120 ff.

23 Rava (1970), p. 27 ff.

24 Ebd., p. 27: „Sul carattere spiccatamente ‚italiano' di Hellbrunn, specie per quel che riguarda i celebri giardini, i più autorevoli studiosi d'oltralpe paiono, ovviamente, concordare, peraltro rifacendosi sempre a modelli vuoi romani, vuoi veneti, vuoi dei laghi lombardi; mai (. . .) a modelli toscani (. . .). Laddove proprio in Toscana, e in particolare nella villa di Pratolino (. . .) andava cercato, (. . .), più ancora che un generico prototipo, il ‚modello' stesso di Hellbrunn."

25 Ebd., p. 28: „(. . .) in realtà, Hellbrunn si presenta, (. . .), nella sua concezione ideologica non meno che nel suo impianto generale e in ogni singola sua caratteristica, quale una vera e propria replica di Pratolino, in chiave nordica, e in minori proporzioni."

26 Ebd., p. 30 ff.: Als fragwürdig haben u. a. die Vergleiche zwischen den beiden Hauptgebäuden mit den jeweils vorgelagerten Höfen zu gelten. Auch die angeblichen Parallelen zwischen dem Brunnen Altems in Hellbrunn und dem hinter der Villa Pratolino gelegenen Wasserbecken mit der Kolossalfigur des Appennin sind nur sehr allgemeiner Natur.

27 Ebd. (1970), p. 28 f.

28 Grewenig (1984), p. 432 ff.; Ostermann (1989), p. 3 ff., 13 ff.: Der Autor liefert darin lediglich eine Zusammenfassung der neueren Hellbrunn-Forschung

sowie Auszüge aus den beiden im SMCA befindlichen Abschriften von Stainhausers Beschreibung des Lustortes.
29 Wallentin (1985), p. 127 ff.
30 Ebd., p. 128: „(. . .) kannte Markus Sittikus die Villa d'Este in Tivoli bei Rom (. . .). Auch mag die Bindung an seinen Onkel, den Kardinal Marco Sittico von Hohenems, der sich 1567 in Frascati von Martino Longho aus Mailand die Villa Mondragone erbauen ließ, in ihm den Wunsch nach einem ähnlichen Lustschloß erweckt haben. Aber der Architekt hat auch seine Kenntnisse über den Villenbau in der terra ferma Venedigs und Comos zum Ausdruck gebracht"; p. 163: „Die Gesamtanlage des Schlosses Hellbrunn hat mehrere italienische Vorbilder, (. . .). Rom, Florenz, Venedig und das von Serlio und Palladio beeinflußte Oberitalien wirken hier nach."
31 Ebd., p. 272.
32 Ebd., p. 273.
33 Ebd., p. 383, 388.
34 Skalecki (1989), p. 115.
35 Ebd., p. 115: „Parallelen zum venezianischen Villenbau der terra ferma, dabei auch besonders zu palladianischen Bauten, versuchten andere Autoren aufzuzeigen. Diese Beziehungen sind ebenso allgemein, wie die zu den römischen Villen bei Frascati (. . .)."
36 Eine Fülle von Literatur ist außerdem noch zu Einzelaspekten Hellbrunns, wie zur Gartenplastik, zu den Grotten, Wasserkünsten und zum Steintheater erschienen. Auf diese Arbeiten wird in den jeweiligen Kapiteln separat eingegangen.

3. Leben und Wirken der drei Leitfiguren

37 Stahl (1988), p. 22 ff.

3.1. Das Vorbild: San Carlo Borromeo (1538–1584)

38 Sofern nicht anders vermerkt, stammen alle biographischen Angaben zu Carlo Borromeo aus dem Ausstellungskatalog Hl. Karl Borromäus (1988), p. 42 ff.
39 Ebd., p. 16: Zu diesem Zeitpunkt scheint der junge Borromeo durchaus noch nicht jenes Muster an Frömmigkeit und pastoralem Eifer gewesen zu sein, als das er wenig später von seinen Zeitgenossen geschildert wird. Er war ein leidenschaftlicher Jäger, liebte das Schachspiel, die Musik und legte wie sein Onkel Wert auf den Glanz seines Hauses.
40 Ebd., p. 73 f., 81: Das Konzil von Trient, das sich mit den von den Reformatoren angegriffenen Glaubenslehren sowie mit der Abstellung kirchlicher Mißbräuche befaßte, war unter bescheidener Beteiligung zwar bereits 1545 zusammengetreten, wurde jedoch zweimal unterbrochen und erst 18 Jahre später abgeschlossen. Die dogmatischen Erörterungen der dritten Tagungsperiode (Januar 1562 bis Dezember 1563) befaßten sich u. a. mit dem Opfercharakter der heiligen Messe, der Priesterweihe, dem Sakrament der Ehe, dem Ablaß und dem Fegefeuer sowie mit der Heiligen- und Reliquienverehrung.
41 Jedin (1958), p. 612.
42 Wettstein (1990), p. 43.
43 Ebd., p. 43.
44 Ebd., p. 43 f.: Schon Ambrosius führte einen ständigen Kampf mit der weltlichen, kaiserlichen Herrschaft um Vorrechte. Er ging so weit, sich richterliche Kompetenz in moralischen Angelegenheiten des Kaiserhauses anzumaßen. Nach einem von kaiserlichen Truppen verschuldeten Massaker in Thessalonike im Jahre 390 exkommunizierte er den Kaiser und verlangte von ihm öffentliche Buße vor den Toren der Basilica Ambrosiana, welche als „Poenitentia Theodori" in die Geschichte einging. Zugleich hatte Ambrosius die entscheidende Wende von einer Priester- zu einer Volksliturgie vollzogen. Zwei weitere Schwerpunkte seiner Kirchenpolitik waren einerseits die „Pia Fraus" (= der fromme Betrug), die Auffindung von Reliquien und deren feierliche Translation, andererseits die Propagierung des Altargrabes, als deren letzte Ruhestätte, mit dem damit verbundenen Reliquienkult. Ziel dieser Reformen war eine stärkere, vor allem auf emotionalen Grundlagen beruhende Einbindung des Volkes in die Kirche.
45 Ebd., p. 46.
46 Ebd., p. 46.
47 Zwei Visitationsreisen, im November 1567 und August 1570, führten Carlo Borromeo auch in die Schweiz.
48 Dazu vor allem Kiene (1988), p. 123 ff.
49 Carlo Borromeo scheint die Bruderschaft vom Hochheiligen Sakrament, die Rosenkranzbruderschaft und die Schulen der christlichen Glaubenslehre bevorzugt zu haben.
50 Wettstein (1990), p. 48: Eine stark erweiterte Ausgabe wurde 1599 ediert, vielfach nachgedruckt und galt bald als „Patrimonium der universalen Kirche".
51 Erheblichen Anteil an der Kanonisation Carlos hatte sein Vetter Federico Borromeo (1564–1631), der am 18. Dezember 1587 zum Kardinal erhoben wurde und seit 1595 das Bischofsamt von Mailand innehatte.
52 Strnad (1985), p. 18.

3.2. Der Bauherr: Markus Sittikus von Hohenems (1574–1619)

53 Ausstellungskatalog Hohenemser und Raitenauer (1987), p. 38: Unter den italienischen Dynasten begrüßte vor allem der Herzog von Florenz die Papstwahl mit freudiger Genugtuung. Bereits zehn Jahre zuvor forderte er den „cardinalis de Medicis", wie Gian Angelo seit seiner Kardinalskreation genannt wurde, auf, das Wappen der Florentiner Namensvettern anzunehmen. Daraus erklärt es sich, daß die Mailänder Patrizierfamilie anstelle der einen bzw. drei goldenen Kugeln im roten Felde fortan die sechs „palle" auf Goldgrund der toskanischen Herrscherfamilie führte, obwohl zwischen beiden Geschlechtern kein verwandtschaftlicher Zusammenhang bestand.
54 Ausstellungskatalog Fürsterzbischof Wolf Dietrich (1987), p. 33: Diese Erhebung erfolgte mit der Begründung, „(. . .) daß gemelte von Ems der jetzigen päpstlichen Heiligkeit Papst Pio IV., unserem lieben Herrn, mit naher plutsfreundschaft verwandt (. . .)."
55 Vgl. dazu Strnad (1985), p. 23 ff.
56 Ebd., p. 26.
57 Ebd., p. 29 f.: So ließ er 1573/74 durch den lombardischen Architekten Martino Longhi nahe dem antiken Tusculum in den Albaner Bergen die Villa Mondragone errichten. Nahe der Piazza Navona wurde,

ebenfalls von Longhi, der Palazzo Altemps erbaut (dazu vor allem Scopolla, 1987), der neben einer Hauskapelle das älteste römische Privattheater enthielt. Schließlich ließ Marcus Sitticus seine römische Titelkirche, Santa Maria in Trastevere, ausgestalten und modernisieren.

58 Ausstellungskatalog Hl. Karl Borromäus (1988), p. 56.

59 Ebd., p. 56.

60 Ebd., p. 57.

61 Galbiati (1968), p. 46 f.: „Per satisfare in qualche parte al'obligo, che con V. S. Ill.ma conosco per tutte le vie grandissimo; con queste quatro righe li faccio quella riverenza, che nel'mio partire di Milano desideravo fare di presenza, supplicando V. S. Ill.ma mi faccia gratia, con una sua lettera, di quelli santi ricordi che desideravo sentire a bocca: et che del continuo con sue santissime benedittioni et orationi m'impetri gratia da Nostro Signore di potere conoscere l'excellenza dell'habito ecclesiastico, quale ho preso: et insieme di poterni acquistare parte di quelle virtù, ch'io ho visto in V. S. Ill.ma, et che di lei tutto il mondo predica."

62 Ausstellungskatalog Hohenemser und Raitenauer (1987), p. 152; dazu auch Martin (1982), p. 68: Markus Sittikus hat das Collegium Germanicum nach eineinhalb Jahren wieder verlassen, weshalb ihn auch der Geschichtsschreiber des Kollegs, Kardinal Steinhuber, nicht als Zögling betrachtete.

63 Ausstellungskatalog Hohenemser und Raitenauer (1987), p. 153: Dadurch war Markus Sittikus der Eintritt in das Salzburger Kapitel „per procuratorem" möglich geworden, ohne selbst anwesend sein zu müssen.

64 Ebd., p. 154: kurze Zeit später bestellte ihn Wolf Dietrich zum ständigen diplomatischen Vertreter des Erzstiftes an der päpstlichen Kurie. Er tat dies, da ihm möglicherweise der damals schon in Salzburg kursierende Volksreim „Wolf Dietrich, hüt dich! Merk Sittich sticht dich" bekannt war.

65 Dazu Zauner (1816), p. 3 ff.: Als Herzog Maximilians Plan, einen seiner Brüder auf den Salzburger Bischofsthron zu setzen, gescheitert war, wollte er immerhin beim Kapitel die Ernennung eines Bayern wohlgesinnten Kandidaten durchsetzen. Auch in Rom intervenierte er mit einem Schreiben als Haupt der Katholischen Liga und machte damit beim Papst die bayerischen Interessen betreffend der Salzburger Bischofswahl geltend.

66 Martin (1982), p. 71 f.

67 Zauner (1816), p. 20: Es waren dies folgende Feiertage: Kreuzerfindung, St. Veith, St. Ulrich, St. Margareth.

68 Ebd., p. 19 f.

69 Stainhauser, H. H. St. A., R 35, Bd. 1, fol. 82 ff.

70 Stainhauser, H. H. St. A., R 35, Bd. 2, fol. 147 r ff.

71 Eine interessante Schilderung ist in einem erst kürzlich veröffentlichten Brief Giovanni La Curs an Kaspar von Hohenems vom 26. April 1615 enthalten (VLA Bregenz/Hohenemser Archiv, 36,10): „Il venerdi santo si ha fato una bellissima Processione (. . .). Il sign. Principe è andato à piedi vestito con una vesta rossa, come portano quelli huomini della confraternità del Santissimo Sacramento di Nostro Signore et era grandissima divotione di tuto lo popolo, et sono stati 12 maghiere che representanono la passion di Nostro Signore che era molto bello et diuoto, Et quanto me non ho mai più visto simil cosa in Italia."

72 Zauner (1816), p. 27

73 Ebd., p. 30.

74 Stainhauser, H. H. St. A., R 35, Bd. 1, fol. 61 r: „Es sein auch zu christlicher Gedechtnus der Grablegung unsers Seeligmachers und Erweckhung wahrer Devotion in dem andechtigen Völckhlein nach christlöblichem uhraltem Gebrauch der Catholischen Khirchen schöne, zierlich; und andächtige Gräber in underschidlichen Khirchen alhie zu Salzburg aufgericht worden."

75 Ebd., fol. 21 r ff.: Bemerkenswert ist, daß Stainhauser im Zusammenhang mit der Beschreibung der „Mascharatten und Aufzüge" die Fasnachtsfeiern zur Zeit von Carlo Borromeo in Mailand erwähnt.

76 Ortner (1981), p. 112 f.; Zauner (1816), p. 40 ff.

77 Ortner (1981), p. 114.

78 Dieser Begriff wird in einem Brief Giovanni La Curs an Kaspar von Hohenems vom 26. September 1619 wörtlich verwendet, wobei auch hier das persönliche Engagement des Erzbischofs deutlich zum Ausdruck kommt (VLA Bregenz/Hohenemser Archiv, 36,10): „Et veramente e stato una grandissima impresa d'il Ill.mo Principe et un grand merito apreso a Dio di questa grande e buona opera d'haver fatto ritornar alla fede catholica un cosi grande numero di gente vogliono che siano stati in numero di piu di trenta mille persone et il Ill.mo Principe è andato a visitar tutte le chiese dove che siamo passati et visitato il Santissimo Sacramento et ha essaminato i parrochiani et ha (. . .) visitato e revedutto le sacristie et reliquie la quale e stato una opera molto santa e buona e pertutto dove si passana quella gente correvano de tutte le parti e si mettevano i ginochioni avanti al Principe et io credo che sia piu di cento Anni che non sia stato nissun Principe in quelle parti (. . .)."

79 Ortner (1981), p. 117.

80 Zauner (1816), p. 47; Martin (1982), p. 74.

81 Ortner (1981), p. 120.

82 Ebd., p. 120; Martin (1982), p. 72: Da einerseits einige Lehrstühle mangels Professoren unbesetzt bleiben mußten und andererseits die oberen Jahrgänge der Schüler fehlten, konnten die höheren Kurse noch nicht eröffnet werden. Die eigentliche Universitätsgründung fand unter Erzbischof Paris Lodron am 8. Oktober 1622 statt.

83 Martin (1982), p. 78: „Vom großartigen Scamozzidom war schon Wolf Dietrich selbst abgekommen, und die Masse des jetzigen kommen dem Plan von 1610 ziemlich nahe. (. . .). Ob der Plan von 1610 auch ein Zentralbau gewesen wäre, wissen wir nicht. Aber was sich ein halbes Jahrhundert früher in Rom bei St. Peter abgespielt hatte, sehen wir jetzt auch in Salzburg: die Abkehr von dem aus dem Heidentum stammenden Zentralbau zum Langhaus, das die gegenreformatorische Empfindung am reinsten zum Ausdruck brachte."

84 Vgl. dazu Fuhrmann, Franz: Der barocke Dom – Form und Herkunft, 1974, zitiert bei Wallentin (1985), p. 229: „Bedenkt man weiter, daß die Salzburger Bevölkerung über die rücksichtslosen Neuerungen des Erzbischofs Wolf Dietrich sehr ungehalten war und sein Nachfolger Markus Sittikus bewußt wieder stärker an die Traditionen anknüpfen wollte

(vgl. dazu die Zurücknahme der Umorientierung des bereits zu bauen begonnenen Domprojektes von 1611 durch den Solari-Bau), [. . .].“
85 Anderes (o. J.), p. 136 f.
86 Zum Dombau siehe vor allem Lippmann (1992), p. 118, 164 ff. Die Arbeit lag erst in einer provisorischen Fassung vor; für die Einsichtnahme möchte ich mich an dieser Stelle beim Verfasser bedanken.
87 Neuhardt (1988), p. 25 f.; vgl. dazu auch Zauner (1816), p. 87 f.: „(. . .) nicht nur die Hauptmauern bereits bis unter die Dachung gebracht, sondern nebst der weißmarmornen Vorderseite auch die zwey Glockenthürme bis auf die Hälfte vollendet waren.“
88 Martin (1982), p. 78.
89 Lippmann (1992), p. 93, Anm 208. Im Rahmen der Ausbauarbeiten in der Residenz ließ Markus Sittikus auch eine Galerie sowie neue Zimmer schaffen, in denen er selbst wohnte. Vermutlich handelt es sich bei der Galerie um den sogenannten Kartensaal im Toskanatrakt, wo man 1986 fragmentarisch erhaltene Fresken fand, die Karten- und Landschaftsdarstellungen in Vogelperspektive zeigen.
90 Zauner (1816), p. 74. Zu den unter Markus Sittikus errichteten Bauten siehe das Verzeichnis von Stainhauser (1619), H. H. St. A., R 33, Bd. 6, fol. 214 r – 219 r.
91 Dazu Welti, Förderung (1961), p. 44 f.
92 Stahl (1988), p. 44 f.
93 Dazu ausführlich Riedl (1864), p. 252 ff. Die Höhe des Monatsgehaltes von 300 Gulden läßt sich erst dann richtig bemessen, wenn man bedenkt, daß der Hofarchitekt Solari zum gleichen Zeitpunkt etwa 40 Gulden verdiente.
94 Lippmann (1992), p. 90, Anm. 198.
95 Ausstellungskatalog Hohenemser und Raitenauer (1987), p. 155.
96 Lippmann (1992), p. 90.
97 Welti (1963), p. 67.
98 Ebd., p. 215; in einem Brief Thomas Pergers an Kaspar von Hohenems vom 29. Oktober 1619 ist im Zusammenhang mit dem unerwarteten Tode von Markus Sittikus nicht nur von dessen „empflindlicher Natur“ und „etlichen disgusti“ mit dem Domkapitel die Rede, sondern es wird auch die offizielle Todesursache genannt (VLA Bregenz/Hohenemser Archiv, 31,4): „Es ist zwar der Doctores ainhellige opinia, das die überflüssige Melancolia und Schwermuetigkhait diesen laydigen Todsfall fürnemblich causirt.“
99 Stainhauser, H. H. St. A., R 33, Bd. 6, fol. 184 r: „(. . .), das herz und intestina nachmals in S. Caroli Borromaei Capella, (welchen Heyligen Ihr hochfürstl. Gn. in ihrem leben hochverehrt, in dero Khranckheit unnd Sterbstündlein aber inbrünstigst angerueffen) vor dem Althar vergraben, darauf ein Stainlain mit dem erzbischöflichen Wappen gelegt.“

3.3 Der Architekt: Santino Solari (1576–1646)

100 Buberl (1916), p. 166.
101 Stainhauser, H. H. St. A., R 33, Bd. 5, fol 160 v, 161 r: „(. . .) darbey hat sich herr Paumaister und andere der Paumaisterey zuegethane befunden. Ihr aufzug war auf einem Wagen von sechs weißen Pferdten gezogen, der Perg in Hellprun, sambt den wolgezierten Gartten, darauf der hochfürstl. denselben Orth Pallast gestanden, so alles schön und khünstlich repraesentirt worden.“
102 Wallentin (1985), p. 3 ff.: Ein Giovanni Solari arbeitete 1428 am Konventgebäude der Certosa di Pavia, ein Andrea Solari malte 1524 das Hochaltarbild der Kirche des Karthäuserklosters in Pavia und Christoforo Solari, ein Bildhauer und möglicherweise der Vater Santinos, war im Jahre 1579 mit Pietro Antonio da Corte in Genua tätig.
103 Ebd., p. 12.
104 Ebd., p. 18: Für diese These spricht, daß Bertoletti (auch Bertholoto genannt) ebenfalls aus Verna stammte und der Vater von Francesca war, der späteren Ehefrau von Santinos Bruder Domenico.
105 Ebd., p. 2, 382.
106 Dazu besonders Lippmann (1992), p. 115 f., p. 154 f.
107 Wallentin (1985), p. 21 f.
108 Ebd., p. 71 ff.
109 Ebd., p. 20, 71: Wallentin stützt ihre Vermutung auf Hinweise im Testament Solaris über Grundbesitz in Rom und auf die Tatsache, daß zu jener Zeit sein Landsmann Carlo Maderno (1556–1629) Leiter der fabricca di San Pietro war.
110 Heyd (1902), p. 3 ff., Ausstellungskatalog Heinrich Schickhardt (1987), p. 30 f.
111 Heyd (1902), p. 190 ff.
112 De Caus (1615); Furttenbach (1627).
113 VLA Bregenz, Hohenemser Archiv, 31,2.
114 Buberl (1916), p. 167; SLA, Geh. Archiv XXIII / 6 1/2, Dok.-Nr. 26/1: In einem Bittschreiben an Erzbischof Max Gandolf vom 9. Januar 1681 erwähnt der damalige Brunnenmeister von Hellbrunn, Carl Wenzeisen, daß einer seiner Ahnen am Bau der Wasserkünste beteiligt war: „. . . dieweilen dan dise beruembte Wasserkhunst mein lieber Endl, weiland Wenzeisen sel. erstens erfunden, und aufgericht, und solche von obvermelt meinem auch lieben Vattern sel. über 30 und nunmer auch von mir schon in das 16ende Jahr gefihrt und conservirt worden.“
115 Dazu vor allem Guby (1916), p. 74 ff.; Pretzell (1935), p. 6; Wagner (1962), p. 23 ff.
116 Pretzell (1935), p. 6.
117 Guby (1916), p. 76 f.: Der Autor hat im Zusammenhang mit der Neugestaltung und Ausschmückung der Gnadenkapelle im Kloster Einsiedeln von 1615 bis 1618 die Arbeitsweise Solaris zu rekonstruieren versucht, die sich kaum wesentlich von derjenigen in Hellbrunn unterschieden haben dürfte.
118 Buberl (1916), p. 167; Wagner (1962), p. 26: Die beiden qualitativ besten, an prominenten Punkten der Anlage aufgestellten Figuren des Neptun mit den beiden Meerrossen und des Perseus werden Solari zugeschrieben.
119 Stainhauser, H. H. St. A., R 33, Bd. 3, fol 167 r.

4. Die Zeit um 1600

120 Zu diesem Themenkreis besonders Boas (1988), p. 19 ff. und Gurst (1989), p. 601 ff.
121 Gurst (1989), p. 517 f.
122 Boas (1988), p. 216 ff.; Gurst (1989), p. 450 f.
123 Gurst (1989), p. 108.
124 Ebd., p. 605.
125 Zu dieser Thematik besonders Schlosser (1978),

p. 28 ff. Als interessantes zeitgenössisches Beispiel sei das Werk „Dell'historia naturale" von Ferrante Imperato (1599) erwähnt, welches etliche sammelwürdige Naturalien in verschiedene Kategorien einteilt und auf die besonderen Eigenschaften dieser Objekte eingeht.

126 Schlosser (1978), p. 45 ff., 118 ff., 184 f.; Dvorsky (1988), p. 209 ff.

127 Dazu ausführlich Kapitel 6.1.

128 Dazu Lazzaro (1990), p. 10 ff.; Zimmermann (1989), p. 27.

129 Taegio (1559), p. 9 f.

5. Das Schloßgebäude

130 Buberl (1916), p. 163.

131 Ebd., p. 163 f.

132 Wallentin (1985), p. 127 f.

133 Der Grund für diese Namensgebung ist bis heute ungeklärt. Vgl. dazu Martin (1982), p. 79: „(. . .) ein Mirabella gab es 1612 in der Nähe von Mailand und war ein Sitz des Fürsten Peretti, eines Verwandten Papst Sixtus V."

134 In den Relationen Stainhausers gibt es verschiedene Belege für eine weitere Benützung Mirabells durch Markus Sittikus: H. H. St. A., R 35, Bd. 2, fol. 277 v: Besuch des Erzherzogs Maximilian von Österreich am 29. August 1615, R 35, Bd. 3, fol. 168 r, 169 v: Ringel- und Quintianarennen, an denen sich Jakob Hannibal II. und der junge Herzog von Teschen beteiligten (4. und 6. Dezember 1616). Ab dem darauffolgenden Jahr wurden die hohen Gäste des Erzbischofs nach Hellbrunn geführt.

135 Die Inschrift lautet: „Quae circumspiciens aedificata cernis Marcus Sitticus ex Altaembsiis Com(es) Arch(iepiscopus) Salis(burgensis) ad successorum suique animi levamen decimo quinto mense fundavit atque perfecit Anno D(omi)ni MDCXV principatus IIII."

136 Zwei Briefe Giovanni La Curs an Kaspar von Hohenems aus dem Frühjahr 1615 bestätigen den Termin der Fertigstellung des Schloßgebäudes (VLA Bregenz/Hohenemser Archiv, 36,10): „L'Ill.mo Sign. Principe fa fabricar gagliardamente al Tiergarten (. . .) et il Pallatino del d.o Tiergarten sarà finito del tutto la settimana che viene, quasi miracolosamente et le stanzie sono riusciti bellissimi, et piacera assai à Vs. Ill.mo" (28. März 1615). „Il terzo giorno di pasqua, il Ill.mo Sig. Principe ha mangiato la prima volta al palazzo del Tiergarten, il qual è finito bellissimo et piace molto à ogn'uno" (26. April 1615).

137 Als letztes Gebäude wurde höchstwahrscheinlich die sogenannte „Abgotts-" oder „Kronengrotte" vollendet. Vgl. dazu Buberl (1916), p. 176: Nach dem Tode des Erzbischofs dekretierte das sede-vakant-regierende Domkapitel: „Sovil die Paumeisterei angelangt, solle derselben das gebeu in Hellprunn außer der Grotta so noch vollendet werden solle einzustellen anbevolhen werden."

138 Siehe dazu auch Welti (1963), p. 401: „Da Marx Sittich auch schon als Dompropst in Konstanz dortselbst eine Hellbrunn genannte Gartenanlage besaß, ist es schwer zu entscheiden, welche Bezeichnung die ältere ist und bei dem Salzburgischen Hellbrunn Pate gestanden ist (. . .)."

5.1. Das Schloßgebäude als Derivat eines zeitgenössischen Architekturtraktats

139 SMCA, HS 2207, fol. 8: Stainhauser beschreibt die kleine Grotte folgendermaßen: „(. . .) darundter ein Brunnen, nemblich ein Mannsbildt von gleichem Steinwerckh, zween Stainpöckh undter den achseln haltendt, aus deren Mäuler das Wasser in ein stainene Muschl hinabfelt, darneben sind zwo weiß steinene Penckh". Da heute sowohl die vom Chronisten erwähnte Muschel als auch die Bänke fehlen, müssen im Laufe der Zeit geringfügige Veränderungen vorgenommen worden sein.

140 Donin (1948), p. 159 ff.; Wagner-Rieger (1965), p. 86 f.; Wallentin (1985), p. 128, 163, 383, 388.

141 Skalecki (1989), p. 31.

142 Kruft (1985), p. 80: So schreibt Serlio in bezug auf die Perspektive, daß er davon auf die kürzeste Weise nur so viel mitteilen wolle, wie der Architekt brauche, und sich des Philosophierens und der Frage, was Perspektive sei, enthalte.

143 Ebd., p. 83: „Mit solchen Hinweisen auf die libertà des Architekten geht Serlio mit seiner angestrebten Regelhaftigkeit sogleich über diese hinaus und wird zum theoretischen Begründer eines architektonischen Manierismus. (. . .) Serlio versteht manche seiner Entwürfe als ein Entgegenkommen gegenüber einem architektonischen dernier cri; so begründet er seine Portalentwürfe im Libro Extraordinario: la maggior parte de gli huomini appetiscono il più delle volte cose nuove." Zur Wirkung des Traktats siehe besonders Rosci (1966), p. 13 ff.

144 Ebd., p. 81; Skalecki (1989), p. 31: Serlio hat neun Bücher hinterlassen, die er ab 1537 veröffentlichte, von denen zu seinen Lebzeiten aber nur die Bücher 1 bis 5 und der „Libro Extraordinario" erschienen, während er 1550 die Manuskripte der Bücher 6 bis 8 teilweise an den Kunsthändler Jacopo Strada verkaufte, der Buch 7 1575 in Frankfurt veröffentlichte. Die zwei erhaltenen Fassungen des 6. Buches sind erst im 20. Jahrhundert publiziert worden. In einigen Ausgaben wird der „Libro Extraordinario" als Buch VI geführt, was zu Mißverständnissen Anlaß gegeben hat.

145 Kruft (1985), p. 82.

146 Palladio (1570), p. 5.

147 Ebd., p. 15, 17 f.; Skalecki (1989), p. 32.

148 Kruft (1985), p. 98: In den „Quattro libri" Palladios werden folgende Themen behandelt: Buch I: Materiallehre, Lehre von den fünf Säulenordnungen; Buch II: Das Privathaus in der Stadt und auf dem Land; Buch III: Straßen, Brücken, Plätze, Basilisken; Buch IV: Antike Tempel in Rom, Italien und außerhalb Italiens.

149 Palladio (1570), p. 82 f.

150 Kruft (1985), p. 109 f.; Skalecki (1989), p. 32: Insgesamt waren von Scamozzi – wohl in Anlehnung an Vitruv – zehn Bücher geplant, von denen aber nur die Bücher 1–3 und 6–8 im Druck erschienen sind.

151 Kruft (1985), p. 110.

152 Skalecki (1989), p. 31.

153 Zu diesem Zeitpunkt (Anfang 1613) gab es bereits zwei von Giovanni Domenico Scamozzi in Venedig publizierte Gesamtausgaben in den Auflagen von 1584 und 1600.

154 Martin (1923), p. 4: „Wie erst jüngst eine Untersu-

chung des Baubefundes ergab, wurde das Schloß zweimal erweitert, indem einmal die gegen Süden und Westen vortretenden Risalite und zuletzt die seitlichen turmartigen Anbauten dazukamen." Siehe dazu auch Donin (1948), p. 159; Czerwenka (1979), p. 6; Wallentin (1985), p. 130 f.

155 Serlio (1619), fol. 143.

156 Entwürfe für dreigeschossige Bauten mit entsprechend zwei Gurtgesimsen finden sich auch bei Serlio (1619), Buch 7, fol. 237, 247.

157 Ein sehr ähnliches Portal findet sich bei Serlio (1619), Buch 4, im Zusammenhang mit der Rustikaordnung.

158 Ebd., Buch 7, fol. 67.

159 Ebd., Buch 7, fol. 33.

160 Steinitz (1986), p. 145.

161 Zur Baugeschichte des Hohenemser Familienpalastes siehe Ausstellungskatalog Hohenemser und Raitenauer (1987), p. 192 f.; dazu auch Welti (1963), p. 34 f.: Der Ausbau des von Longhi entworfenen Palastes und der Parkanlagen in den Jahren 1603–1610 geht auf die Initiative von Markus Sittikus zurück.

162 Interessanterweise scheint sich Longhis Aufrißzeichnung an den bereits für Hellbrunn vorbildlichen Entwurf Serlios auf fol. 143, in Buch 7 anzulehnen. Vgl. ebd., fol. 63.

163 Wallentin (1985), p. 133 f.; Grewenig (1984), p. 441.

164 Serlio (1619), Buch 7, fol. 23, 169.

165 Ausstellungskatalog Hohenemser und Raitenauer (1987), p. 200.

166 Zum Palazzo Altemps vor allem Scoppola (1987), p. 9 ff. Der formale Aufbau der Hauptfassade dieses ebenfalls im Auftrage des Kardinals Marcus Sitticus errichteten Gebäudes läßt Rückgriffe auf den Serlio-Traktat vermuten, der sich im siebten Buch mit Bauten auf unregelmäßigem Grundriß auseinandersetzt. Dies ist auch bei dem in Rom in der Nähe der Piazza Navona gelegenen Gebäude Longhis der Fall.

167 Serlio (1619), Buch 7, fol. 207.

5.2. Schloßhof

168 Die in der Literatur häufig anzutreffende Bezeichnung „Ehrenhof", welche sich von dem für die französischen Palastbauten des Barock so charakteristischen „cour d'honneur" ableitet, ist problematisch; so beispielsweise bei Donin (1948), p. 162; Paumgartner (1966), p. 230; Grewenig (1984), p. 440; Wallentin (1985), p. 133. Obwohl der Hellbrunner Schloßhof eine ähnliche Funktion erfüllt haben dürfte wie entsprechende französische Anlagen des 17. Jahrhunderts, handelt es sich dennoch um eine ausschließlich von Italien inspirierte Architektur.

169 Buberl (1916), p. 194: Diese Gebäude wurden erst im Jahre 1692 errichtet. In dem nördlichen befand sich zuerst die Wohnung des Pflegers, dann des Gerichtsschreibers. In dem südlichen war die des Hofgärtners.

170 Wallentin (1985), p. 133: „Nach einem Brand im Jahre 1660 ließ Erzbischof Guidobald einen Teil dieser Gebäude erhöhen."

171 Eine in der Schloßverwaltung Hellbrunn aufbewahrte Notiz berichtet, daß die Kapelle am neuen Standort im Jahre 1960 unter Erzbischof Andreas Rohracher eingerichtet und geweiht wurde.

172 SMCA, HS 2207, p. 6 f.

173 Ebd., p. 3 f.: Dieser Raum diente eigens zur Überwinterung der südländischen Gewächse und Zitrusfrüchte.

174 Ebd., p. 3 f.

175 Kauffmann (1984), p. 337 f.

176 Lazzaro (1990), p. 191 f.

177 Hansmann (1983), p. 66.

178 Dazu vor allem Rava (1970), p. 30: Den vom Autor angeführten Übereinstimmungen stehen allerdings ebensoviele Unterschiede gegenüber. So ist die in Pratolino den Hof umfassende Mauer verhältnismäßig niedrig und läuft den Seiten der Villa entlang, fast bis zur rückseitigen Fassade. Außerdem bildet sie auf Höhe des Zufahrtsweges keinen echten Halbkreis, sondern öffnet sich in einer leichten Gegenbewegung dem von kleinen Fontänen flankierten „stradone". Schließlich handelt es sich bei den in Pratolino zu beiden Seiten der Eingangstreppe postierten dreikantigen Obelisken um äußerst dominante Gestaltungselemente, während die wesentlich kleineren Exemplare in Hellbrunn lediglich als schmückendes Beiwerk zu betrachten sind.

179 Clifford (1981), p. 53 f.; Hansmann (1983), p. 20 f.

180 Ackerman (1954), p. 87 ff.

181 Hansmann (1983), p. 21 f.

182 Clifford (1981), p. 56.

183 Strnad (1985), p. 21.

184 Ausstellungskatalog Hl. Karl Borromäus (1983), p. 20 f.

185 Wie Welti (1963), p. 429, 437 erwähnt, befanden sich auch im Familienpalast in Hohenems zwei Gemälde, die das im Belvederehof abgehaltene prachtvolle Turnier von 1565 darstellten.

5.3. Die Malereien im Innern: Festsaal und Oktogon

186 Siehe zu diesem Thema Donin (1948), p. 169 f.; Heinz (1954), p. 90 ff.; Heinzle (1969), p. 222 ff.; Brskovsky (1981), p. 99 ff.; die neueste Analyse der Malereien in Hellbrunn und der Tätigkeit Mascagnis in Salzburg bietet Rott-Freund (1994), p. 40 ff.

187 Heinzle (1969), p. 223; Rott-Freund (1994), p. 35 ff.

188 SMCA, HS 2207, fol. 15 ff.: „(. . .) von dannen kombt mann in den schönen von plau roth und weis polirten Märmelstainen gepflasterten Saal, allerseits khünstlich in die Perspectiv, und sonst von großen Bildern gemahlen und verguldet, wie auch 12 Kayser von Gold gemahlen, über sich in dem Lufft allerlay Vögel, und noch in dem 4 Eckhen bilder von Kupfer gemahlen."

189 Buberl (1916), p. 209; Donin (1948), p. 171; Heinz (1954), p. 91.

190 Brskovsky (1981), p. 100.

191 Ebd., p. 102 f.; Rott-Freund (1994), p. 41.

192 Buberl (1916), p. 204: Die Sockel waren ursprünglich mit den Namen der dargestellten Kaiser beschriftet; sie sind heute nur noch zum Teil lesbar. Zu den Kaiserdarstellungen im Barock siehe vor allem Herbst (1970), p. 251 f.; 330.

193 Die Deutung des Mottos ist bisher noch nicht überzeugend gelungen. Siehe dazu Kapitel 9.

194 Donin (1948), p. 169; Rott-Freund (1994), p. 43.

195 Bei Ripa (1611), p. 51, als „Bontà“ bezeichnet.
196 Schaber (1987), p. 26, sieht in dem Stab eine Meßrute. Bei Ripa (1611), p. 258, ist eine weitere Tugenddarstellung mit einem solchen Instrument und ähnlichem Gestus, allerdings als Mann, abgebildet: der „Inteletto“.
197 Von Buberl (1916), p. 209, irrtümlich als Wahrheit identifiziert.
198 Diese Tugenddarstellung erhält bei Ripa (1611), p. 481, als zusätzliches Attribut eine Säule.
199 Buberl (1916), p. 209, bezeichnet die Figur fälschlicherweise als „Häuslichkeit“, während Schaber (1987), p. 26, sie mit Vigilantia verwechselt.
200 Rott-Freund (1994), p. 43 f.: Auch die Gurtbögen an der Decke des Festsaals „stammen in letzter Konsequenz noch von Michelangelos Sixtinischer Decke, vor allem die beiden äußeren, die hier wie dort auf Pfeilersockeln ruhen. Doch Mascagni erweitert dieses System, indem er den Binnengurt um ein weiteres Geschoß erhöht und durch eine balustradengesäumte Rundöffnung strukturiert, (. . .), wobei die Öffnung an die Chorlösung der Gebrüder Alberti in S. Silvestro al Quirinale in Rom denken läßt.“
201 Welti ist es mit einiger Sicherheit gelungen, die Identität der dargestellten Sängerin festzustellen: es dürfte sich dabei um die im Sommer 1617 21 Jahre alt gewordene Maria Cleophe Prechtin aus Konstanz handeln. Welti, Prechtin (1961), p. 359.
202 Die Gesichter der dargestellten Personen tragen offensichtlich porträthafte Züge; es dürfte sich um Mitglieder der vornehmen Salzburger Gesellschaft, der Familie des Bauherrn oder seines Hofstaates handeln. Der Kavalier, der von einer neben ihm stehenden Dame eine rote Nelke überreicht bekommt, wird in der Literatur durchwegs mit Markus Sittikus identifiziert.
203 SMCA, HS 2207, fol. 16 1/4: Stainhauser nennt neben Adler und Fasan einen „Prambhen“ und einen „Umbvogel“.
204 Schaber (1987), p. 26; Rott-Freund (1994).
205 Brskovsky (1981), p. 101 f.: Daß für die malerische Gestaltung des Oktogons auch die Loggia des Palazzo Altemps in Rom eine vorbildliche Wirkung gehabt hat, erscheint zweifelhaft. Wohl kommen dort ähnliche Motive vor, sie sind aber in ihrer Ausformung wesentlich filigraner. Dazu auch Rott-Freund (1994), p. 48 f.
206 Brskovsky (1981), p. 102.
207 Ebd., p. 102.
208 Ebd., p. 102.
209 Heinzle (1969), p. 225: Der Autor zitiert in diesem Kontext die 1566–1568 von Paolo Veronese geschaffenen Fresken in der Palladio-Villa Barbaro in Maser und nennt eine vom selben Künstler gemalte Decke im Palazzo Trevisano in Murano, die eine „verwandte Feldereinteilung“ zeige. Als weitere Beispiele mit „ähnlich gestalteten Themen“ werden die Villen Venier und Grimano an der Brenta aufgeführt. Dazu auch Donin (1948), p. 169 ff. Wie Rott-Freund (1994) aufgezeigt hat, lassen sich diese Vergleiche bei näherer Betrachtung nicht halten.
210 Die Vorbildhaftigkeit der zeitgenössischen mittelitalienischen Malerei für das Schaffen Mascagnis in Hellbrunn hat als erster Heinz (1954), p. 90 f., erkannt: „Allerdings ist für seine Figurendarstellung nicht die vasareske Richtung, sondern offenbar Poccettis epischer Stil als unmittelbares Vorbild anzusehen, dazu kommt ein nicht unbedeutender Einschlag von Seiten der Quadratura der Zeit um 1600, der sich in dem architektonischen Gerüst des Festsaals deutlich bemerkbar macht.“
211 Dazu auch Brskovsky (1981), p. 103.
212 Ebd., p. 103.
213 Serlio (1619), fol. 191: „(. . .) dico che l’Architetto non solamente dee prender cura de gli ornamenti circa le pietre & circa i marmi, ma dell’opera del pennello ancora, per ornari i muri & convien che egli ne sia l’ordinatore, come padrone di tutti coloro, che nella fabrica si ado perano (. . .).“
214 Ebd., fol. 191 f.: „Et similmente havendosi con pittura ad ornare sale, camere, o altre stanze terrene, è conceduto al pittore nei muri con alcuni ordini di Architettura fingere aperture di aere & di paesi, (. . .). Et se’l pittor vorrà tal volta con l’arte della prospettiva far parere una sala, o altra stanza più lunga, di quel che ella non sarà in effetto.“
215 Ebd., fol. 192: Serlio erwähnt die Sala delle Colonne nicht explizit. Die beiden von ihm genannten Namen „Baldassar Petrucci Senese“ für den Künstler und „Agostino Ghisi“ für den Auftraggeber lassen aber mit Sicherheit darauf schließen, daß die von Peruzzi geschaffene Raumdekoration in der Villa Farnesina gemeint ist, welche dieser für Agostino Ghigi anfertigte: „Et questo fece Baldassar cosi dotto in questa arte, come alcun’altro che sia stato a questo secolo, che volendo ornare una sala d’Agostin Ghisi, signorile mercatante in Roma; finse con l’arte alcune colonne & altre Architetture a tal proposito, che’l gran Pietro Aretino, cosi giudicioso nella pittura, come nella poesia, hebbe a dire non esser in quella casa la più perfetta pittura nel grado suo, quantunque ci sono anco delle cose di mano del divin Raffaello da Urbino.“
216 Ebd., fol. 192.
217 Ebd., fol. 192: „(. . .) de gli antichi Romani, i quali costumavono di far diversi scompartimenti, secondo i suggetti & secondo anco il modo delle volte & in quelli facevano diverse bizzarie, che si dicono grottesche: le quai cose tornano molto bene & commode, per la licenzia che s’ha di far ciò che si vuole, come savriano fogliami, frondi, fiori, animali, ucelli figure di qualunque sorte, mescola te però con animali & fogliami tal volta separati in diverse attitudini (. . .)".
218 Ebd., fol. 197.
219 Freedberg (1983), p. 626 f.; zum Palazzo di Bianca Capello vor allem Bucci (1973), p. 100 ff. und Lisci (1972), p. 725 f. Zur Entwicklung der italienischen Groteskenmalerei siehe Gruber (1994), p. 193 ff; zum Einfluß Ligozzis auf Mascagni besonders Rott-Freund (1994), p. 19 f., 43, 212.
220 SMCA, HS 2207, fol. 10 ff. Dazu auch Doblhofer (1982), p. 36 ff., 351 ff.
221 Nachdem aufgrund des Beitrags von Neuhardt (1988), p. 25 f. die Autorschaft Mascagnis zweifelhaft erschien, weist Rott-Freund (1994), p. 182 ff. auch diese Porträt des Landesfürsten eindeutig dem Florentiner Maler zu.
222 H. H. St. A., R 35, Bd. 3, fol. 43.
223 In der Kunst- und Wunderkammer von Schloß Ambras bei Innsbruck werden neben Porträts von abnormalen Menschen, wie Haarmensch (Inv.-

Nr. 388), Riese (Inv.-Nr. 398), Zwerg (Inv.-Nr. 393) und Krüppel (Inv.-Nr. 397), auch zahlreiche Tierpräparate aufbewahrt.

224 Welti (1963), p. 437: Auch der Bruder des Erzbischofs, Kaspar von Hohenems, nahm in die im Vorarlberger Familienpalast angelegte umfangreiche Gemäldegalerie neben Ahnen- und Heiligenbildern Beispiele der Genremalerei sowie Landschaften und Tierstücke auf.

6. Der Bereich der Vergnüglichkeit – Gartenanlage

6.1. Zu Villenbau und Wasserkünsten in Italien in der 2. Hälfte des 16. Jahrhunderts

225 Buberl (1916), p. 176 f.
226 Rietzsch (1987), p. 1.
227 Ebd., p. 2.
228 Palladio (1570), p. 82 f.
229 Kruft (1986), p. 110.
230 Guldan (1969), p. 249.
231 Lazzaro (1990), p. 243, 246.
232 Montaigne (1988), p. 272: „Vor allem kommt das Wasser frisch von der Quelle, was Tivoli nicht hat, und zwar in solchem Überfluß (...), daß es zu tausend Wasserkünsten genügt."
233 Lazzaro (1990), p. 167.
234 Ebd., p. 167.
235 Ebd., p. 167; Rietzsch (1987), p. 4.
236 Lazzaro (1990), p. 201 ff.
237 Dazu vor allem Zanghieri (1987), p. 21 ff.
238 Podenzani (1948), p. 30 ff.; Bascapè (1978), p. 30 ff.
239 Dazu besonders Bassermann-Jordan (1928), p. 14 ff.
240 Luchinat/Magnani (1987), p. 59 ff.; Lazzaro (1990), p. 16 ff.
241 Keller (1966), p. 141.
242 Lazzaro (1990), p. 16, 290.
243 1583 erschien in Paris eine weitere Auflage von Commandinos Übersetzung.
244 Keller (1966), p. 141.
245 Von Alessandro Giorgi erschien 1592 eine weitere Fassung des Traktats in italienischer Sprache, die in Inhalt und Umfang genau der lateinischen Ausgabe von Commandino entspricht.
246 Aleotti (1589), fol. 89 ff.: Dies gilt besonders für den Entwurf eines Automaten mit der Darstellung eines Herkules, der mit seiner Keule den Meeresdrachen erschlägt. Das mutmaßliche Vorbild, das im Innern der Kolossalfigur des Appenins untergebracht war, ist auf einer Skizze von Giovanni Guerra überliefert.
247 Ebd., p. 98 ff.
248 Zu dieser Problematik vor allem Luchinat/Magnani (1987), p. 59 ff.; zu den Automaten als Instrument der Machtdemonstration und als Objekt der Herrscherlaune besonders Zimmermann (1989), p. 29 f., Anm. 187.

6.2. Die Grottenräume im Untergeschoß

249 SMCA, HS 2207, fol. 16 3/4 f.; Buberl (1916), p. 169.
250 Hübner (1792), p. 527: Ende des 18. Jahrhunderts waren an den Wänden und an der Decke auch noch Vergoldungen sichtbar, die wenig später der Feuchtigkeit zum Opfer gefallen sein müssen; Seitner (1836), p. 21, erwähnt sie bereits nicht mehr.
251 Wagner (1962), p. 26; Wallentin (1985), p. 152.
252 Die Blechmaske wird heute allgemein als „Germaul" bezeichnet, obwohl die Forschung eine Erklärung für diese Namensgebung schuldig geblieben ist. Während Stainhauser, HS 2207, fol. 18, von einer „Maschara" spricht, benennt Hübner (1792), p. 527, diese Kuriosität als „Larve". Der Ausdruck „Germaul" erscheint erstmals bei Strasser (1912), p. 7. In einem Hellbrunn-Führer aus dem Jahre 1921 (Schupfer, p. 15) wird das Wort „Germaul" von „Gähnmaul" abgeleitet. Wallentin (1985), p. 149, vertritt die Ansicht, es handle sich dabei um ein „Sinnbild für Lauscher an Türen". Als mögliche Interpretation des Begriffs sei ein Hinweis angeführt, den ich Herrn Dr. Wilfried Schaber, Salzburg, verdanke. Danach erscheint das Wort „Ger" in einigen Büchern über Salzburger Wappenkunde und bedeutet soviel wie „Fischspeer" oder „Zwei-" bzw. „Mehrzack". Die Bezeichnung „Germaul" dürfte aufgrund der in Hellbrunn zweimal vorkommenden Verbindung Neptuns (mit einem Dreizack in der Hand) und einer Maske im Sinne einer Kontamination entstanden sein und wohl einfach das Maul unter dem Ger bedeuten.
253 SMCA, HS 2207, p. 18 f.: Stainhauser spricht von „fünftausendt Sprizlöchlein, welche allenthalben (...) als wann es regnen thuet, Wasser von sich geben, wie wann die Sonnen scheint, einen Himmelbogen abgibt (...)".
254 Ebd., p. 20; Buberl (1916), p. 169.
255 Schallhammer (1856), p. 26, ordnet die Deckenmalereien dieser Grotte Ignazio Solari (fälschlicherweise Antonio Solari genannt) zu. Eine künstlerische Bewertung erscheint aber wegen des schlechten Zustandes und der mehrmals durchgeführten Restaurierungen obsolet.
256 Buberl (1916), p. 223.
257 Die Zuweisung der Malereien an einen bestimmten Künstler ist auch hier aufgrund des fragmentarischen Charakters nicht möglich. Buberl (1916), p. 223, schlägt Mascagni als Autor vor, was durch die neueste Untersuchung von Rott-Freund (1994), p. 49 ff., bestätigt wird.
258 Schallhammer (1856), p. 27: „Das Ganze ist die Schöpfung des gegenwärtigen intelligenten k. u. k. Kunst-Brunnenmeisters Jakob Seitner, der (...) diese Stelle (...) am 21. Oktober 1842 übernahm."
259 SMCA, HS 2207, fol. 19 f.; Buberl (1916), p. 169.
260 Im unteren Bereich sind die unregelmäßigen Bildfelder hellblau übermalt. Im oberen Teil und an der Decke ist der Zustand der Malereien zwar ebenfalls beklagenswert, die Details sind teilweise aber noch sichtbar. Von diesen erkennbaren Resten und der Beschreibung Stainhausers ausgehend, hat man sich eine gemalte Wildnis mit Felsen und üppiger Vegetation vorzustellen, die durch umherfliegende Vögel belebt wurde.
261 Die Figur mißt 102 cm in der Länge. Sie weist nur einen Flügel auf der Schauseite (rechts) auf und ist bis auf kleine Bestoßungen völlig intakt.
262 Rava (1970), p. 33; Herget (1954), p. 132; dazu auch Welti (1963), p. 122 f.
263 Rava (1970), p. 33; Zanghieri (1987), p. 114; Rietzsch (1987), p. 5.

264 Zanghieri (1987), p. 114: „(. . .) sotto vi è la testa di un mascherone con l'ali di pipistrello, che stralunando gli occhi spalanca le fauci, e butta dell'acqua."
265 Welti (1963), p. 122: Von der rechts neben der „Grotta del Diluvio" gelegenen „Grotta della Spugna" gelangte man durch die „Grotta dei Tritoni" zur „Grotta della Samaritana", in der sich ein achteckiger, mit fließendem Wasser ausgestatteter Tisch befand. Wie die Zeichnungen von Giovanni Guerra und Heinrich Schickhardt vermuten lassen, waren in dieser Grotte die meisten Wasserautomaten installiert, wobei das Zurücktreten antiker und antikisierender Statuen zugunsten idyllischer, genreartiger Darstellungen neu war.
266 Dazu besonders Bredekamp (1985), p. 9 f., 62.
267 Rietzsch (1987), p. 72: Im letzten Drittel des 16. Jahrhunderts entwickelte außerdem Vredeman de Vries als sechste Architekturordnung die „Ruyne", die ruinöse oder Todesordnung. Zum Thema „künstliche Ruinen" und „einstürzende Architektur" siehe besonders Zimmermann (1989), p. 27 ff.
268 In der Ambraser Kunst- und Wunderkammer befindet sich ein aus mehreren runden und unterschiedlich großen Elementen bestehender Konvexspiegel (Inv.-Nr. 364), der eine ähnliche Funktion erfüllt haben dürfte.
269 Lazzaro (1990), p. 200: Da Fortini die Bauarbeiten in Castello nach Tribolos Tod überwachte, wäre es möglich, daß der ursprüngliche Plan für die auf halber Höhe in die Mauer des Boboli-Gartens integrierte „Grotta di Madama" (auf dem Gemälde von Utens links sichtbar), deren Fassade ganz mit Stalaktiten aus Tuffstein verkleidet wurde, ebenfalls von der Planung Tribolos abhängig ist.
270 Ebd., p. 229; Mader (1987), p. 151; Rietzsch (1987), p. 5.
271 Zanghieri (1987), p. 123 f.
272 Enge Parallelen zwischen der Vogelsanggrotte und der „Grotta grande" im Boboli-Garten ergeben sich auch aufgrund des in beiden Räumen intendierten Ruinencharakters. Die Beschreibung der Hellbrunner Grotte durch Stainhauser läßt sich mit derjenigen der „Grotta grande" durch Francesco Bocchi vergleichen. Lazzaro (1990), p. 315, Anm. 50: „Egli (Poccetti) si mostra adunque la volta in sembiante, che rovini, et che per li fesi, et per le escano diversi animali, come serpi, uccelli, satiri, et molte piante, che paiono così vere, così naturali, che quasi in verità del fatto recano altrui diletto, ma non senza terrore, posciache del tutto pare, che à terra rovini l'edifizio."
273 Zu diesem Thema ausführlich Zimmermann (1989), p. 28 ff.

6.3. Römisches Theatrum

274 Zum Figurenschmuck des Theatrums vor allem Wagner (1962), p. 29 ff. Der Autor vergleicht die Statue der Roma victrix mit der von Hans Waldburger 1616 für das Salzburger Rathaus geschaffenen Justitia und schreibt sie diesem zu.
275 SMCA, HS 2207, fol. 21: Stainhauser nennt die Figuren „Zwen armenische Khönig", während Hübner (1792), p. 532, sie als Demokrit und Heraklit interpretiert. Buberl (1916), p. 227, sieht als antike Vorbilder dieser Figuren die Statuen besiegter Parterfürsten. Wagner (1962), p. 24, schreibt auch diese Skulpturen Hans Waldburger zu.
276 SMCA, HS 2207, fol. 21: „(. . .) und auf der seithen zway weibsbilder der obgedachten Khönigen gemahlin (. . .)." Hübner (1792), p. 531, sieht in den beiden Statuen die Darstellung von Komödie und Tragödie. Im Gegensatz zu Wagner (1962) will Buberl (1916), p. 227, in allen sechs Figuren des Theatrums die Hand desselben Meisters erkennen.
277 SMCA, HS 2207, fol. 22.
278 Für die tatsächliche Benützung des steinernen Tisches durch den Bauherrn gibt es außer einer Briefstelle vom 8. September 1619 aus der Hand Giovanni la Curs keine Beweise. VLA Bregenz/Hohenemser Archiv, 36,10: „Al tiergarten il quale ha piaciutto assai a S. A. et a i suoi signori et li doi Prencipi mangiavono insieme sopra la tavola di marmore donde la fontana è un mezzo et furono assai allegri (. . .)."
279 Rava (1970), p. 35.
280 Welti (1963), p. 120. Der Prototyp des steinernen Tisches mit Sitzplätzen, aus denen sich Wasser spritzen läßt, findet sich bereits bei Plinius dem Jüngeren in dessen Beschreibung der Villa in Tusci (um 100 n. Chr.). Dazu Hunt (1986), p. 12; Lazzaro (1990), p. 258.
281 Ebd., p. 249, 258: Dieser Wasserscherz ist auf einem Stich Tarquinio Ligustris von 1596 deutlich zu sehen.
282 Donin (1948), p. 167 f., nennt als konkretes Beispiel neben den Idealarchitekturen in Francesco Colonnas „Hypnerotomachia Poliphili" besonders die Villa Emo-Capodilista bei Montecchia. Außerdem zieht er die halbkreisförmige, mit Statuen besetzte Schauwand im Garten der Villa Barbarigo an der Brenta zu einem Vergleich heran, obwohl die Anlage in dieser Form erst 1669 entstanden ist. Schließlich bezeichnet Donin den Giebelaufsatz des Theatrums und die Obelisken als scamozzeske Motive.
283 Zur Anlehung an Elemente der Frascati-Villen siehe Pupp (1965), p. 31, und Herget (1954), p. 131: „Eine weitere, dem Brunnen Altembs und darüber hinaus dem Frascati-Teatro verwandte Anlage liegt zu Seiten des Schlosses, diesmal auch ‚Theatrum' genannt (. . .)."
284 Der Serlio-Entwurf scheint auch Vorbildcharakter für die Gestaltung der „Fonte delle Lucerne" im Garten der Villa Lante gehabt zu haben. Dazu Lazzaro (1990), p. 254.

6.4. Orpheusgrotte

285 Buberl (1916), p. 231; Pupp (1965), p. 39 f.; Welti (1963), p. 145: Als Geliebte des Erzbischofs galt die Gattin des Leibgardehauptmanns Johann Sigismund von Mabon.
286 Bei den übrigen Tierfiguren handelt es sich um Hase, Bär, Fuchs, Gemse, Luchs, Wolf und Affe. Die Wahl der Tiere ist keine zufällige, galten doch im 16. und 17. Jahrhundert die obengenannten Arten als entweder besonders wild und unbezähmbar oder als zügellos in ihrem Fortpflanzungstrieb. Dazu Wright (1976), p. 298.
287 Rietzsch (1987), p. 89.
288 Dazu Frenzel (1970), p. 563.
289 Rietzsch (1987), p. 4; Wright (1976), p. 206.

290 Furttenbach (1627), p. 104 f.: „Vor hinüber hats ein grotta, darinn wird Orpheus, sampt einer großen Anzahl Thier umb ihn her gesehen und alles mit so großer Menge Spritzwerck angestellt, daß wol keiner ungetaufft, wie fleißig er sich auch fürsicht, herauskompt."
291 Skalecki (1989), p. 34.
292 Furttenbach (1627), p. 221.
293 Furttenbach (1628), p. 41 ff., Kupferstich Nr. 17.
294 Ganay (1949), p. 53 ff.; Saudan (1988), p. 49 f.
295 Ebd., p. 49 f.; Chambourcy (1986), p. 15 ff.
296 Ganay (1949), p. 53 ff.: In St.-Germain-en-Laye gab es eine „Grotte de la Demoiselle", zwei andere waren Perseus und Vulcan gewidmet. Leider ist dieser Teil der Schloßanlage verschwunden.
297 Dazu vor allem Mac Dougall (1975), p. 357 ff.
298 Colonna (1499), fol. d. 8.
299 Mac Dougall (1975), p. 359: Allerdings wird Ariadne auf diesen Sarkophagen meist mit einem über dem Kopf angewinkelten Arm dargestellt.
300 Welti, Prechtin (1961), p. 358 ff.
301 Diesen Hinweis verdanke ich Frau Dr. Claudia Maué, Nürnberg.
302 Einer der Hauptanklagepunkte von Markus Sittikus gegen seinen bis 1617 in der Hohensalzburg inhaftierten Vorgänger Wolf Dietrich betraf dessen Konkubinat mit Salome Alt. Auch bei der Durchsetzung der Gegenreformation in seiner Diözese ging der Erzbischof energisch gegen in Konkubinat lebende Priester vor. Dazu auch Paumgartner (1966), p. 292.

6.5. Brunnen Altems mit Sternweiher

303 SMCA HS 2207, fol. 24; Hübner (1792), p. 533.
304 Ebd., p. 233: Die Figur wird dem Orpheusmeister zugeschrieben, während sie Wagner (1962), p. 26, mit derjenigen des Merkur am Fürstenweg vergleicht.
305 SMCA, HS 2207, fol. 63 1/2: Laut Stainhausers Angaben wurden hier auch Meerschweinchen gehalten; Hübner (1792), p. 533.
306 SMCA, HS 2207, fol. 63 1/2; Hübner (1792), p. 533.
307 Ebd., p. 530: Hübner nennt die Figur „Statue eines Helden"; dazu auch Buberl (1916), p. 236, der die Skulptur dem Meister der Orpheusgruppe zugeordnet. Zur Interpretation der Figur auch Welti (1963), p. 147.
308 Abgedruckt bei Buberl (1916), p. 236: „Quos hic amoenos colles, herbosa prata, nitides vides aquas, Marcus Sitticus arch(iepisco)pus Salib(urgensis) et princeps neglecta naturae dona non absque commiseratione admirans moenibus cinxit, theatris ornavit, e paludoso limo tot varios fontes collegit, dilectae posteritati dicavit MDCXIII."
309 Buberl (1916), p. 238, weist auch diese Statuen dem Orpheusmeister zu.
310 Stainhauser, SMCA, HS 2207, fol. 26; Hübner (1792), p. 529 f.
311 Stainhauser, SMCA, HS 2207, fol. 26; Hübner (1792), p. 529 f.
312 Die Hügel werden weder von Stainhauser noch von Hübner erwähnt, sie treten erstmals auf dem Übersichtsplan von Matthias Diesel um 1720 in Erscheinung. Buberl (1916), p. 240, meint, daß es sich bei den Tieren (zwei Steinböcke, ein Dachs, ein Hase und ein Hund) um Figuren aus der Vogelsanggrotte handelt. Dies ist aufgrund der Aussagen Stainhausers, der abgesehen von Steinböcken besonders Drachen und Affen erwähnt, unwahrscheinlich. Außerdem ist dort (siehe Anm. 249) von „arthlich formirten Thieren" die Rede, was eher auf die Verwendung von Keramik und nicht Marmor schließen läßt. Den Hund bringt Buberl mit einer Dianastatue in Verbindung.
313 Donin (1948), p. 167, vermutet eine Abhängigkeit des Brunnens Altems von den Idealarchitekturen in Colonnas „Hypnerotomachia Poliphili" und von der mit Statuen besetzten Schauwand der Villa Bargarigo an der Brenta. Rava (1970), p. 34, und Rietzsch (1987), p. 18, vergleichen die Anlage mit dem Brunnen des Appenin in Pratolino. Nefzger (1980), p. 121, glaubt für die Fassung des Sternweihers Bezüge zur Villa Lante zu erkennen. Herget (1954), p. 130, sieht eindeutige Parallelen zu den Teatri der Frascati-Villen, besonders zum „Teatro delle acque" der Villa Aldobrandini.
314 SMCA, HS 2207, fol. 27.

6.6. Fürstenweg/Wasserautomaten

315 Die angegebene Reihenfolge der kleinen Grotten in den Beschreibungen Stainhausers und Hübners stimmt nicht mit den tatsächlichen Gegebenheiten überein, wie aus einem Vergleich mit zwei Hellbrunn-Führern aus der Mitte des 19. Jahrhunderts hervorgeht. Dazu Seitner (1836), p. 19; Schallhammer (1856), p. 25. Zu den Wasserautomaten vor allem Bassermann-Jordan (1928), p. 14 ff.
316 SMCA, HS 2207, fol. 30; Hübner (1792), p. 533 f.
317 SMCA, HS 2207, fol. 30; „(. . .) herundten bas erzaigen sich zwo Schildtkhrotten und zween Schneckhen, welche zwölf Wasser ausgeben."
318 Buberl (1916), p. 240, schreibt die Figur dem Meister der Orpheusgruppe zu.
319 Während Stainhauser, SMCA, HS 2207, fol. 31, die Skulptur als „Diana" bezeichnet, nennt sie Hübner (1792), p. 534, „die Göttin Cynthia". Im neuesten Hellbrunn-Führer von Czerwenka (1979), p. 17, wird sie als Mondgöttin Luna interpretiert.
320 Wie bereits Stainhauser, SMCA, HS 2207, fol. 31, berichtet, handelt es sich bei der lebensgroßen Figur eines Wildschweins um dasselbe Tier, das im Schloßgebäude auf einem Ölgemälde verewigt wurde. Es soll im Jahre 1618 am Haunsberg gefangen worden sein.
321 Ebd., fol. 31 f. Der von Stainhauser anschließend beschriebene „Brunn der Eurydice" dürfte mit dem neben der Steinbockgrotte liegenden Dianabrunnen übereinstimmen: „(. . .) der ist mit einem Theatro umbfangen, in mitten dessen stehet ein weis marmelstainen Frauenbild der Eurydice des Orphei gemalhin, ein Khörbl mit Pluemen in der Hand haltendt, und an dem ainen Fues ein Schlang, darvon sie tödtlich gebissen worden. Virgilis 4 to. Georgicorum. Hervorne erzaigt sich ein eingeschloßen von sich selbst aufwallendes, und aus der Erden sichtbar hervorquellendes, und durch 4 Scalini oder Stäffel ablaufendes Wasser."
322 Buberl (1916), p. 234, 242, weist auch diese Figur dem Meister der Orpheusgruppe zu.
323 Stainhauser erwähnt die Schmiedgrotte in seiner Beschreibung Hellbrunns nicht. Da er eine so inter-

essante Sehenswürdigkeit sicher nicht einfach übergangen hätte, ist anzunehmen, daß sie erst einige Zeit nach dem Tode von Markus Sittikus errichtet wurde. Zwei vom Garteninspektor Franz Anton Danreiter verfaßte Zustandsberichte aus den Jahren 1741 und 1748 zeigen, daß die Grotte zu diesem Zeitpunkt ruinös und einige der Figuren funktionsunfähig waren. Somit dürfte der Bau der „Schmidten" im 17. Jahrhundert, möglicherweise noch während Solaris Tätigkeit für Erzbischof Paris Lodron erfolgt sein. Dazu Buberl (1916), p. 185 f.; Schnitzler-Sekyra (1994), p. 338 ff.

324 Zur Geschichte des mechanischen Theaters Schallhammer (1856), p. 18 ff., sowie Buberl (1916), p. 251. Zu Danreiters Rolle bezüglich der Planung siehe Schnitzler-Sekyra (1994), p. 33 f.

325 SMCA, HS 2207, fol. 32.

326 Ebd., fol. 34; Hübner (1792), p. 536.

327 SMCA, HS 2207, fol. 34.

328 Siehe hierzu ausführlich Buberl (1916), p. 248. Auf einem Stich von Danreiter wird der Brunnen „Grotte der Cleopatra" genannt, was durch eine Fehlinterpretation der Schlange am linken Fuß zu erklären ist.

329 Die Inschrift lautet: „Anno 1531 ist ein so gestaltetes Monstrum, so man einen Forstteuffel genennet, unter Regierung Cardinal und Ertzbischoffens zu Salzburg Matthaei Lang im Haunsperg auf einer Jagt gefangen worden; es war gelb, gantz wildt und wolte die Leuth nit ansehen, sondern verbarg sich in die Winckel, trueg einen Hannenkhamb auf dem haubt, hatte ein Menschenangesicht mit Bart, Adlerfueß schier Lewendatzen und einen Hundsschwaiff, starb bald Hungers, man mechte Ihm vil so lieblich lockhen oder sovil gewalts anthuen daß es essen oder trinckhen welte."

330 Fischer (o. J.), p. 68.

331 Dazu Riedl-Dorn (1989), p. 95 ff.

332 SMCA, HS 2207, fol. 35.

333 Stadtgemeinde Salzburg (1949), o. S.

334 Herget (1954), p. 170: „Von diesem Brunnen Altembs nimmt ein schmaler Kanal seinen Ausgang, der zu beiden Seiten mit einer Fülle von kleinen Grotten und Wasserspielen besetzt ist, typologisch verwandt den Brunnenschauwänden der Villa d'Este, aber kleiner und in der architektonischen und dekorativen Ausgestaltung gegenüber diesen verniedlicht." Zum Vergleich mit der Viale delle cento Fontane Martin (1948), p. 26.

335 Rava (1970), p. 37.

336 Ebd., p. 35 f.

337 Saudan (1988), p. 50; laut Zanghieri (1987), p. 150, gab es in Pratolino eine Marmorgruppe des Perseus mit Meeresdrachen.

338 Rava (1970), p. 36.

339 Heyd (1902), p. 192; Zanghieri (1987), p. 115.

340 Ebd., p. 150.

6.7. Kronengrotte

341 SMCA, HS 2207, fol. 32; Czerwenka (1979), p. 23.

342 Buberl (1916), p. 245, ordnet die Gruppe der gleichen Meisterhand zu, die auch den Neptun im Schloßgebäude geschaffen hat.

343 Buberl (1916), p. 245: Nicht nur ein Großteil der Fayenceplättchen ist im 18. und 19. Jahrhundert ersetzt worden, auch die Malereien in den Bildfeldern an der Decke waren Gegenstand mehrfacher Restaurierungen.

344 Hübner (1792), fol. 536; SMCA, HS 2207, fol. 32: Auch Stainhauser erwähnt den Löwen, wenn auch nur indirekt: „(. . .) Grotten dell'Idolo oder zum Abgott, so darinstehendt also genant."

345 Schallhammer (1856), p. 18: „Als geschichtlichen Nachweis bemerken wir, daß die Krone bis zum Jahre 1804 ein Idol mit Widderhörnern trug, die als Antike sodann in das k. k. Antikenkabinett nach Wien versetzt wurde. (. . .) In Schumanns ‚Juvavia' (. . .) wird sie der Mithras Verehrung beigelegt." Schallhammer dürfte die Figur selber nicht gesehen haben, nur so ist es zu erklären, daß er den Löwentischfuß (wohl aufgrund der kräftig ausgearbeiteten, nach vorn gebogenen Bartsträhnen) als „Idol mit Widderhörnern" bezeichnet.

346 Stupperich (1986), p. 186 ff.: Inv.-Nr. I 103, ausgestellt mit der Herkunftsangabe „Salzburg".

347 Ebd., p. 187 ff.: Codex 8615, fol. 143 r, fig. 423; Stichel (1987), p. 150 ff.

348 Hübner (1792), p. 535: „(. . .) in der äußeren Wand nach allen Seiten Blenden mit dareingemahlten allegorischen Frauenbildern in Lebensgröße hat."

349 Buberl (1916), p. 244; Wallentin (1985), p. 146; Pupp (1965), p. 52, sieht Parallelen zur „spanisch-maurischen Baukeramik".

350 Rava (1970), p. 36, behauptet eine Abhängigkeit von den Innenausstattungen der „Grotta della spugna" und der „Grotta della stufa". Sein Vergleich des heute in der Mitte des Eingangsraums der Kronengrotte stehenden Felsens, dessen Wasserstrahl die Blechkrone hochhebt, mit dem achteckigen Marmortisch in der „Grotta della Samaritana" in Pratolino vermag nicht zu überzeugen.

351 Dazu auch Rietzsch (1987), p. 34: Die Autorin verweist auf eine ähnliche Lösung Giulio Romanos beim Palazzo del Tè in Mantua. Die seitlichen Außenwände der beiden „Loggie delle Muse" im Garten der Villa Lante in Bagnaia sind ebenfalls mit Tuffstein verkleidet.

352 Das Votiv der mit Stalaktiten umfahmten Deckenfelder kommt auch im Innern der „Grotta grande" vor.

353 SMCA, HS 2207, fol. 33; Buberl (1916), p. 171.

6.8. Giardino segreto

354 Ebd., p. 250; Czerwenka (1979), p. 23.

355 SMCA, HS 2207, fol. 36; Wie Hübners (1792), p. 537, Aussagen belegen, waren die gemalten Landschaften Ende des 18. Jahrhunderts noch zu sehen; Buberl (1916), p. 250.

356 SMCA, HS 2207, fol. 36 f.; dazu auch Hübner (1792), p. 537 f.

357 Laut Buberl (1916), p. 252, passen die unregelmäßigen Sockelplatten der vier Figuren nicht zu den Sockeln. Seiner Ansicht nach stammen die Figuren aus dem kleinen Pavillon, der sich ursprünglich inmitten der Insel erhob.

358 Buberl (1916), p. 252 f., datiert die beiden Einhörner ans Ende des 17. Jahrhunderts und nimmt als ursprünglichen Aufstellungsort die beiden äußeren Sockel des Eurydikebrunnens an.

359 Siehe dazu Kapitel 8.3.

360 Das frühere Porträt (235 x 143 cm) wird im Hellbrunner Schloßgebäude aufbewahrt. Es trägt die Jahreszahl 1618 und wird Mascagni zugeschrieben. Eine nach diesem Gemälde angefertigte Kopie (221 x 127 cm), die 1619 datiert ist, befindet sich im Městské Museum in Polička in Ostböhmen und wurde erst vor kurzem restauriert. Neuhardt (1988), p. 25 f., schreibt dieses zweite Bild dem aus Schwarzenburg im Bregenzerwald gebürtigen Maler J. Kauffmann zu. Rott-Freund (1994), p. 184 f., konnte zweifelsfrei die Autorschaft Mascagnis nachweisen.
361 SMCA, HS 2207, fol. 65 f., abgedruckt bei Buberl (1916), p. 176.
362 SMCA, HS 2207, fol. 64 f., abgedruckt bei Buberl (1916), p. 176. Im Bereich des Küchengartens gab es außerdem Feigenbäume, welche in zwei speziellen Treibhäusern untergebracht waren.
363 SMCA, HS 2207, fol. 65 f.; Buberl (1916), p. 176.
364 Zur Ableitung von den Gärten Venetiens siehe vor allem Donin (1948), p. 153 f.; Wallentin (1985), p. 158.
365 Die Bezeichnung „Erdbeerberg" findet sich beispielsweise auf einem 1679 entstandenen Stich von Melchior Küsell (SMCA, Inv.-Nr. 1333/49).
366 Zum Typus des montagnetto siehe Lazzaro (1990), p. 56: Diese kleinen Berge sind seit der Mitte des Quattrocento populär und werden auch „montagnoli" genannt.
367 Lazzaro (1990), p. 57.
368 Ebd., p. 57.
369 Welti (1963), p. 110: Auch der erzbischöfliche Nepot Jakob Hannibal II. von Hohenems hat auf seiner Kavalierstour am 28. November 1615 die Villa Medici besucht und vielleicht Anregungen für die Hellbrunner Gartengestaltung mitgebracht.

7. Der mittlere Bereich – Waldemsberg

7.1. Monatsschlößchen

370 Laut Hübener (1792), p. 539, soll es „(. . .) um den Wunsch eines durchreisenden bayerischen Herzogs zu befriedigen und ihn bei seiner Rückkehr mit dessen Ausführung zu überraschen, vom Erzbischof in einem Monat erbauet" worden sein. Ob auch der Vermerk „Schloß Waldems, so in einer Monatsfrist aufgebauet worden" auf dem 1679 entstandenen Stich von Melchior Küsell (Abb. 91) als Beweis für diese Behauptung gewertet werden kann, ist noch unsicher (SMCA, Inv.-Nr. 1333/49). Ein mit Architekt Eberhard Knoll (Salzburg) am 30. Oktober 1990 geführtes Gespräch ergab jedenfalls, daß eine Bauzeit von nur einem Monat aus technischen Gründen eher unwahrscheinlich ist. Vielleicht leitet sich der Name davon ab, daß das Gebäude in einigen wenigen Monaten, nach Zusammenrufung der verfügbaren Maurer und Steinmetzen, fertiggestellt werden konnte. Dazu auch Wallentin (1985), p. 162.
371 SMCA, HS 2207, fol. 61 f.
372 Ebd., fol. 62.
373 Ebd., fol. 62 f.; Buberl (1916), p. 175.
374 Von der ehemaligen Inneneinrichtung aus dem 17. Jahrhundert hat sich nichts erhalten, auch die von Stainhauser erwähnten Gemälde sind verloren. Zur Zeit Hübners wurde das kleine Lustgebäude neu möbliert. Am Beginn des 20. Jahrhunderts nahm das Schlößchen den ornithologischen Verein Salzburg auf, heute befindet sich darin das Volkskundemuseum des Salzburger Museums Carolino Augusteum.
375 SMCA, HS 2207, fol. 62; Hübner (1792), p. 539, erwähnt die Rundbogenfenster nicht. Die Frage ließe sich leicht anhand der in Polička aufbewahrten Kopie des Markus-Sittikus-Porträts von Mascagni lösen. Trotz der sorgfältigen Restaurierung sind genau an dieser Stelle einige Details verlorengegangen. Die beiden linken Fenster in der Mitte des zweiten Obergeschosses scheinen sich allerdings von denjenigen mit geradem profiliertem Sturz zu unterscheiden, wie die mir zugängliche Aufnahme des Gemäldes zeigt.
376 Buberl (1916), p. 255; Wallentin (1985), p. 162.
377 H. H. St. A., R 35, Bd. 3, fol. 165 r ff.

7.2. Belvedere

378 SMCA, HS 2207, fol. 38 f.
379 H. H. St. A., R 35, Bd. 3, fol. 166 v: Stainhauser erwähnt im Zusammenhang mit der Schilderung des Hellbrunn-Besuchs des Herzogs von Teschen vom 2. Dezember 1616 das Lustschloß zum ersten Mal: „Es wurd Ihnen auch gewisen, der jüngst auferbaute lustige zwar khleine Pallast, das Belvedere (zu teutsch schöne Aussehen) nit unbillich genant (. . .)."
380 Hübner (1792), p. 540 f.; Buberl (1916), p. 192.
381 SLA, Karten und Risse, G1.
382 SMCA, Inv.-Nr. 9541/49; eine weitere Ansicht des Belvederes aus der Zeit um 1800 von Karl Schneeweis ist (spiegelverkehrt) abgebildet bei Fuhrmann (1980), Abb. 36.
383 Hübner (1792), p. 541: Laut Hübner gab es an der Rückseite gegen die Salzach hin einen Balkon.
384 Man kann die Stelle nicht mehr wie früher vom Steintheater herkommend erreichen, sondern muß den südlichen Ausgang des Tierparks beim Anifer Tor benützen und anschließend die dazugehörigen Anlagen bis in die Nähe des Altachbaches durchschreiten.
385 An der Grabung nahmen u. a. Dr. Wilfried Schaber vom Denkmalamt Salzburg und Dipl.-Ing. Wolfgang Saiko vom dortigen Gartenamt teil.
386 Diesen Hinweis verdanke ich Herrn Dr. Wilfried Schaber.
387 Die Umfassungsmauer zeigt an ihrer Außenseite deutlich die Stelle, wo das Untergeschoß des Belvedere-Schlößchens angefügt wurde, auch das Niveau des Podiums ist klar zu erkennen. Die Breite des Gebäudes muß ca. 13,40 Meter betragen haben. Bemerkenswert ist die Tatsache, daß die linke und die mittlere zugemauerte Öffnung auf gleicher Höhe abschließen, während das rechte Fenster leicht nach unten versetzt ist.

7.3. Steintheater

388 Dazu vor allem Kutscher (1924), p. 24 ff.; Meyer (1934), p. 22 ff.; Kutscher (1939), p. 32 ff.; Bäck (1964), p. 60 ff.; Hofmann (1987), p. 436; Stahl (1988), p. 166 ff.

389 Meyer (1934), p. 89; Bäck (1964), p. 61 f.: Der Ort, an dem das Steintheater errichtet wurde, scheint in vorgeschichtlicher Zeit als Kultplatz gedient zu haben.
390 Kutscher (1924), p. 29.
391 Gregor (1926), p. 15, Tafel XXII.
392 Groenewold (1938), p. 31; Donin (1948), p. 168 f.; Zielske (1965), p. 32.
393 Hofmann (1987), p. 436.
394 Fischer von Erlach (1721), p. 81: „Wundersame Felsen-Bühne, (. . .), an welchem die Natur selber den Bau geführet mit einem solchen Ansehen den die Kunst ihm nicht zuwege zubringen vermocht hätte. Indeme zwey unterschiedene freystehende Felsenbögen dazu die Öffnung machen. Die Vertieffung bedarf gleichfals keiner andern als seiner natürlichen Auszierung zur Vorstellung der Schauspiele welche öfters daselbst mit sonderbarer Wirckung des Wiederhalls vorgestellet werden."
395 Dazu Nagler (1964), p. 2: Auch in Florenz wurde bisweilen die Natur selbst zur Bühne. So ließ man am 25. Juli 1608 die Argonautica auf dem Arno aufführen.
396 Wettstein (1990), p. 21, Anm. 46.
397 Hofmann (1987), p. 436; Nagler (1964), p. 64 ff.
398 Ebd., p. 64 ff.
399 Ebd., p. 106 ff.
400 Groenewold (1938), p. 9 f.
401 Zielske (1965), p. 30; auch im geistlichen Theater gab es festgelegte Dekorationstypen, p. 32: „Das geistliche Schauspiel des Mittelalters lieferte mit der Darstellung von Himmel und Hölle die Anregung zur Entwicklung von zwei weiteren Dekorationstypen, die für die Darstellung mythologischer Stoffe in den späteren Intermedien des Manierismus und der daraus sich herleitenden Oper von Bedeutung waren; die Götterwelts- und die Infernodekorationen, die in der Regel als Wolkenpaläste und als Höhlenräume, letztere zum Teil mit besonderen Beleuchtungseffekten dargestellt wurden (. . .)."
402 Shearman (1988), p. 110 f.
403 Zur Pastorale vor allem Shearman, p. 108 f.: Den Prototyp des Hirtendramas schuf mit seinem Hauptwerk „Il pastor fido" (1536) der als Hofdichter zu Ferrara beschäftigte Giovanni Battista Guarini. Dieses Genre wurde zwar in der Epoche des Manierismus erfunden, blieb aber lange Zeit darüber hinaus populär. „In der zweiten Hälfte des 16. Jahrhunderts spielte die Pastorale an den Fürstenhöfen eine viel wichtigere Rolle als die Komödie, besonders in Ferrara und in Mantua (. . .). Ein harmloses Vergnügen, hatte es den sozialen Vorzug, kaum Gelegenheit zu sozialer Kritik zu bieten, und den ästhetischen Vorzug, spannende und anmutige Zwischenspiele zu ermöglichen, an denen der Zuschauer auch nicht für einen Augenblick emotional Anteil zu nehmen brauchte. Die Pastorale war eine Zerstreuung für die Aristokratie, die durch den erstarkenden Absolutismus viel von ihrem politischen Einfluß verloren hatte, und ähnelte den mittelalterlichen Ritterromanen, die eine ebenso erstaunliche Popularität genossen hatten."
404 Kutscher (1924), p. 30 f.; Meyer (1934), p. 17, 90; Kutscher (1939), p. 35 f.; Baur-Heinhold (1966), p. 136; Kindermann (1967), p. 484 ff.; Boberski (1978), p. 194.
405 Hier sind vor allem die Untersuchungen Weltis zur Kulturförderung durch das Hohenemser Grafenhaus hervorzuheben: Welti, Förderung (1961), p. 239 ff.; Welti, Prechtin (1961), p. 358; ihm folgt im wesentlichen Stahl (1988), p. 309 ff.
406 H. H. St. A., R 35, Bd. 2, fol. 16 r.
407 Zu dieser Problematik auch Sieghardt (1952), p. 178 f.
408 Zum Schultheater siehe besonders Boberski (1978), p. 25 ff.
409 H. H. St. A., R 35, Bd. 1, fol. 107 r ff.: Bereits während der Ende Juli 1613 unternommenen Reise an den Reichstag zu Regensburg wurde Markus Sittikus von einem beeindruckenden Hofstaat begleitet, dessen Zusammensetzung Stainhauser über mehrere Seiten auflistet. Neben dem Kapellmeister Francesco Turco sind unter den „Musici" ausschließlich italienische Namen aufgeführt. Dazu Stahl (1988), p. 276 f. Auch zwei erhaltene Briefe weisen auf eine völlig von Italien abhängige Theaterförderung durch den Erzbischof hin; Stahl (1988), p. 286 f., 296: So berichtet beispielsweise der fachlich ausgezeichnete, allerdings wegen eines Verbrechens aus seiner Heimat verbannte Mantuaner Tenor und Musiker Francesco Rasi am 28. Januar 1613 an Galileo Galilei, er habe von Markus Sittikus mehr Ehren, Höflichkeiten und Geschenke erhalten als irgendwo sonst; Welti (1963), p. 152: Zum anderen drückt Graf Kaspar von Hohenems sein Mißfallen über das aufwendige Hofleben seines Bruders in Salzburg in einem Brief vom Dezember 1616 an seinen daselbst als Organisator meist seichter Unterhaltungsformen bei festlichen Anlässen tätigen Sohn Jakob Hannibal aus: „Viele reden übel von dem großen Geld so ungespart welschen Musikanten, Comedianten und dergleichen Leuten angehängt wird (. . .)."
410 Steinitz (1977), p. 147 ff.; Der feierliche Einritt des am 18. März 1612 zum neuen Erzbischof gewählten Markus Sittikus orientiert sich in erster Linie an der in Rom nach dem Konklave üblichen possessio des Papstes. Die in Salzburg errichteten Festarchitekturen lassen aber gleichzeitig Bezüge zu Florenz erkennen. Welti (1963), p. 65: So hatte man an der vor dem Nonntaltor aufgestellten Ehrenpforte das medicäische Wappen der Großherzoge von Toskana angebracht. Auch der Empfang hoher Gäste des Erzbischofs scheint jeweils von umfangreichen, mit solchen am Medici-Hof vergleichbaren Festlichkeiten begleitet gewesen zu sein.
411 Nagler (1964), p. 2; Welti (1963), p. 127 f.: Die in Salzburg im Rahmen der Fasnachtsbelustigungen veranstalteten Aufzüge und Quintanarennen lehnten sich eng an die bei den Medici beliebten Gattungen des historisierenden Turniers und des Pferdeballetts an. Siehe auch Anm. 75.
412 Eine beim Steintheater angebrachte Tafel mit dem Hinweis, daß hier am 31. August 1617 die erste Oper auf deutschem Boden aufgeführt worden sein, scheint eine zweifelhafte Berechtigung zu haben. Welti, Förderung (1961), p. 242, geht davon aus, daß die beiden zu Ehren der Wittelsbacher Brüder, Kurfürst Ferdinand und Herzog Albrecht, inszenierten Singspiele „Heilige Christina" und „Andromeda" nicht im Steintheater, sondern in der Salzburger Residenz gegeben wurden. Interessant

ist in diesem Zusammenhang ein Brief des Hofkanzlers Thomas Perger an Jakob Hannibal von Hohenems vom 6. September 1617, auszugsweise abgedruckt bei Welti (1963), p. 167 f.: „(...) Sie (die bayerischen Fürsten) haben einen ganzen Tag zu Hellprunn zugebracht und seindt ihnen allhie zwei Comedien, als Sta Christina und die Andromeda (...) gehalten worden, darüber sich höchsternannte Fürstenpersonen verwundert und hat ihnen alles trefflich wohl gefallen (...).“ Unsicher ist, wie man das Wort „allhie“ zu interpretieren hat. Bei Stainhauser ist damit jeweils die Stadt Salzburg gemeint; sollte sich in Pergers Brief „alhie“ jedoch auf Hellbrunn beziehen, so würde die These u. a. von Kutscher gestützt, daß zur Zeit von Markus Sittikus im Steintheater sehr wohl neben Märtyrerdramen auch Opern aufgeführt wurden. Solchermaßen äußert sich jedenfalls bereits Hübner (1792), p. 540: „Hier hat schon der Erbauer Marcus Sitticus Pastorelle und Opern, z. B. im Jahre 1617 am 31. August vor dem Kurfürsten zu Köln Ferdinand, dem bayerischen Herzoge Albert und dessen Gemahlin Mathilde, welche von einer Gemsjagd aus Berchtesgaden hierher zurückkamen; auch nach ihm verschiedene Erzbischöfe dergleichen aufführen lassen.“

413 H. H. St. A., R 35, Bd. 3, fol. 166 r: „Es hat auch hochgedachte Herrschaft und Frauenzimmer auf dem schönen, lustigen Berg, daß wunderliche in den Stain gehauene Theatrum zu repraesentierung der Pastorall Actionen schön accomodiert und bequembt (...) mit höchstem lust gesehen.“ Möglicherweise wurde das Steintheater bereits ein Jahr früher fertiggestellt, worauf Stainhausers Eintragungen vom 30. August 1615 hindeuten, H. H. St. A., R 35, Bd. 2, fol. 278 v: „Höchstgedacht Ihrer Hochfürstl. Durchl. haben Ihr Hochfürstl. Gnaden (...) alle möglichste Ehr angethan und erwisen, nicht allein allhie zu Salzburg, sondern dieselbe auch auf Ihren fürstlichen schönen herrlich erbauten und fürtreflichen lust: der Thiergarten zur Zeit genant, wie auch gen Riff, Glanegg (...) sowol gen Hällein gefühert, deren Orthen Ihr. Durchl. mit Comedien, Pastoralen und Musikhen, alle mögliche passatempi und khurzweil angestelt worden.“

414 SMCA, HS 2207, fol. 60 f.; Buberl (1916), p. 175: „Auf lezt vermeltem Berg des Thiergarthens ist in Sonderheit auch wohl zu besichtigen das in den Fölsen ausgehauene und artlich accomodierte schön und große Theatrum, welches mit sondern Fleis und Kunst also durchbrochen und zu Agierung der Pastoralen zuegerichtet, (...), wie dann Ihro Hochfürstl. Genaden p. p. etlichmahl und sonderlich in Gegenwärthichkheit fürstlicher Persohnen solche Pastoral haben agirn lassen, welche neben der Verwunderung einen herrlichen Lust empfangen, und dieses werkh sonderlich hoch belobt haben.“

415 Kindermann (1967), p. 297.

416 H. H. St. A., R 35, Bd. 3, fol. 16 r, 17 r, Bd. 4, fol. 35 r, Bd. 5, fol. 49 r, Bd. 6, fol. 160 r.

417 SMCA, HS 2207, fol. 60 f.; Buberl (1916), p. 175.

418 Kutscher (1924), p. 31; Meyer (1934), p. 90.

419 Meyer (1934), p. 90; Kindermann (1967), p. 485. Dazu auch Baur-Heinhold (1966), p. 136. Unter „Telari“ sind drei- oder mehrseitige drehbare Prismen zu verstehen, deren Seitenflächen mit verschiedenen Dekorationen versehen werden konnten und die einen einfachen, schnellen Szenenwechsel erlaubten; sie werden auch „Periakten“ genannt. Dazu Schöne (1933), p. 15.

420 Meyer (1934), p. 91 f.; dazu auch Bäck (1964), p. 66.

421 Spies (1946/47), p. 33 ff.; Bäck (1964), p. 68: Der von Margherita Costa anläßlich eines Hellbrunnbesuchs des Großherzogs Ferdinand II. von Toskana (8. Juni 1628) verfaßte Reisebericht enthält eine detaillierte Schilderung des zu diesem Anlaß im Steintheater aufgeführten Schauspiels („Magdalena die Sünderin“); von einem angebauten Zuschauerraum ist allerdings nirgends die Rede; abgedruckt bei Buberl (1916), p. 176 f.: „Sua Altezza volse vedere dentro la scena, e si trovono altre stanzette carate nel sasso per commodità della scena con una riuscita dell'altra parte del monte fatta à forza di scarbello per servizio della scena.“ Auch der Bericht Domenico Gisbertis aus dem Jahre 1670 weist eindeutig auf eine Benützung der Felsenbühne ohne einen Vorbau hin; Schneider (1929), p. 72 f.; Bäck (1964), p. 62 f.

422 H. H. St. A., R 35, Bd. 2, fol. 128 v, Bd. 3, fol. 16 r. Bemerkenswert ist im Gegensatz dazu der Eintrag zum 8. Februar 1616, Bd. 3, fol. 17 r: Hier wird im Zusammenhang mit der Aufführung eines „Orpheus zu Hof“ von „gewöhnlichem Theatro“ gesprochen.

423 Zur Entwicklung der Bühnentechnik in Italien vor allem Schöne (1933), p. 11 ff.; Groenewold (1938), p. 9 ff.; Tintelnot (1939), p. 19 ff.; Zielske (1965), p. 32 ff.; Kindermann (1967), p. 293 ff., und Greisenegger (1981), p. 7 ff.

424 H. H. St. A., R 35, Bd. 3, fol. 75 r.

425 Greisenegger (1981), p. 15.

426 Groenewold (1938), p. 41 f.; Hürlimann (1966), p. 114 f. Sogar der Ulmer Architekt Josef Furttenbach, der seine eigenen um 1605–1608 in Florenz erworbenen Kenntnisse zur Bühnentechnik im 1628 erschienenen Werk „De Architectura civilis“ verarbeitet, greift darin in einem Theaterentwurf noch immer auf das inzwischen bereits veraltete Telari-System zurück. Zur technischen Ausstattung des Universitätstheaters zur Zeit von Erzbischof Paris Lodron siehe Boberski (1978), p. 62 f.

427 Nagler (1964), p. 80.

428 Im Rahmen des „Festes in Hellbrunn“ wurde im August 1987 für eine Opernaufführung der Chor im hinteren unterirdischen Teil des Steintheaters untergebracht.

429 Welti (1963), p. 103: In der „geistlichen Repräsentation von der heiligen jungfräulichen Martererin Christina“ war die dritte Szene in der Hölle angesiedelt, was wohl besonders eindrücklich im Steintheater hätte inszeniert werden können. Einen ähnlichen Bühnendekor benötigte sicherlich auch das „Drama in musica Orfeo“, dessen Handlung sich zur Hauptsache in der Unterwelt abspielt. Schließlich seien die beiden Singspiele „Andromeda“ und „Il Perseo“ erwähnt, die hier ebenfalls gut zur Geltung gekommen wären, denkt man an die Szene, in welcher die an die aufragenden Felsen einer Meeresküste angekettete Andromeda von Perseus befreit wird. Dazu auch Stahl (1988), p. 310.

430 Boberski (1978), p. 63.

431 Schneider (1929), p. 72 f.: „Der Natur verdankt man

den großartigen Raum (. . .), der Kunst dagegen verdankt man die Pracht der Bühne, die für die Aufführung eines jeden mythologischen Spieles, Dramas und jedes Schäferstückes geeignet ist (. . .). Diese Bühne wählt zu ihrem Himmel den wirklichen und ihr Licht nimmt sie unmittelbar von der Sonne. Auf diesem Theater wurde nun heute (am 28. August 1679) die Zaubermacht der Musik an den Schicksalen des Orpheus dargestellt und wie es dabei keine Stimme gab, so gab es auch keinen Stein, der von den Tönen nicht harmonisch widergeschallt hätte, und die Darstellung des Waldes und der Tiere, die dem Spiel des Orpheus lauschen, hätten nicht natürlicher sein können."

432 VLA Bregenz/Hohenemser Archiv, B 38,3: „(. . .) il Teatro (. . .), il che e bello, e fatto con gran spesa, ma non si puo' far mutationi di scena nissuna, perche è troppo gran machina."

433 Boberski (1978), p. 26 ff.; 61 ff.

434 Ebd., p. 26, 195.

8. Der kontemplative Bereich

435 Welti (1963), p. 149; Wallentin (1985), p. 160 ff. Beide Beiträge gehen über eine Beschreibung nicht wesentlich hinaus.

8.1. Die norditalienischen Sacre Monti

436 Sofern nicht anders vermerkt, stammen alle Angaben zu den norditalienischen Sacri Monti aus Lutze (1984), p. 205 ff.

437 Alessi (1974), p. 33.

438 Kramer (1957), p. 132.

439 Ebd., p. 132 f.

440 Zum Einfluß Carlo Borromeos auf den Sacro Monte von Varallo siehe vor allem San Carlo e il Sacro Monte (1985), o. S.

441 Zur Entwicklungsgeschichte des Kreuzwegs Kneller (1908), p. 56 ff.; Eckmann (1968), p. 10 ff.; Kramer (1957), p. 22 ff.

442 Kramer (1957), p. 22, 116.

443 Ebd., p. 125.

444 Ebd., p. 125, 133.

445 Anderes (o. J.), p. 21 ff.; dazu auch Wettstein (1990), p. 36 ff.

446 Anderes (o. J.), p. 22.

447 Ebd., p. 22.

448 Ebd., p. 22.

449 Ebd., p. 23.

450 Eine gute Zusammenfassung der Genese der Sacri Monti in architektonischer Hinsicht bietet Lutze (1984), p. 228: „Es scheint, als habe die Idee des Pater Caimi, von schlichten Hütten der ersten Bauphase in Varallo ausgehend, zunächst in Varallo selbst eine Eigendynamik entwickelt und im ‚libro dei misteri' einen ersten Höhepunkt gefunden. Dann breitete sie sich über Orta und Crea weiter aus, um in Varese ihren architektonischen Höhepunkt zu finden. Danach hat es den Anschein, als entwickelten sich die neu geplanten Kapellenanlagen zu ihrer Urform, bestehend aus bescheidenen Bauten mit geringstem Gliederungsaufwand, zurück, während man bei den noch in der Fertigstellung befindlichen Anlagen versuchte, mit mehr oder weniger Glück an die früher fertiggestellten Bauten anzuknüpfen."

8.2. Der Hellbrunner Kreuzweg mit den Kapellen und Eremitorien

451 H. H. St. A., R 35, Bd. 3, fol. 166 v.

452 SMCA, HS 2207, fol. 40 ff. Der Text Stainhausers ist fast vollständig abgedruckt bei Buberl (1916), p. 172 ff.

453 Ebd., p. 172.

454 Ebd., p. 172.

455 SMCA, HS 2207, fol. 41 f.

456 Wallentin (1985), p. 160; SLA, Karten u. Risse G 28. Auch aus der Beschreibung Hübners (1792), p. 541, geht hervor, daß der Kreuzweg Ende des 18. Jahrhunderts nicht mehr existierte.

457 Es dürfte sich dabei mit ziemlicher Sicherheit um die zwischen dem neunten und zehnten Kreuz befindliche Einsiedlergruppe gehandelt haben. Buberl (1916), p. 174; SMCA, HS 2207, fol. 54 f.; „Ferner etlich Staffeln abwerts ist in ainem Felsen ein knieender Ainsidl darbey ein Grotta, in deren auch ein bettunder Eremit zu sechen."

458 Basierend auf den Aufzeichnungen Stainhausers bieten Welti (1963), p. 149, und Wallentin (1985), p. 160 ff., eine Beschreibung des Kreuzweges.

459 An diesem Beispiel zeigt sich, daß Stainhauser die chronologisch richtige Abfolge der Stationen nicht immer einhält.

460 SMCA, HS 2207, fol. 54, Buberl (1916), p. 174.

461 Wallentin (1985), p. 161: Wohl aufgrund eines Lesefehlers spricht die Autorin von „einer Einsiedelei, deren Wände (. . .) mit Landschaften und Eremitorien bemalt waren."

462 Ein nützlicher Katalog mit den wichtigsten europäischen Anlagen findet sich bei Kramer (1957), p. 97 ff.

463 Dazu vor allem Galbiati (1968), p. 79 ff., sowie Ausstellungskatalog Hl. Karl Borromäus (1988), p. 198 f.

464 Stoppa (1986), p. 364: „Il Signor cardinale Borromeo vuol spendere più di diecimila scudi in un colosso di marmo con l'effigie del Santo, da mettere nella Piazza avanti il Sacro Monte."

465 Kneller (1908), p. 98.

466 Ebd., p. 98.

467 Im gleichen Jahr (1616), in dem der Hellbrunner Kreuzweg vollendet wurde, baute man an der Linzer Gasse einen neuen Aufgang zum Kapuzinerberg. Oberhalb des Rustikatores befindet sich noch heute ein 1617 angefertigtes Steinrelief mit der Darstellung des heiligen Franziskus, begleitet von folgender Inschrift: „Sancte Francisce Domum tuam pie accedentes protege Anno Dni MDCXVII". Dazu Wallentin (1985), p. 181 f.

468 H. H. St. A., R 35, Bd. 5, fol. 315 v: Bis zum Oktober 1618 war Pater Sylverius von Bregenz, „S. Francisci Ordens Capuziner", für dieses Amt verantwortlich, sein Nachfolger war ein Pater Bonaventura.

469 Buberl (1916), p. 173.

470 Ebd., p. 173.

471 Lutze (1984), p. 234: Solchermaßen äußert sich Federico Borromeo: „A ciascuna Capella si facciano certi piccioli oratorij con le gelosie dinanti, dentro i'quali si possano talvolta serrare certe persone divote, quali desideranno fare le meditationi delle misterij, accomodando le gelosie in modo, che non

possono essere visti ne dalli passeggieri, ne d'altri che per le finestre signarderanno le Capelle."
472 Mündliche Mitteilung Dr. Adolf Holl, Wien.
473 Kramer (1957), p. 104.

9. Der Wandel Hellbrunns im Laufe der Jahrhunderte

474 Als äußerliche Veränderungen am Schloßgebäude wären zu nennen: die Anbringung der Balkone an den Eckrisaliten mit den von Ottavio Mosto geschaffenen marmornen Atlanten gegen Ende des 17. Jahrhunderts; dazu Wallentin (1985), p. 132; Thieme-Becker (1931), p. 192, sowie die das Portal der Gartenfassade flankierenden, auf zwei Marmorkartuschen befestigten bronzenen Hirschköpfe aus dem 19. Jahrhundert, welche zwei an der gleichen Stelle befindliche Exemplare aus Stuck von 1693 ersetzten; dazu Buberl (1916), p. 199.

9.1. Phase I (1618–1679)

475 Katalog Wolf Dietrich (1987), p. 315 f.
476 Dazu Neuhardt (1988), p. 25 f. Leider wurde das Gemälde stark beschnitten, was in der Höhe einen Verlust von ca. 14 cm und in der Breite einen solchen von ca. 16 cm ausmacht; Rott-Freund (1994), p. 183 f.
477 Neuhardt (1988), p. 25.
478 Wahrscheinlich handelt es sich dabei um den auf dem um 1644 entstandenen Stich von Merian eingezeichneten „Tenlstall" für Rotwild (SMCA, Inv.-Nr. 789/49).
479 SMCA, HS 2207, fol. 67 f.; abgedruckt bei Buberl (1916), p. 176.
480 Neuhardt (1988), p. 26; Rott-Freund (1994), p. 184.
481 SLA, Geheimes Archiv XXIII / 6 1/2, Dok.-Nr. 1–5.
482 SLA, Karten und Risse, G 1, zur Datierung Buberl (1916), p. 163.
483 Bei dem Tier neben dem ovalen Weiher im Bereich der Orpheusgrotte scheint es sich um ein Hündchen zu handeln. Zwei Pelikane und eine Schildkröte (?) finden sich unterhalb des Fasanengartens. Deutlich sind die Fische im Becken vor dem oktogonalen Lusthaus und die Nistplätze für die Enten in der großen Weiheranlage zu erkennen.
484 SMCA, Inv.-Nr. 789/49; zum gleichen Ergebnis kommt auch Grewenig (1984), p. 440.
485 Die linke Begrenzung des Merian-Stiches fällt mit einer Art Mittellinie des Plans von 1630 zusammen, die offenbar durch das Aneinanderfügen zweier Blätter entstanden ist.
486 So ist an dieser Stelle ein großer Pavillon neben der Orpheusgrotte eingezeichnet und die Eingangsfront des Hauptschlosses falsch wiedergegeben. Die beim Monatsschlößchen vorgeblendeten Ziergiebel sind zu beiden Seiten abgebildet, was wohl auf einen Interpretationsfehler des hier korrekten Plans von 1630 zurückzuführen ist.
487 SLA, Geheimes Archiv XXIII / 6 1/2, Dok.-Nr. 6–14; abgedruckt bei Buberl (1916), p. 177 f.
488 Dückher von Haslau (1666), p. 9 f.: Die in der Chronik enthaltene Beschreibung des Lustorts ist nur sehr summarisch gehalten: „(. . .) auff ein Stund von der Statt ligt das Fürstliche Lusthaus und Thiergarten Helleprun / von Ertzbischoff Marx Sittich im 15. Monat als verwunderlich kurzer Zeit erbaut / allda vilfältig ansehenliche Wasserkünst / von denen allda häuffigen entspringenden Quellen / dergleichen in so großer Anzahl in Teutschland wenig werden zu finden seyn / beneben allerhandt schöne Grotten / Weyer / herrliche Fisch / frembde Änten / und dergleichen Gfligel / sambt schönen Fürstlichen Zimmern / und nit weit darvon die beyde Lusthäuser Belvedere und Waldembs / und daselbst die unterschidliche Einsidlers Zellen / mitten darinnen ist ein Berg von Puchbäumen überwachsen / unnd darin in ein Felsen ausgehauter Schauplatz oder Theatrum, und dergleichen wunderliche Sachen mehr zu sehen."
489 SMCA, Inv.-Nr. 1333/49 (494 x 726 mm); dazu auch Fuhrmann (1980), p. 248.
490 Diesen Hinweis verdanke ich Herrn lic. phil. Roland Wäspe, St. Gallen.

9.2. Phase II (1679–1733)

491 Buberl (1916), p. 181: Ein Gesuch des hf. Brunnmeisters Karl Wenzeisen aus dem Jahre 1681 zeigt auf, daß sich besonsers die Wasserkünste und die mit Wasserkraft betriebenen kleinen Automaten in einem desolaten Zustand befunden haben müssen: „(. . .) seidt deren Erhebung man weiter nichts newes gemacht: sondern nur das alte her und her reparirt hat (. . .) zudeme das auch in anderwegen eines nach dem anderen zu Grundt gehen und die Wiederaufrichtung erfordern thuet (. . .)". Noch augenfälliger werden die vielen Mängel auf einem Verzeichnis von 1689, welches aufzählt, „was (. . .) dermahlen ganz nothwendig zu reparieren were".
492 Ebd., p. 248; zu den Umstellungen der Figuren siehe auch p. 232, 234, 242, 250, 253 f.; die heute vor der großen Weiheranlage stehenden steinernen Rosse waren gemäß Buberl ebenfalls ein Teil der figürlichen Ausstattung des Eurydikebrunnens.
493 Ebd., p. 249.
494 SLA, Geheimes Archiv XXIII / 6 1/2, Dok.-Nr. 42/2: Dem Bericht ist eine unveröffentlichte Zeichnung der Beckeneinfassung beigelegt, die über den Stand der Ausbesserungsarbeiten Auskunft geben soll.
495 Danreiter (1982), p. 136 ff.
496 Danreiter (1982), p. 135 f.; Schnitzler-Sekyra (1994), p. 39 ff.
497 Dazu ausführlich Enge/Schroer (1990), p. 165; zur Geschichte der französischen Gartenkunst vor allem Hansmann (1983), p. 88 ff.
498 Zur Datierung siehe Diesel (1989), p. 5: Das genaue Erscheinungsdatum ist nicht bekannt, kann jedoch eingegrenzt werden in den Zeitraum zwischen 1717 und 1723.
499 Hansmann (1983), p. 159 ff.
500 Diesel (1989), p. 9.
501 Danreiter (1982), p. 136. Zu Leben und Werk von Franz Anton Danreiter siehe besonders Schnitzler-Sekyra (1994), p. 6 ff.
502 Danreiter (1982), p. 136: Zu den „Salzburger Prospecten" gehörten die Serien über die Lustschlösser Mirabell und Hellbrunn, die Salzburger Kirchen sowie die Festung Hohensalzburg; Schnitzler-Sekyra (1994), p. 126 ff.
503 Buberl (1916), p. 254.

504 SMCA, ohne Inv.-Nr.
505 In einer Handschrift des Salzburger Landesarchivs (SLA, HS 541, fol. 6) findet sich der Hinweis, daß Erzbischof Johann Ernst von Thun den Fasanengarten um 1690 erneuern ließ. 1735 sollen sich dort nur noch kleinere, mit niederen Stauden umsetzte Unterstände befunden haben.
506 Dieses Gebäude erscheint auf dem Stich Danreiters allerdings nicht.

9.3. Phase III (1735–1816)

507 SLA, Geheimes Archiv XX, 8 1/2; Schnitzler-Sekyra (1994), p. 33 f., 338 f.
508 SLA, Geheimes Archiv XX, 8 1/2; Schnitzler-Sekyra (1994), p. 34, 427 ff.
509 SLA, Geheimes Archiv XX, 8 1/2; Schnitzler-Sekyra (1994), p. 219, 434 ff.
510 Ebd., p. 34, 219.
511 SLA, Karten und Risse, G 28.
512 Hübner (1792), p. 541, spricht vom Kreuzweg und den Kapellen bereits in der Vergangenheitsform. Auch die beiden Steinhügelchen mit den Wasserautomaten im untersten Becken des Brunnens Altems müssen zu jener Zeit verloren gewesen sein (ebd., p. 529 f.).
513 Martin (1982), p. 239; Buberl (1916), p. 253.
514 Buberl (1916), p. 253.
515 Dazu Hübner (1792), p. 537 f.
516 SMCA, Inv.-Nr. 7708/49: sign. „von Pichl", dat. 1800; SLA, Karten und Risse, G 3: sign. „Karl Steinhauser", dat. 1803; SMCA, ohne Inv.-Nr.: sign. „Anton Hiffler (?)", dat. 1805; SLA, Karten und Risse, G 2: anonym, undat.; SLA, Karten und Risse, G 6: sign. „Leopold Steinhauser", dat. 1809.
517 Zur englischen Gartenkunst siehe Enge/Schröer (1990), p. 221 f.
518 Buberl (1916), p. 182 f.: Aus dem Jahre 1733 liegt ein vollständiges Inventar Hellbrunns mit der Auflistung zahlreicher Möbelstücke vor. Diese sind im 19. Jahrhundert nicht mehr zu belegen. Zu den Veränderungen im Tiergarten siehe vor allem SLA, HS 541, fol. 3 ff.
519 Schallhammer (1856), p. 18; Stupperich (1986), p. 189.

9.4. Phase IV (1816–1922)

520 Dazu Seitner (1836), p. 14 f.
521 Wie der Hellbrunnführer von Schupfer (1921), p. 20, beweist, blieb der kleine Felsen mit dem prismatischen Sockel bis zu diesem Zeitpunkt unverändert.
522 Es kann hier nur eine ungefähre Datierung vorgenommen werden; während Seitner (1836), p. 17, noch die Fama mit der Eule erwähnt, ist bei Schallhammer (1856), p. 25, bereits von der neuen Ausstattung mit den Figuren des den Marsyas schindenden Apollo die Rede.
523 Dazu Schallhammer (1856), p. 27. Bemerkenswert ist die Ähnlichkeit dieser Neuschöpfung mit einem Entwurf aus dem zweiten Buch des Traktats von Salomon de Caus („Les raisons des forces mouvantes", 1615).
524 Buberl (1916), p. 253.
525 Pupp (1965), p. 58; Fuhrmann (1949), o. S. Nicht unerwähnt bleiben soll auch der 1854 erfolgte Umbau der Steinbockswärterwohnung beim Eingang des heutigen Tiergartens.
526 Buberl (1916), p. 225, 233 f. Der Bereich der Fasanerie hat außerdem in der ersten Hälfte des 20. Jahrhunderts durch den mehrmaligen Um- und Ausbau des Schloßrestaurants ein anderes Gesicht erhalten.
527 Dazu Tötschinger (1987), p. 73 ff.

9.5. Phase V (seit 1922)

528 Archiv der Stadt Salzburg, Co.-Nr. Anif 1 + 2.
529 SLA, HS 541, p. 3.
530 Archiv der Stadt Salzburg, Co.-Nr. Anif 1 + 2: Als verantwortlicher Architekt wird in den Akten Fritz Medicus genannt.
531 Tötschinger (1987), p. 116.
532 Das Kolloquium wurde vom 5. bis zum 7. Oktober 1995 von der Stadt Salzburg in Zusammenarbeit mit der Salzburger Landesregierung und dem Bundesdenkmalamt veranstaltet. Dabei spielte auch die Erhaltung der Hellbrunner Grotten eine wichtige Rolle. Eine Ausstellung zum Thema Grottenrestaurierung ist für 1996 im Salzburger Barockmuseum geplant, die Referate und Ergebnisse des Kolloquiums sollen in einem Heft der „Barockberichte" (Heft 14/15) 1996/97 publiziert werden.

10. *Numen vel dissita jungit:* Der Versuch einer Interpretation Hellbrunns

533 Die beiden jüngsten Interpretationsversuche finden sich bei Grewenig (1989), p. 441, 444, und Schaber (1987), p. 26; siehe dazu auch Welti (1963), p. 143 und Rott-Freund (1994), p. 42 f.
534 Schaber (1987), p. 26: Der Autor deutet den Wahlspruch und die Darstellung der sich umarmenden Wappentiere als „Mysterium conjunctionis": „(. . .) im Tierkreis liegen diese beiden Sternbilder des Wassers (Steinbock) und des Feuers (Löwe) einander gegenüber – niemals können sie in Konjunktion treten. Nur christlich-alchimistische Mystik vermag sie zu verbinden. (. . .). Zwei Elemente, die eine unerbittliche Feindschaft zwischen sich schüren, finden sich in wunderbarem Bunde im Salz, das Salz nämlich ist ganz Feuer und Wasser. (. . .) Salz, Salz-Burg hat diesen unmöglich scheinenden Bund gestiftet." Zur astrologischen Symbolik der Wappentiere, die auch in der Orpheusgrotte nebeneinander erscheinen, siehe Nefzger (1980), p. 123: „Löwe und Steinbock könnten hier – nicht nur heraldisch vereint – auch als Sternbilder des höchsten und tiefsten Sonnenstandes die Wacht halten." Zur Alchimie und Astrologie des 16. Jahrhunderts siehe auch Biedermann (1991), p. 302 f., 349 f., 401.
535 Grewenig (1984), p. 441, 444.
536 Hubala (1984), p. 208.
537 Ebd., p. 208.
538 Rava (1970), p. 30.
539 Dazu vor allem Fagiolo (1979), p. 157 ff.; Grewenig (1987), p. 456 f.
540 Zu Geschichte und Aufbau der bereits kurz nach ihrer Entstehung weithin berühmten Sammlung

siehe Katalog Kunstkammer (1977), p. 13 ff. sowie Schlosser (1978), p. 45 ff.
541 Stahl (1988), p. 36 ff.
542 Grewenig (1984), p. 456 f., Anm. 85: Samuel von Quiccheberg (1527–1571/72) publizierte 1565 in München eine theoretische Schrift über die Organisation einer Sammlung („Inscriptiones vel tituli theatri amplissimi"), wobei er das Material in fünf verschiedene Klassen einteilt. Dazu auch Schlosser (1978), p. 118 ff. Höfer/Rahner (1957), p. 149: Seit der Gründung der Gesellschaft Jesu Wahlspruch von Ignatius von Loyola, der ihn mehr als 300 Mal verwendet haben soll.
543 Obwohl sich die bedeutendsten Kunstsammlungen in Italien (Lorenzo il Magnifico und Cosimo I. de' Medici) und Frankreich (Henri IV.) befanden, sei vor allem auch an das kulturhistorisch bedeutsame Wirken Rudolfs II. an seinem Hof in Prag erinnert; siehe dazu Dvorsky (1988), p. 209 ff.
544 Furttenbach (1628), p. 30 ff.
545 Wittkower (1985), p. 35 f.; Welti (1963), p. 115: Auch die unweit der für Hellbrunn vorbildlichen Villa Medici gelegene und von 1613–1615 erbaute vigna des Kardinals Borghese, die Markus Sittikus möglicherweise gekannt und die sein Neffe Jakob Hannibal von Hohenems im Jahre ihrer Vollendung besucht hat, weist einen ähnlichen Charakter auf und ist von Mauern umgeben. Der Bauherr griff mittelalterliche Gepflogenheiten auf, als er im Villenbereiche einen großen Tierpark anlegen ließ, mit vielen Käfigen für wilde Tiere und seltenes Wild, Geflügel sowie auch Fische in einem großen Teiche hegte. In dem (...) Tierpark nahmen Jagdgründe für Hasen und Rehe sowie die Vogelherde einen großen Raum ein."

11. Die Trabantenschlösser entlang der Hellbrunner Allee

546 Zu den historisch-soziologischen Voraussetzungen der Salzburger Schlösserkultur siehe besonders Moy (1967), p. 253 ff.

11.1. Emslieb

547 Zu Emslieb siehe Buberl (1916), p. 410 ff.; Sieghardt (1952), p. 182 f.; Wallentin (1985), p. 166 f., setzt den Beginn der Bauarbeiten ungefähr zeitgleich mit der Errichtung des Monatsschlößchens an. Wahrscheinlicher ist indes, daß mit dem Bau von Emslieb erst einige Zeit nach der Rückkehr Jakob Hannibals II. nach Salzburg 1618/19 begonnen wurde. Bevor Markus Sittikus den Neffen im Juni 1617 wegen seines liederlichen Lebensstils mit Anna Sidonia nach Hohenems schickte, scheint das Paar im Neubau der Residenz gewohnt zu haben. Dazu Riedl (1864), p. 271 ff., Martin (1982), p. 81.
548 SMCA, HS 2207, fol. 68 ff.; vollständig abgedruckt bei Buberl (1916), p. 410 f.
549 Buberl (1916), p. 411.
550 Hübner (1792), p. 520; Buberl (1916), p. 411.
551 Sieghardt (1952), p. 184; Wallentin (1985), p. 167.
552 SMCA, Inv.-Nr. 7686/49.
553 SMCA, HS 2207, fol. 69 f.
554 Ebd., p. 70 f.
555 Dewiel (1987), p. 104.
556 Zur Abhängigkeit des Palazzo Gallio vom Serlio-Traktat siehe vor allem Rosci (1966), p. 22 f.

11.2. Emsburg

557 Zur Emsburg siehe besonders Steinitz (1977), p. 22; Buberl (1916), p. 404 ff.; Donin (1948), p. 174; Wallentin (1985), p. 167 ff.
558 Buberl (1916), p. 404; Wallentin (1985), p. 167.
559 Buberl (1916), p. 404.
560 Zur detaillierten Geschichte des Schlosses und dessen Besitzer siehe vor allem Steinitz (1977), p. 25 ff.
561 Die ältere Ansicht findet sich im Hintergrund des Hellbrunn-Stiches von Küsell (1679), die andere auf einem 1686 datierten und von Johann Friedrich Pereth gemalten Altarblatt in der Pfarrkirche zu Morzg.
562 Die Inschrift lautet: „Empsburgum Maboniorum nobilis sedes Marci Sittici archiep(iscopi) et principis patrocinio et favore a Joanne Sigismundo Capitaneo funditus erectum".
563 Steinitz (1977), p. 25 f. Der Plan befindet sich im SLA, Karten und Risse, J. 39. 1.
564 Steinitz (1977), p. 25.
565 Buberl (1916), p. 404 f.
566 Steinitz (1977), p. 27.
567 Die Datierung ergibt sich aus der Beischrift auf dem Aquarell „Comte de Lodron, Commandeur". Diese dürfte sich auf den zweitletzten Kommandanten des Ruperti-Ritterordens, Leopold Anton Graf Lodron (1798–1802), beziehen.
568 Steinitz (1977), p. 27.
569 Ebd., p. 27.
570 Ebd., p. 28.
571 Donin (1948), p. 174.
572 Steinitz (1977), p. 24.
573 Serlio (1619), fol. 175.
574 Donin (1948), p. 174, sieht in der durchgehenden Eingangshalle Rückgriffe auf die lokale Salzburger Bautradition.
575 Steinitz (1977), p. 23 f.

Ein Zeitdokument – Die „Instruction" an den Gerichtsschreiber zu Glanegg von 1657

576 SLA, Geheimes Archiv XXIII, 6 1/2, Dok.-Nr. 17.
577 Ostermann (1989), p. 11.

14. Bibliographie

14.1. Publizierte Quellen

ALEOTTI, GIOVANNI BATTISTA: *Gli artifitiosi et curiosi moti spiritali di Herone.* Aggiontoni dal medesimo Quattro Theoremi non men belli & curiosi de 'gli altri. Ferrara 1589.

ALESSI, GALEAZZO: *Libro dei misteri (um 1569)*, 2 Bde., Faksimileausgabe. Bologna 1974.

BALDI, BERARDINO: *Di Herone Alessandrino de gli automati, overo machine se moventi, libri due.* Venedig 1589.

CAUS SALOMON DE: *Les raisons des forces mouvantes. Avec diverses machines tant utiles que plaisantes.* Frankfurt 1615 (Faksimileausgabe, Amsterdam 1973).

COLONNA, FRANCESCO: *Hypnerotomachia Poliphili.* Venedig 1499.

COMMANDINO, FREDERICO: *Heronis Alexandrini Spiritalium Liber.* Paris 1583.

DANREITER, FRANZ ANTON: *Salzburger Ansichten. Vedutenwerk in vier Teilen aus der Zeit um 1730.* (Erläutert von Dieter Messner). Dortmund 1982.

DIESEL, MATTHIAS: *Erlustierende Augenweide in Vorstellung herrlicher Gärten und Lustgebäude.* Hrsg. von Harri Günther. Reprint, Stuttgart 1989.

DIETTERLIN, WENDEL: *Architectura von Auftheilung, Symmetria und Proportion der fünff Seulen und aller darauss volgender Kunst Arbeit.* Nürnberg 1598.

DÜCKHER VON HASLAU, FRANCISCUS: *Salzburgische Chronica.* Salzburg 1666.

FISCHER VON ERLACH, JOHANN BERNHARD: *Entwurf einer historischen Architektur*, Wien 1721 (Reprint, Dortmund 1988).

FURTTENBACH, JOSEPH: *Newes Itinerarium Italiae.* Ulm 1627.

FURTTENBACH, JOSEPH: *Architectura civilis.* Ulm 1628.

GESSNER, CONRAD: *Allgemeines Thierbuch.* Frankfurt a. M. 1563 (Nachdruck 1669).

GIORGI, ALESSANDRO: *Spiritali di Herone Alessandrino.* Urbino 1592.

HÜBNER, LORENZ: *Beschreibung der hochfürstlich-erzbischöflichen Haupt- und Residenzstadt Salzburg und ihrer Gegenden*, Bd. 1. Salzburg 1792.

IMPERATO, FERRANTE: *Historia Naturale.* Venedig 1599 (Nachdruck von 1672).

LAURO, GIACOMO: *Antiquae urbis splendor.* Rom 1628.

PALLADIO, ANDREA: *I quattro libri dell'architettura.* Venedig 1570 (Nachdruck u. deutsche Übers. von Andreas Beyer und Ulrich Schütte: Zürich und München 1983).

RAMELLI, AGOSTINO: *Le diverse et artificiose machine.* Paris 1588.

RIPA, CESARE: *Iconologia.* Padua 1611.

SCAMOZZI, VINCENZO: *L'idea della architettura universale.* Venedig 1615.

SERLIO, SEBASTIANO: *Tutte l'opere d'Architettura et Prospettiva*, diviso in sette libri. Venedig 1619 (Reprint, Farnborough/Hampshire 1964).

TAEGIO, BARTOLOMEO: *La Villa.* Milano 1559.

ZAUNER, JUDAS THADDÄUS: *Neue Chronik von Salzburg*, 2. Teil (fortgesetzt von Corbinian Gärtner, Benedictiner zu St. Peter). Salzburg 1816.

14.2. Unpublizierte Quellen (Handschriften und Archivalia)

Bregenz, Vorarlberger Landesarchiv/Hohenemser Archiv

B 38,3: Reiseschilderungen des Grafen von Hohenems (Jakob Hannibal II.)

D 31,4: Krankheit und Tod Markus Sittikus

E 36,23: Akten zu Jakob Hannibal II./Hofdienst zu Salzburg

G 26,8: Briefe des Kardinals Marcus Sitticus

G 31,2: Korrespondenz Markus Sittikus

G 38,7: Korrespondenz Markus Sittikus

H 54,17: Briefe von Markus Sittikus an Caspar von Hohenems

W 36,10: Briefwechsel Andrea Costa

Sch 174,10: Baupläne zum Hohenemser Palast

Salzburg, AdSS (Archiv der Stadt Salzburg)

Co.-Nr. Anif 1+2 (Bauakten zu Hellbrunn)

Salzburg, SMCA (Salzburger Museum Carolino Augusteum)

HS 2206: Kopie der Handschriften Johann Stainhausers/Beschreibung von 1619

HS 2207: Kopie der Handschriften Johann Stainhausers/Beschreibung von 1619

Pläne und Stiche zu Hellbrunn

Salzburg, SLA (Salzburger Landesarchiv)

Geheimes Archiv XX, 8 1/2

Geheimes Archiv XXIII, 4/1 (Hofbesoldungslisten)

Geheimes Archiv XXIII, 6 1/2 (Akten zu Hellbrunn)

HS 541 („Das Fasanenhaus und der Fasanengarten in Hellbrunn" von L. Brandauer 1940)

Karten und Risse, Zuwachsverzeichnis K 78

Salzburg, UBS (Universitätsbibliothek Salzburg)

M I 109: „Saltzburgische Chronica und Lebensbeschreybungen aller Hochwürdigisten Bischoven

und Ertzbischoven, welche von dem heyligen Unserm Haubtpatronnen und Apostel dem ersten Bischof S. Ruperto an dem hochlöblichen Stüfft und nochmals Erzstüfft Salzburg, biß auf iezt regierundten Hochwürdigisten Fürsten und Herrn, Herrn Paridem unsern genedigisten Herr und Lanndtsfürsten & vorgestanndeten sein. Auß allerlay Salzburgischen An[n]alibus, beglaubten Chronicis und geschribenen Monummentis, auch thayls aigner Erfahrung zusamen getragen durch Johann Stainhausern Hochfür. Salzburgischen bestelten Secretarium. Im Jahr des Herrn MDCXX."
115.013 II Graphiken und Handschriften

Wien, HHStA (Haus-, Hof- und Staatsarchiv)
R33/1–6 (einst Böhm 330/1–6): Johann Stainhauser, Relationen (1614–19 verfaßt)

14.3. Kunst- und Reiseführer

CZERWENKA, FRITZ: *Hellbrunn – Ein Führer durch Schloß und Wasserspiele*. Salzburg 1979.

MARTIN, FRANZ: *Schloß Hellbrunn bei Salzburg*. In: Österreichische Kunstbücher, Bd. 23. Wien/Augsburg 1923.

SCHALLHAMMER, CARL RITTER V.: *Die kaiserlichen Lustschlösser Hellbrunn und Klessheim nächst Salzburg. Ein Führer für Fremde und Einheimische*. Salzburg 1856.

SCHUPFER, MARIE: *Das Lustschloß Hellbrunn*. Salzburg 1921.

SEITNER, BENEDIKT: *Kurzgefaßte Beschreibung des kaiserlich-königlichen Lustschlosses Hellbrunn, dessen Anlagen und Merkwürdigkeiten*. Salzburg 1836.

STADTGEMEINDE SALZBURG (Hrsg.): *Hellbrunn – Ein Führer durch Wasserkünste, Schloß und Park*. Salzburg 1949.

STEINITZ, WOLFGANG: *Salzburg – Ein Kunst- und Reiseführer für die Stadt und ihre Umgebung*. Salzburg/Wien 1986.

14.4. Literaturverzeichnis

ACKERMANN, JAMES J.: *The Cortile del Belvedere*. Biblioteca Apostolica, Vatikan 1954.

ANDERES, BERNHARD (Hrsg.): *Kunst um Karl Borromäus*. Luzern (o. J.).

AUSSTELLUNGSKATALOG: *Architekt und Ingenieur. Baumeister in Krieg und Frieden*. Herzog August Bibliothek. Wolfenbüttel 1984.

AUSSTELLUNGSKATALOG: *Fürsterzbischof Wolf Dietrich von Raitenau, Gründer des barocken Salzburg*. Salzburg 1987.

AUSSTELLUNGSKATALOG: *Heinrich Schickhardt als Wasserbauingenieur*. Zweckverband Landeswasserversorgung Stuttgart. Rottenburg 1987.

AUSSTELLUNGSKATALOG: *Hl. Karl Borromäus. Reformer – Heiliger – Vorbild*. Amann, Otto (Hrsg.). Hohenems/Lustenau 1988.

AUSSTELLUNGSKATALOG: *Hohenemser und Raitenauer im Bodenseeraum*. Strnad, Alfred/Walsh, Katherine (Hrsg.). Vorarlberger Landesmuseum. Bregenz 1987.

BÄCK, HELGA: *Entwicklungsgeschichte des Salzburger Freilichttheaters*. Phil. Diss., Wien 1964.

BASCAPÈ, GIACOMO D.: *Arte e storia dei giardini di Lombardia*. Milano 1978.

BASSERMANN-JORDAN, E. V.: *Die Wasser-Automaten und Wasserkünste im Parke des Lustschlosses Hellbrunn bei Salzburg*. Leipzig 1928.

BAUR-HEINHOLD, MARGARETE: *Theater des Barock, Festliches Bühnenspiel im 17. und 18. Jahrhundert*. München 1966.

BENTMANN, REINHARD/MÜLLER, MICHAEL: *Die Villa als Herrschaftsarchitektur*. Frankfurt a. M. 1981.

BERTHOLD, MARGOT: *Weltgeschichte des Theaters*. Stuttgart 1968.

BIEDERMANN, HANS: *Lexikon der magischen Künste*. München 1991.

BIGLER, ROBERT R.: *Schloß Hellbrunn und sein Bauherr Markus Sittikus von Hohenems – Eine Neubewertung*. Phil. Diss., Zürich 1993.

BOAS, MARIE: *Die Renaissance der Naturwissenschaften 1450–1630*. Nördlingen 1988.

BOBERSKI, HEINRICH: *Das Theater der Benediktiner an der alten Universität Salzburg (1617–1778)*. Wien: Akademie d. Wissenschaften 1978 (Theatergeschichte Österreichs 6/1).

BREDEKAMP, HORST: *Vicino Orsini und der Heilige Wald von Bomarzo. Ein Fürst als Künstler und Anarchist*, Bd. I. Worms 1985.

BRSKOVSKY, ULRIKE: *Italienische Quadraturisten in Österreich*. Phil. Diss., Wien 1981.

BUBERL, PAUL: *Die Denkmale des Gerichtsbezirkes Salzburg*. Österreichische Kunsttopographie, Bd. 11. Wien 1916.

BUCCI, MARIO: *Palazzi di Firenze*, Bd. 3. Florenz 1973.

CAUS, SALOMON DE: *Hortus Palatinus – Die Entwürfe zum Heidelberger Schloßgarten* (1620). Grüne Reihe, Quellen und Forschungen zur Gartenkunst, Bd. 1 (Kommentar). Worms 1986.

Chambourcy – Fontaine Royale 1686–1986. Tricentenaire des Aqueducs de Retz. Chambourcy 1986.

DEHIO-HANDBUCH: *Die Kunstdenkmäler Österreichs: Salzburg – Stadt und Land*. Wien 1986.

DEWIEL, LYDIA: *Lombardei und oberitalienische Seen – Kunst und Landschaft zwischen Adda und Po*. Du Mont, Köln 1987.

DOBLHOFER, JOSEF: *Die Gemäldesammlungen der Fürsterzbischöfe von Salzburg 1587–1806*. Phil. Diss., Salzburg 1982.

DONIN, RICHARD K.: *Vincenzo Scamozzi und der Einfluß Venedigs auf die Salzburger Architektur*. Innsbruck/Wien 1948.

DVORSKY, JIRI: *Die Kunst am Hofe Rudolfs II.*, Hanau/Prag 1988.

ECKMANN, NOTKER: *Kleine Geschichte des Kreuzwegs*. In: Welt des Glaubens in der Kunst, Bd. 6. Regensburg 1968.

ENGE, TORSTEN O./SCHRÖER, CARL F.: *Gartenkunst in Europa 1450–1800. Vom Villengarten der italienischen Renaissance bis zum englischen Landschaftsgarten.* Köln 1990.

FAGIOLO, MARCELLO: *Natura e artificio – L'ordine rustico, le fontane, gli automi nella cultura del Manierismo europeo.* Rom 1979.

FISCHER, FRIEDRICH J.: *Höhle und Gesicht. Mythisches Hellbrunn.* Salzburg (o. J.).

FREEDBERG, S. J.: *Painting in Italy: 1500–1600.* Pelican History of Art, Harmondsworth 1983.

FRENZEL, ELISABETH: *Stoffe der Weltliteratur – Ein Lexikon dichtungsgeschichtlicher Längsschnitte.* Stuttgart 1970.

FUHRMANN, FRANZ: *Salzburg in alten Ansichten.* Bd. 2: Das Land. Salzburg/Wien 1980.

GALBIATI, GIOVANNI: *Un manipolo di lettere degli Altemps al cardinale Federico Borromeo.* Rom 1968.

GANAY, ERNEST DE: *Les jardins de France et leur décor.* Paris 1949.

GOTHEIN, MARIE LUISE: *Geschichte der Gartenkunst* (2 Bde.). Jena 1914.

GRASSI, L.: *Province del Barocco et del Rococò.* Lessico di Architetti in Lombardia. Mailand 1966.

GREGOR, JOSEPH: *Beiheft Denkmäler des Theaters – Inszenierung/Dekoration.* Theatersammlung der Nationalbibliothek/Albertina. Wien 1926.

GREISENEGGER, WOLFGANG (Hrsg.): *Barockes Theater in Italien – Illusion und Praxis.* Akademie der bildenden Künste, Wien 1981.

GREWENIG, MEINRAD: *Die „Villa suburbana" Hellbrunn und die frühen architektonischen Gärten in Salzburg.* In: MGSLK, Bd. 124. Salzburg 1984.

GROENEWOLD, EBERHARD: *Garten- und Landschaftsgestaltung auf der Bühne im 16. und 17. Jahrhundert.* Phil. Diss., Berlin 1938.

GRUBER, ALAIN (Hrsg.): *The Renaissance and Mannerism in Europe.* The History of Decorative Arts, New York/Paris 1994.

GUBY, RUDOLF: *Über die Tätigkeit des Bildhauers Konrad Asper in Salzburg.* In: MGSLK, Bd. 56. Salzburg 1916.

GULDAN, ERNST: *Das Monster-Portal am Palazzo Zuccari in Rom – Wandlungen eines Motivs vom Mittelalter zum Manierismus.* In: Zeitschrift für Kunstgeschichte, Band 32, 1969, Heft 1.

GURST, GÜNTER/HOYER, SIEGFRIED: *Lexikon der Renaissance,* Leipzig 1989.

HANSMANN, WILFRIED: *Gartenkunst der Renaissance und des Barock.* Du Mont, Köln 1983.

HEINZ, GÜNTHER: *Studien über die Malerei des 17. Jahrhunderts in Salzburg.* In: MGSLK, Bd. 94. Salzburg 1954.

HEINZLE, ERWIN: *Die Raumdekorationen des Donato Mascagni im Schloß Hellbrunn.* In: MGSLK, Bd. 109. Salzburg 1969.

HENNEBO, DIETER/HOFFMANN, ALFRED: *Geschichte der deutschen Gartenkunst, Bd. 2: Der architektonische Garten.* Hamburg 1965.

HERBST, ARNULF: *Zur Ikonologie des barocken Kaisersaals.* 106. Bericht des Historischen Vereins für die Pflege der Geschichte des ehemaligen Fürstbistums Bamberg. Bamberg 1970.

HERGET, ELISABETH: *Die Sala Terrena im deutschen Barock – unter besonderer Berücksichtigung ihrer Entwicklung aus der abendländischen Grottenarchitektur.* Phil. Diss., Frankfurt a. M. 1954.

HEYD, WILHELM: *Handschriften und Handzeichnungen des herzoglich württembergischen Baumeisters Heinrich Schickhardt.* Stuttgart 1902.

HÖFER, JOSEF/RAHNER KARL (Hrsg.): *Lexikon für Theologie und Kirche.* Bd. 1. Freiburg 1957.

HOFMANN, WERNER: *Zauber der Medusa – Europäische Manierismen.* Wiener Festwoche (Hrsg.). Wien 1987.

HUBALA, ERICH: *Die Kunst des 17. Jahrhunderts.* Propyläen Kunstgeschichte, Bd. 9. Frankfurt a. Main/Berlin/Wien 1984.

HUNT, JOHN DIXON: *Garden and Grove – The Italian Renaissance Garden in the English Imagination: 1600–1750.* Princeton, New Jersey 1986.

HÜRLIMANN, MARTIN (Hrsg.): *Das Atlantisbuch des Theaters.* Zürich/Freiburg i. Br. 1966.

JEDIN, H.: *Karl Borromäus.* In: Lexikon für Theologie und Kirche, Bd. 2 (Hrsg. v. Josef Höfer). Freiburg i. Br. 1958.

KATALOG: *Die Kunstkammer.* Kunsthistorisches Museum, Sammlungen Schloß Ambras, Innsbruck 1977.

KAUFFMANN, GEORG: *Die Kunst des 16. Jahrhunderts.* Propyläen Kunstgeschichte, Bd. 8. Frankfurt a. Main/Berlin/Wien 1984.

KELLER, A. G.: *Renaissance waterworks and hydromechanics.* In: Endeavour 25. London 1966.

KINDERMANN, HEINZ: *Theatergeschichte Europas.* Bd. 3: Das Theater der Barockzeit. Salzburg 1967.

KIENE, MICHAEL: *Die Erneuerung der italienischen Universitätsarchitektur unter Carlo und Federico Borromeo.* In: Architectura, Bd. 18, München 1988.

KNELLER, KARL ALOIS: *Geschichte der Kreuzwegandacht.* Freiburg i. Br. 1908.

KÖCHL, KARL: *Thomas Perger von Emslieb.* In: MGSLK, Bd. 68. Salzburg 1953/54.

KRAMER, ERNST: *Kreuzweg und Kalvarienberg.* Kehl/Straßburg 1957.

KRUFT, HANNO-WALTER: *Geschichte der Architekturtheorie – Von der Antike bis zur Gegenwart.* München 1986.

KUTSCHER, ARTUR: *Das Salzburger Barocktheater.* Wien/Leipzig/München 1924.

KUTSCHER, ARTUR: *Vom Salzburger Barocktheater zu den Salzburger Festspielen.* Düsseldorf 1939.

LAZZARO, CLAUDIA: *The Italian Renaissance Garden.* New Haven/London 1990.

LIPPMANN, WOLFGANG: *Der Salzburger Dom und die italienische Kirchenbaukunst nördlich der Alpen um 1600.* Phil. Diss., Bonn 1992.

LISCI, LEONARDO GINORI: *I Palazzi di Firenze nella storia e nell'arte,* Bd. 2. Florenz 1972.

LUCHINAT, CHRISTINA/MAGNANI, LAURO (Hrsg.): *Arte del-*

le grotte – Per la conoscenza e la conservazione delle grotte artificiali. Genua 1987.

Lutze, Stephan: *Die Kapellenanlage des Sacro Monte von Varese.* Phil. Diss., Würzburg/Karlsruhe 1984.

Mac Dougall, Elisabeth: *The Sleeping Nymph: Origins of a Humanist Fountain Type.* In: Art Bulletin 57, 1975.

Mader, Günter/Neubert-Mader, Laila: *Italienische Gärten.* Stuttgart/Fribourg 1987.

Martin, Franz: *Salzburgs Fürsten in der Barockzeit.* Salzburg 1982.

Meyer, Rudolf: *Hecken- und Gartentheater in Deutschland im 17. und 18. Jahrhundert.* Quellen und Forschungen zur Theatergeschichte, 6. Emsdetten: Lechte 1934.

Miller, Naomi: *Heavenly Caves – Reflections on the Garden Grotto.* New York, 1982.

Montaigne, Michel de: *Tagebuch einer Reise durch Italien, die Schweiz und Deutschland in den Jahren 1580 und 1581.* Otto Flake (Hrsg.). Frankfurt a. M. 1988.

Moy, Johannes Graf von: *Die historischen und soziologischen Grundlagen der Salzburger Schlösserkultur.* MGSLK 107, Salzburg 1967.

Nagler, Alois M.: *Theatre festivals of the Medici (1539–1637).* Yale University Press, New Haven/London 1964.

Nefzger, Ulrich: *Salzburg und seine Brunnen.* Salzburg/Wien 1980.

Neubauer, Erika: *Lustgärten des Barock.* Salzburg 1966.

Neuhardt, Johannes: *Ein Markus-Sittikus-Portrait in Böhmen.* In: Salzburger Museumsblätter, Bd. 3. Salzburg 1988.

Ortner, Franz: *Reformation, katholische Reform und Gegenreformation im Erzstift Salzburg.* Salzburg 1981.

Ospald, Hans: *Johannes Stainhauser. Ein Salzburger Historiograph des beginnenden 17. Jahrhunderts.* MGSLK 110/111, Salzburg 1971.

Ostermann, Johann: *Schloß Hellbrunn. Inventare der Salzburger Burgen und Schlösser,* Bd. 2. Salzburg 1989.

Paumgartner, Bernhard: *Salzburg.* Salzburg 1966.

Podenzani, Nino: *Villa d'Este.* Milano 1948.

Pretzell, Lothar: *Salzburger Barockplastik – Entwicklungsgeschichte der Salzburger Plastik vom Anfang des 17. bis zum Ende des 18. Jahrhunderts.* Berlin 1935.

Pupp, Julius: *Hellbrunn. Das Salzburger Lustschloß und sein Bauherr Marcus Sitticus Graf Hohenems, Erzbischof und Landesfürst von Salzburg.* Salzburg 1965.

Rava, Carlo Enrico: *Hellbrunn, una Pratolino del Nord.* In: Antichità viva, Bd. 3. Florenz 1970.

Riedl, J.: *Marcus Sitticus, Erzbischof von Salzburg und sein Neffe Jakob Hannibal Graf von Hohenems.* MGSLK, Salzburg 1864.

Riedl-Dorn, Christa: *Wissenschaft und Fabelwesen – Ein kritischer Versuch über Conrad Gessner und Ulisse Aldrovandi.* Wien/Köln 1989.

Rietzsch, Barbara: *Künstliche Grotten des 16. und 17. Jahrhunderts. Beiträge zur Kunstwissenschaft.* Bd. 17, München 1987.

Rosci, Marco: *Il trattato di architettura di Sebastiano Serlio.* Università degli studi di Milano, Istituto di storia dell'arte. Milano 1966.

Rott-Freund, Susanne: *Fra Arsenio Mascagni (ca. 1570–1637) und der Beginn der barocken Deckenmalerei nördlich der Alpen.* Hildesheim 1994.

San Carlo e il Sacro Monte. Quaderno di Studio Nr. 2. Atti del Convegno culturale. Sacro Monte di Varallo. Sesia 1985.

Saudan Michel/Saudan Sylvia: *From Folly to Follies – Discovering the Wold of Gardens.* New York 1988.

Schaber Wilfried/Donnenberg, Josef: *Lustschloß ohne Ausgang.* In: FMR, Heft 9, Juli/August 1987, München.

Schlosser, Julius von: *Die Kunst und Wunderkammern der Spätrenaissance.* Braunschweig 1978.

Schneider, Constantin: *Das Salzburger Hoftheater.* In: Bergland, Heft 12, 1929.

Schöne, Günter: *Die Entwicklung der Perspektivbühne – Von Serlio bis Galli-Bibiena nach den Perspektivbüchern.* Leipzig 1933 (Theatergeschichtliche Forschungen Bd. 43). Reprint Nendeln Liechtenstein 1977.

Scoppola, Francesco: *Palazzo Altemps.* Indagini per il restauro della fabbrica Riario, Soderini, Altemps. Lavori e studi di archeologia, Bd. 8. Rom 1987.

Shearman, John: *Manierismus – das Künstliche in der Kunst.* Frankfurt a. Main 1988.

Sieghardt, August: *Südostbayerische Burgen und Schlösser und die Salzburger Schlösser und Adelssitze.* Berchtesgaden-Schellenberg 1952.

Skalecki, Georg: *Deutsche Architektur zur Zeit des Dreißigjährigen Krieges. Der Einfluß Italiens auf das deutsche Bauschaffen.* Regensburg 1989.

Spies, Hermann: *Ein italienischer Bericht über den Besuch des Großherzogs Ferdinand II. von Toskana in Salzburg im Jahre 1628.* In: MGSLK 86/87, Salzburg 1946/47.

Stahl, Eva: *Marcus Sitticus, Leben und Spiele eines geistlichen Fürsten.* Wien/München 1988.

Steinitz, Wolfgang: *Die Emsburg bei Salzburg.* In: AMK 22, 1977.

Steinitz, Wolfgang: *Ehrenpforten, Festgerüste und Trionfi.* In: Barock in Salzburg (Festschrift für Hans Sedlmayr, hrsg. v. Johannes Graf von Moy). Salzburg 1977.

Stichel, Rudolf: *Zum Wiener Löwen – Tischfuß aus Istanbul.* In: Boreas, Münstersche Beiträge zur Archäologie, Bd. 10. Münster 1987.

Stoppa, Angelo: *Un Sacro Monte e una statua colosso.* In: San Carlo Borromeo in Italia. Studi offerti a Carlo Marcora, dottore dell'Ambrosiana. Brindisi 1986.

Strasser, Philipp: *Hellbrunn – Geschichte und Beschreibung zum dreihundertjährigen Jubiläum der Erbauung dieses Fürstensitzes.* Salzburg 1912.

STRNAD, ALFRED A.: *Kardinal Marcus Sitticus von Hohenems und die Hohenemser in Italien.* In: Vierteljahresschrift für Geschichte und Gegenwart Vorarlbergs. Montfort 37, Jahrg. (Heft 1), 1985.

STUPPERICH, REINHARD: *Der Löwen-Tischfuß im Codex des Johannes Löwenklau.* In: Boreas, Münstersche Beiträge zur Archäologie, Bd. 9. Münster 1986.

THACKER, CHRISTOPHER: *Die Geschichte der Gärten.* Zürich 1979.

Thieme-Becker Künstlerlexikon. Hans Vollmer (Hrsg.), Bd. 25. Leipzig 1931.

TINTELNOT, HANS: *Barocktheater und barocke Kunst – Die Entwicklungsgeschichte der Fest- und Theaterdekoration in ihrem Verhältnis zur barocken Kunst.* Berlin 1939.

TÖTSCHINGER, GERHARD: *Hellbrunn – Ein Fest*, München/Wien 1987.

VEZZORI, ALESSANDRO (Hrsg.): *Il Giardino d'Europa – Pratolino come modello nella cultura europea.* Florenz 1986.

WAGNER, FRANZ: *Zur Gartenplastik von Schloß Hellbrunn.* AMK 58/59, 1962.

WAGNER, HANS: *Italienische Einflüsse im Erzstift Salzburg im 17. und 18. Jahrhundert.* In: Österreich in Geschichte und Literatur, Bd. 14. Graz 1970.

WAGNER-RIEGER, RENATE: *Il Palladianesimo in Austria.* In: Bollettino Centro Internazionale Studi d'Architettura Andrea Palladio 7, 1965. 2. Teil.

WALLENTIN, INGEBORG: *Der Salzburger Hofbaumeister Santino Solari (1576–1646) – Leben und Werk auf Grund der historischen Quellen.* Phil. Diss., Salzburg 1985.

WELTI, LUDWIG: *Förderung der Barockkultur durch das Hohenemser Grafenhaus.* In: Maske und Kothurn, Vierteljahresschrift für Theaterwissenschaft. Graz/Köln 1961.

WELTI, LUDWIG: *Eine Prechtin aus Konstanz – die erste deutsche Opernsängerin in Salzburg 1617.* In: Maske und Kothurn 7. Graz/Köln 1961.

WELTI, LUDWIG: *Graf Kaspar von Hohenems (1573–1640). Ein adeliges Leben im Zwiespalte zwischen friedlichem Kulturideal und rauher Kriegswirklichkeit im Frühbarock.* Innsbruck 1963.

WETTSTEIN, STEFANIE: *„San Carlone" – Eine Kolossalstatue des 17. Jahrhunderts in Arona.* Lizentiatsarbeit, Universität Zürich 1990.

WITTKOWER, RUDOLF: *Art and Architecture in Italy 1600–1750.* Pelican History of Art, Harmondsworth 1985.

WRIGHT, DAVID R.: *The Medici Villa at Olmo a Castello – It's History and Iconography.* Phil. Diss., Princeton 1976.

ZANGHIERI, LUIGI: *Pratolino – il giardino delle meravigli.* Documenti inediti di cultura toscana, Vo. X, 2 Bde., Florenz 1987.

ZIELSKE, HARALD: *Handlungsort und Bühnenbild im 17. Jahrhundert – Untersuchungen zur Raumdarstellung im europäischen Barocktheater.* Phil. Diss., München 1965.

ZIMMERMANN, REINHARD: *Künstliche Ruinen – Studien zu ihrer Bedeutung und Form.* Wiesbaden 1989.

15. Anhang

15.1. Tabellarische Übersicht der Veränderungen in Hellbrunn in chronologischer Reihenfolge

1613: Beginn der Bauarbeiten (Juni)

1615: Schloßgebäude fertiggestellt (April)

1616: Schlößchen Belvedere, Kreuzweg mit Kapellen und Eremitorien sowie Steintheater vollendet (Dezember)

1618: Erste Ansicht Hellbrunns auf dem Donato Mascagni zugeschriebenen Markus-Sittikus-Porträt (Abb. 76 siehe Tafel 24)

1619: Tod von Erzbischof Markus Sittikus (Oktober). Abschluß und Einstellung der Bauarbeiten (November). Zweite, wesentlich detailliertere Ansicht Hellbrunns auf einer Kopie des obigen Porträts; ebenfalls Mascagni zugeschrieben (Abb. 2)

1628: Erste gesicherte Abrechnungen für Reparaturen im Bereich der Wasserspiele (SLA)

ca. 1630: Erster Übersichtsplan Hellbrunns, der den ganzen Komplex in seiner ursprünglichen Gestalt zeigt. Kontemplativer Bezirk und Schlößchen Belvedere sind gut zu erkennen (Abb. 90)

1644: Stich von Matthäus Merian in der „Topographia Bavariae"; Ansicht des Schloßgebäudes und des Lustgartens, lehnt sich an die rechte Hälfte des Planes von 1630 an (Abb. 17)

1647–1652: Weitere Abrechnungen für Reparaturen und den Kauf bzw. Tausch seltener Vögel (SLA)

1657: „Instruction an den Gerichtsschreiber von Glanegg": Verhaltensregeln und Anweisungen für die in Hellbrunn beschäftigten Bediensteten (SLA)

1659: Weinkeller zwischen Orpheusgrotte und Brunnen Altems wird errichtet

1660: Nach einem Brand werden einige Nebengebäude im Bereich des Schloßhofes um ein Stockwerk erhöht

1666: Ansicht Hellbrunns in der Salzburger Chronik von Dückher von Haslau; weitgehende Kopie des Stiches von Merian (UBS)

1675: Erster Vertrag des Pfleggerichts mit einem Pächter, die Gaststube in Hellbrunn betreffend (SLA)

1679: Stich von Melchior Küsell; zeigt den Lustgarten vom Monatsschlößchen aus. Eignet sich aufgrund seiner Größe und detaillierten Wiedergabe der Verhältnisse am besten für eine Rekonstruktion des ursprünglichen Zustandes (Abb. 91)

1681: Zwei Bittschreiben des Brunnenmeisters Carl Wentzeisen, die den teilweise desolaten Zustand einiger Brunnen und Wasserautomaten belegen (SLA)

ca. 1690: Anbringung der Balkone am Schloßgebäude (Hermen)

1692: Kleinere Umbauten bei den vorderen Eckgebäuden des Schloßhofes

1693: Anbringung zweier das Portal der Gartenfassade flankierenden Hirschköpfe aus Stuck (werden später durch solche aus Bronze ersetzt)

ca. 1700: Abbruch des alten Dianabrunnens (zwischen Merkur- und Neptunbrunnen); Errichtung des größeren Eurydikebrunnens mit Ruinenarchitektur (vermutlich ursprünglicher Standort der beiden Einhörner). Aufstellung des Forstteufels

1708: Bericht über Reparaturen an der Einfassung des zentralen Weiherbeckens (SLA)

ca. 1720: Stich von Matthias Diesel, zeigt als erster eine Umgestaltung des Lustgartens nach französischem Zeitgeschmack. „Erdbeerberg" wird wahrscheinlich im Zuge dieser Maßnahmen abgetragen und der kleeblattförmige Weiher bei der Kronengrotte zugeschüttet. Die beiden Steinhügel (Pumpwerk etc.) beim Brunnen Altems sind erstmals eingezeichnet (Abb. 92)

ca. 1730: Anonymer Plan (Vorzeichnung) des Schloßgebäudes und Lustgartens (SMCA), kann aufgrund stilistischer Details Franz Anton Danreiter zugeschrieben werden. Zeigt erstmals klar die Situation schräg oberhalb der Orpheusgrotte (Sitzplatz mit Narrenstatuen) und den Standort der alten Schmiedgrotte beim Fürstenweg. Orangerie erstmals eingezeichnet. Wiedergabe der tatsächlichen Verhältnisse im Bereich der Fasanerie. Enthält Projekt für symmetrische Baumpflanzung im Bezirk des späteren englischen Parks (Abb. 96)

ca. 1735: Stich Danreiters aus der Hellbrunner Vedutenserie; praktisch identisch mit dem anonymen Plan von ca. 1730. Zeigt im Bereich der Fasanerie etc. wohl einen Idealentwurf (Abb. 94)

1734: Erste Kapelle des Kreuzweges wird abgebrochen

1741: Danreiter beklagt in einem Bericht den allgemein schlechten Zustand der Wasserspiele und Automaten (SLA)

1748–1752: Restaurierung der Schmiedgrotte wird von Danreiter geplant, schließlich aber zugunsten eines weit größeren Projekts fallengelassen: Bau des mechanischen Theaters (SLA)

1753: Orgelwerk wird im mechanischen Theater eingebaut (Juni)

1759: Umfassende Restaurierung der Innendekoration der Kronengrotte

1761: Spiegelgrotte wird wegen Einsturzgefahr neu untermauert und mit einem Stützpfeiler gesichert

1776: Übersichtsplan von Stephan Müllner. Kapellen Eremitorien und Kreuzweg sind nicht mehr eingezeichnet. Der Plan zeigt eine künstliche Insel mit Sommerhaus am Salzachufer

ca. 1790: Abriß eines Teils der Umfassungsmauer beim Lustgarten. Abriß des oktogonalen Lusthauses beim Forellenteich. Anlage eines englischen Parks. Fünf Pläne aus der Zeit um 1800–1809 zeigen die neue Situation (Abb. 97)
1804: Entfernung des Löwentischfusses aus der Kronengrotte; wird durch einen pyramidalen Sockel ersetzt
1830: Neues Orgelwerk in der Vogelsanggrotte von Santner
ca. 1840: Ersetzen der Figuren der Fama und Eule durch solche des Marsyas und Apollo im Bereich des Fürstenwegs
1842: Umgestaltung der Vogelsanggrotte; Brunnen mit trinkendem Drachen wird ersetzt durch das heute dort befindliche Becken mit sich drehenden Figuren
ca. 1850: Schlößchen Belvedere zunehmend verfallen und abgetragen. Einhörner werden beim großen Weiher aufgestellt
1854: Steinbockwärterswohnung beim Tiergarten wird umgebaut
1854–1856: Restaurierung von Festsaal und Oktogon; Übermalung mit Ölfarbe.
1885: Neues Orgelwerk für die Vogelsanggrotte von Hradil
1894: Erneuerung der unteren Wandfelder im Innern der Kronengrotte
1901: Aufstellung der Narrenstatue im Fasanengarten (ehemals Sitzplatz oberhalb Orpheusgrotte)
1913: Steintheater wird unter der Leitung Arthur Kutschers erstmals wieder bespielt
1917: Erdbeben, das Risse in Festsaal und Oktogon verursacht
1922: Hellbrunn geht in den Besitz der Stadt Salzburg über. Grundsteinlegung für neues Festspielhaus (Entwurf Hans Poelzig) am 19. August. Bau wird nicht realisiert; der Grundstein, welcher sich im südlichen Teil des Tiergartens befinden soll, ist seither verschollen
1923: Plan zur Erweiterung des Schloßrestaurants und Verlegung der Kapelle auf die gegenüberliegende Seite des Schloßhofes (Architekt Martin Knoll; 15. Mai/Archiv der Stadt Salzburg).
1927: Restaurierung der Malereien im Oktogon durch Prof. Pohlhammer
1931–1934: Restaurierung der Malereien des Festsaals durch Anton Bachmayer
1936: Grabungsarbeiten nahe der Kronengrotte im Bereich des ehemaligen kleeblattförmigen Weihers (April)
1938: Restaurierung der Wandmalereien im Fasanengarten durch Anton Bachmayer
1949: Geheime Pläne für ein Campinghotel und Apartmenthäuser auf dem Gebiet des „Mitterfelds“ (Architekt Fritz Medicus); Projekt wird fallengelassen (Archiv der Stadt Salzburg)
1951/52: Restaurierung der Malereien in den Grotten des Untergeschosses (Schloßgebäude) durch Prof. Arthur Sühs
1960: Weihung der verlegten, neu eingerichteten Kapelle im Schloßhof durch Erzbischof Andreas Rohracher
1960–1980: Letzte Restaurierung der Malereien von Festsaal und Oktogon durch Prof. Sühs (mit Unterbrechungen)
seit 1970: Das „Fest in Hellbrunn“ wird jeweils im August jährlich veranstaltet
1990: Sondiergrabung beim ehemaligen Standort des Schlößchens Belvedere (Oktober)
1992: Restaurierungsarbeiten im gesamten Bereich der Grotten im Erdgeschoß des Schlosses beginnen (Denkmalamt Salzburg)
1995: Mehrtägiges internationales Fachkolloquium zum Thema Grottenrestaurierung (Stadt Salzburg/Denkmalamt)

15.2. Ein Zeitkokument – Die „Instruction“ an den Gerichtsschreiber zu Glanegg von 1657

Das Original der nachfolgend in voller Länge wiedergegebenen Handschrift befindet sich im Salzburger Landesarchiv.[576]

Instruction
Für den Gerichtschreiber zu Glanegg Johann Perrn, was er wegen des hochfürstl. Lustorths Hellprun zuverrichten oder in obacht zunemmen: und zuverantwortten hat,
Erstens hat er dahin zugedenkhen, damit die alda zu Hellprun wohnent und bediente, als Garttner, Prunnmaister, Fasanenwarther, Hauskhnecht, und Thiergarttjäger, sowollen auch der Zimmerman in deren verrichthungen, Ihro hochfürstl. Gn. unsers gnedigisten fürsten und herrn pp. nuzen und fromen beobachten und befürdern, dargegen den nacht(ei)l und schaden wendten und verhüetten, also mitenander getreu, ainig, fridlich und aines zichtigen wandels sein und leben, auch kheiner ohne erlaubnus, es seye dan das seye in ihren gescheфften ohne das bey hoff zu Salzburg erfordert wurden oder zuthuen hetten, aus dem hellprun sich begeben, oder über nacht ausbleiben.
Fürs ander solle er darob und daran sein, damit der Garttner die weeg im lusst: fasanen und khinigl garten aufs seiberiste puz und zuhalte, auch die Spallieri und andere bluemben sowohl Päumbstukh und was da in der Gartnerey begriffen, sauber und zierlich versehe, die Paumb zu rechter Zeit underseze, und auch die Irrgärten auf das schön: und fleissigiste versirge. Dann so hat auch Gerichtschreiber zu beobachten und nachzusehen, damit ersagter Garttner die Spallieri und weinreben zu Hellprun seiner Zeit aufpindt, auch zugleich das Pündtwerch nit zu grundt gehen lasse, sondern auf iedermalliges erfordere wiederumben übermache, vor allen dingen aber solle er sein obsicht haben auf das mehr bedeiter Gartner nit den welschen und andere früchten als Pämeranzen, Lemonj, und dergleichen, auch in dem subtillen gewechs gewahrsamb umgehe, solche: sonderlich winters Zeiten vor khölte und scharpfen Lüfften versichere, und in haizung der hierfür bestimbten Zimmer oder gewölber sich woll in obacht nemen. Gleichfahls das er im ganzen Thiergarten die Obstpäumb in solcher ordnung, wie sye sich aniezo befindten, halte, selbige sauber puze seiner Zeit dung und gaille, wie nit weniger das die bey und umb den Neuen Weyer vor dem eremitorio jüngst gesezte Paumb fruchtbar erwachsen, gueten Fleiss brauch, und da ein oder der andere verdirb, widerumb einen frischen entgegen seze, auch sonsten durchgehent im eremitorio dieselbigen gang und weeg aufs seyberiste puz und zuhalte, fehrner beruhet sein des Gerichtschreibers obsicht dahin, damit ofternanter Garttner im Khuchlgartten die Schuell der Jungen Pelzstökh: und erzüglung bluemenwerch zum Lustgartten fleissig in obacht nemb und underhalte.
Zum Dritten hat Gerichtschreiber zubeobachten, damit der Prunmaister alle ihme anverthraute Prün aufs seuberiste puz und mit aller zuegehörung fleissig und zierlich underhalte, auch in den Grotten khein unsauberkhait erscheinen lasse, sondern dieselb mit ihren Sprüzwerch, bluemen, Tuff: und andern Zierungen aufs fleisigist versehe, Ja aller orthen, wo doch Wasser und Sprüzwerch ist, ain und anders besstermassen in schuldige obacht neme, gleichfals mit aufleihern des Wassers in die Khössl khein fahrlessigkhait begehe, und sich anbey des Tagwerchers, welcher ihme alleinig zu seyberung der Prün und aufleihern des Wassers g(ene)digst verwilliget, und ausgehalten wirdet, in khainem fahl anderwerts als zu ihrer hochfürstl. Gn. p.: diensten gebrauch noch bediene, Item solle er Gerichtschreiber darob sein, das Prunmaister als Hauskhnecht das Schloss oder Palatium alzeit sauber und verspörter halte, die fenster aller orthen zu rechter Zeit auf: und widerumben zuemach, auch die Rauchfang zu ordenlicher weil fleissig khören, und das er nicht allein die hofkhuchl sambt dem kheller und andere Zimmern, sondern zugleich ebenso die Stallungen aufs seiberiste zupuzen ind Innenzuhalte ihme angelegen sein, und darbey ainichen Unfleiss nit sehen noch verspüren lasse. Weiters hat Gerichtschreiber achtung zu geben, auf das Prunmaister als Hauskhnecht die weeg und strassen nach Waldembs sowol als alle Pruggen im Thiergarten alzeit in guetem standt halt, und, so was zumachen oder zu reparirn vonnetten, denselben zeitlich steure. Damit dan auch das gehülz zu Waldembs nit abgeschlaipfft: sondern vilmehrers gehayzt, verschonet und zum aufnemen gebracht werde, so solle demnach Gerichtschreiber sein wachbares aug dahin stellen, das man darinen nichts als bloss Thurn und windwürff verhakke wovon das böste zur Hofkhuchl und haizung der Zimer zu Hellprun zubringen, und das übrige dem Fasanenwarther, Prunmaister, und Thiergarttjäger ervolgt werden khan. Negst disem hat Gerichtschreiber den Prunmaister als Hauskhnecht dahin zuvermögen, damit im Thiergarten alle Jahr ain Veldt ebenso getunget und mit waizen besäet, seiner Zeit abgeschniten, getroschen, und das getraidt auf den hochfürstl. hofcassten in Salzburg iedesmahl fleissig und gethreu überlifert werde, zu welchem ende solle er bey einmessung angeregten getraidts sich selbst gegenwertig befündten und die Anzall aufmerkhen. Auch hat Gerichtschreiber die obsicht zuhaben, das Prunmaister als Hauskhnecht nichts erwindten lasse, damit in vorbestimbtem Thiergarten die Scherhauffen zu rechter Zeit angestossen, und das laub sowoll als am Perg aufgeheigt, und zum Tendlstall gebracht. Gleichermassen das das Zuschaden und ertrenkhung der gueten waid aufwaxende unkhraut (das Truflkhraut genant) Zu Früelings Zeiten, ehe dan der Samen raiff wirdt, fleissig abgemähet, ebenfalls das gartenhey im Lustgarten seiner Zeit ab: und eingebracht werde. Und dieweilen auch ein Hauskhnecht zu Hellprun auf die Handt: und tagwercher, so dises orths gebraucht werden, achtung geben, und dieselbe an die Arbait laithen mues. Als solle Gerichtschreiber dem Prunmaister als Hauskhnecht, das er angeregten Handt: und tagwercher zu verdienung ihres lohnes an die arbaith recht anstell, und denselben, damit Sie der arbaith getreulich ab-

warthen, und nicht muessig: oder feyerent sich umbziehen underwaillen fleissig nachsehe, zuezusprechen, darbey dan nit münders in obacht zunemen schuldig sein, auf das den Paufelligkhaiten aller orth des Hellpruns bey Zeiten geholffen, und zu Vorkherung nottürfftiger reparation die beschaffenhait bey gebührender Stöll unverlangt angemeldet werde. Wo aber in gemain und schlechten Sachen ichtwas zu reparirn wehre, das solle er Gerichtschreiber unerwartet und anderwertiger verordnung, gleich alsobalden ins werkh stellen lassen. Wan man nun zu dem Pauwerch und andern des Hellpruns erforderlichen Sachen underschidliche materialien betürfftig, und die erkhauffung derselben einem Hauskhnecht obgelegen ist, als hat Gerichtschreiber in disem Fahl sein sonderbahres aufmerkhen zuhaben, auf das der Prunmaister als Hauskhnecht gethreu und aufrecht damit umbgehe, auch sovil müglich ein und anders in gueter gewehr, schafft umb einen verantworttlich leichten prehs erhandle, und nachmals ihme Gerichtschreiber zu seiner wissenschafft, auf das er, wohin: und mit was nuzen es angelegt, oder vorräthig aufgehalten wurde, nachsehen khönne, eröffne. Widerumben und alleweil der Prunmaister die Capellen zu Hellprun fleissig zu verwahren und zu seibern, auch darneben die Uhr zurichten: und zum Ave Maria zuleithen schuldig. Als hat Gerichtschreiber gleichmessig nachzusehen, damit erwenter Prunmaister hierin khainen Unfleiss noch fahrlessigkhait veriebe. Sonsten sollen von dem Prunmaister als Hauskhnecht die Wochen: und Monatliche ausgaben des Hellpruns in gelt ordenlich beschriben, und darbey wohin indweders tagwerch angewendet worden, inserirt: volgents die Auszallung durch den Gerichtschreiber verrichtet, und darauf von ihme selbige beschreibungen oder Zetln underschriben bemelte Zetln aber hinnach von den Hauskhnecht auf die hochfürstl. Khuchenmaisterey gelifert werden.

<u>Vierttens</u> solle Gerichtschreiber beobachten, das der Fasanenwarther sein habendes geflügl als Schwannen, Fasannen, Türggisch: Bysen: wildt und Bästär Aendten, sowoll als die khinigl und Schiltkhrotten, oder was er da under handen hat, auf das fleissigiste speis und versorge die Schwannen, Fasanen: und Aendten Ayr fleissig zusammen sueche, und auf solche die fruchtigiste Hennen, Schwannen und Aendten zu rechter Zeit anseze, auch den khinigln und Schiltkhrotten also embsig abwartte, damit man hierdurch zu einem mehrern Zügl und aufnemen gelangen khönne. Desgleichen ist darob zusein auf das derselb die ihme undergebne Fisch fleissig verwahr, solche allzeit des andern tags mit frischen lebern speis, und die weyr aufs seiberiste puz und inhalte. Ebenmessig hat Gerichtschreiber sein aufmerkhen zuhaben, damit Fasanenwarther die abgestandtne Fisch alsbaldt aus den Weyern: und ohne Saumbfall nach hof überschikhen thue. Er muess auch das Voglhaus mit allerlay Vögln besözen, und selbiges aufs seiberiste Innenhalten. Weiters solle Gerichtschreiber in stetter sorg stehen, damit aus denen Weyern und Pächen khein Fisch entwendet oder verzukht, noch auf Jehaiges broth, getraidt und anders, so dem Fasanenwarther zu underhaltung seiner averthrauten gefligels und khinigln ausgevolgt wirdet, nicht anderwerts hin vertrag oder verbrauche, sondern in ain als andern alzeit gethreu, aufrecht und fleissig erfundten werde. Weilln dan bey verwahrung der Fisch, Geflügl und anderen Gethüerwerchs die Schad: und Raubthier zubeobachten sein. Als solle Gerichtschreiber darob halten damit man solches Unzüfer sovüll müglich aufzufangen und hinwekh zuschiessen sich eifferist bemüehen, und ihrer hochfürstl. Gn. pp. nuzen alzeit betrachten thue.

<u>Fünfftens</u> hat Gerichtschreiber sein absehen zuhaben, das der Thiergartt Jäger ihme die warth der Dendln fleissig angelegen sein lasse, solche gebürendt füetere und mit gestrey versorge, auch so etwa ein sucht bey ihnen ansezen wolte, oder ein: und mehr stukh zu grundt gehen würden, solches gehöriger orthen alsbaldt anmeldte. Desgleichen das er auf das hey von welchem die Dendln gefüetteret werden sollen, ob aber solches für sie taug und nüzlich seye, und damit er im Stadl sowoll als die Strey frisch und trukhen erhalten werde, sein fleissige obsicht hab.

Nitweniger so ist ihme Thiergart:Jäger obgelegen das er auf das fischwasser zu St. Francisci und in demselben gezierch wachbar seye, damit ainiche Fisch weder bey tag oder nacht nit hinaus gezukht und genommen, sondern in gueter Sicherheit erhalten: und, sowoll als die Schwannen daselbst fleissig gespeist und gefüedert werden. Da aber ein oder mehr stukh abstehen würden, solle er unverlangt iederzeit in den hochfürstl. Zörgaden einzulifern schuldig sein. Dahero Gerichtschreiber sovill müglich darob sein solle, damit erwenter Thiergartt Jäger an denen ihmo anbevolehnen verrichtungen, Zumahl auch mit hinwekhfang: oder schiessung der Raubthier, Item verwahrung der Ainsidlerey, Belveder, Waldembs, und des hintern Thors khein Fahrlessigkhait begehe, sondern ein so anders in der Zeit in gueter obhalt habe.

<u>Sechstens</u> und zum Schluss solle Gerichtschreiber kheinesweegs gestatten noch zuesehen, das sich noch der Garttner, Prunmaister, Fasanenwarther, noch Thiergartt Jäger in den übrigen trunkh ergeben, sondern selbige (damit sye ihren obhandenden verrichtungen desto fleissig: und embsiger abwartten, und vor ihrer hochfürstl. Gn pp. alzeit niechter erscheinen khönnen) darvon abzuhalten, auch da er Gerichtschreiber bej ihnen ein noch andere ungebür oder nachlessigkhait verspüren würde, solches höchstgedacht ihro hochfürstl. Gn. pp. alsobalden underthenigist zu referirn schuldig sein.

<u>Und demnach</u> man in ein Instruction nicht alles bringen khan, als solle er Gerichtschreiber sein Inspection dahin richten und stöllen, damit allweeg ihrer hochfürstl. Gn. pp. nuzen befürdert: und hingegen Nacht(ei)l und schaden verhuetet werde.

Actum Salzburg den Ersten January Ao. 1657

Der Text, der zu einem Zeitpunkt niedergeschrieben wurde, als sich Hellbrunn noch in seinem ursprünglichen Zustand befand, ist gut geeignet, einen Einblick in die Organisation der damaligen Schloßverwaltung zu gewähren.

Das Pfleggericht wurde 1636 von Glanegg nach Hellbrunn verlegt, hier bestand es bis 1815.[577] Der Gerichtsschreiber wohnte in Hellbrunn und übte auch dort seine Tätigkeit aus. Er trug die Verantwortung für alle Bereiche der Verwaltung und war direkt dem Salzburger Hof (resp. dem Pfleger) unterstellt.

In der nächstunteren Stufe der Hierarchie erscheinen der Gärtner, der Brunnenmeister, der Fasanenwärter und der Tiergartenjäger. Offenbar war der Brunnenmeister auch für die Hausknechte verantwortlich. Je nach Arbeit und Bedarf wurden Tagelöhner oder ähnliche Hilfskräfte hinzugezogen, die wiederum meist dem Brunnenmeister unterstanden.

Der Text gibt erschöpfend Auskunft über die Pflichten und Kompetenzbereiche der Bediensteten.

Besonders interessant aber sind die Angaben zum Umgang mit den südländischen Gewächsen sowie diejenigen zur Hege und Pflege der damals exotischen und offensichtlich kostbaren Tiere.

15.3 Genealogische Tabelle

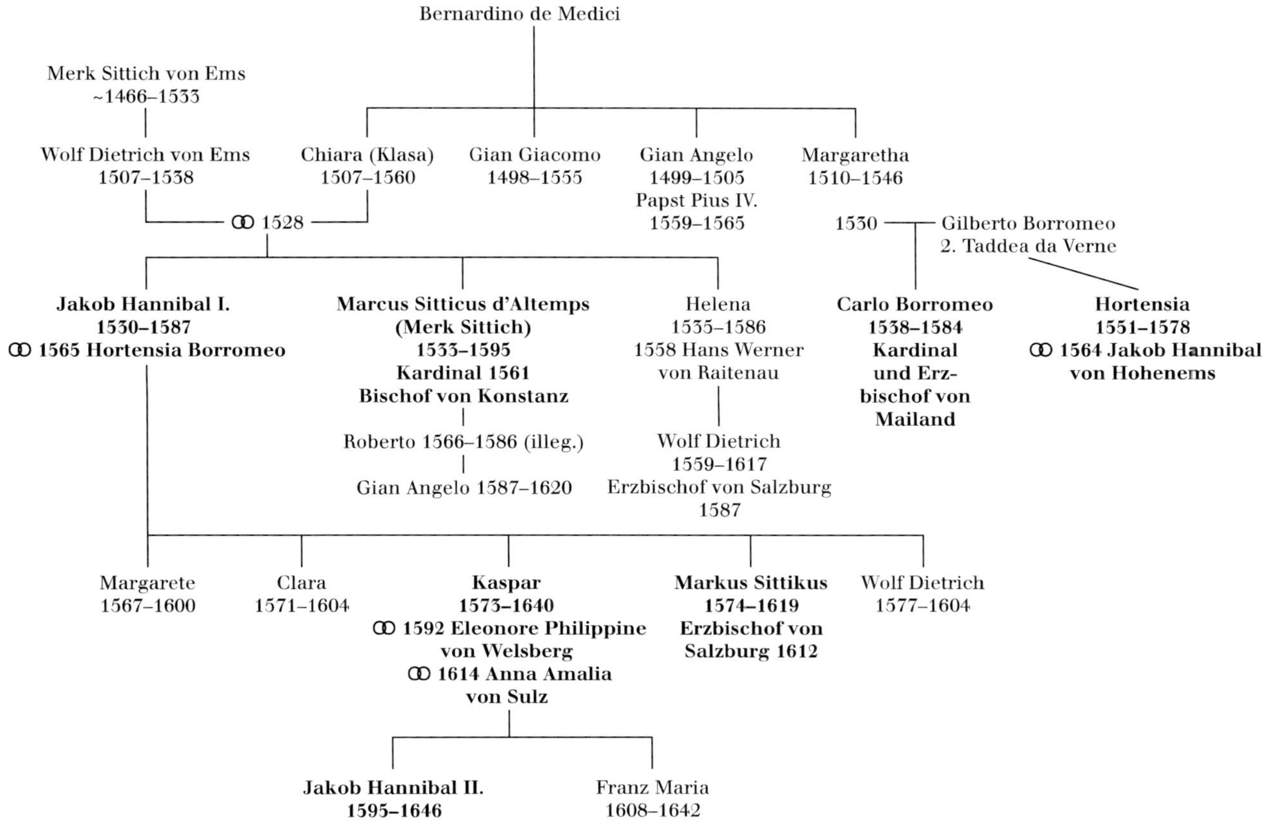

15.4. Verzeichnis der häufig benützten Abkürzungen

Abb. = Abbildung
AMK = Alte und Moderne Kunst (Zeitschrift)
Anm. = Anmerkung
Bd. = Band
Dok. = Dokument
fl = Gulden
FMR = Franco Maria Ricci (Zeitschrift)
fol. = folio
geh. = geheim(es)
Gn. = Gnaden
hf./hochfürstl. = hochfürstlich
H. H. St. A. = Staatsarchiv Wien, Abteilung: Haus-, Hof- und Staatsarchiv
Hl. = Heiliger
Hrsg. = Herausgeber
HS = Handschrift
Inv. = Inventar
k. u. k. = kaiserlich und königlich
MGSLK = Mitteilungen der Gesellschaft für Salzburger Landeskunde (Zeitschrift)
o. J. = ohne Jahr(esangabe)
ÖKT = Österreichische Kunsttopographie
sign. = signiert
SLA = Salzburger Landesarchiv
SMCA = Salzburger Museum Carolino Augusteum
übers. = übersetzt
UBS = Universitätsbibliothek Salzburg
VLA = Vorarlberger Landesarchiv Bregenz

15.5. Abbildungsnachweis

Alle Photos vom Verfasser, mit folgenden Ausnahmen:
Abb. 1: Graf Franz Joseph von Waldburg-Zeil, Hohenems
Abb. 2, 89 a u. b: Zdenênek Holomy, Městské muzeum a galerie, Polička
Abb. 3: Dommuseum, Salzburg
Abb. 4: Wissenschaftliche Sammlung, ETH-Bibliothek, Zürich
Abb. 5, 40, 78: Universitätsbibliothek, Salzburg (UBS)
Abb. 14: Vorarlberger Landesarchiv, Bregenz (VLA)
Abb. 25: Dr. Isabella Lapi Ballerini, Florenz
Abb. 26, 76 siehe Tafel 24: Schloßverwaltung Hellbrunn, Salzburg
Abb. 29, 32 siehe Tafel 7, 33 siehe Tafel 8, 46: Univ.-Prof. Dr. Bernd Lötsch, Wien
Abb. 31: Bibliothèque Nationale, Paris
Abb. 82, 86, 91, 96, 97, 104, 110 : Salzburger Museum Carolino Augusteum (SMCA)
Abb. 90, 109: Salzburger Landesarchiv (SLA)
Abb. 99: Archiv der Salzburger Festspiele, Foto Ellinger
Abb. 102 siehe Tafel 26: Bernd Noelle, München
Abb. 79, 106, 113: Österreichische Kunsttopographie, XI (ÖKT)

Für die Genehmigung zur Veröffentlichung des Bildmaterials danke ich allen obengenannten Personen und Institutionen.

16. Register

16.1. Namenregister

Alberti, Brüder 50
Alberti, Leon Battista 31
Albrecht V., Herzog 32
Aldrovandi, Ulisse 30
Alessi, Galeazzo 101, 105
Aleotti, Giovanni Battista 60, 77, 82 f., 128, 139
Alt, Salome 21, 35
Alvaro, Dominikanermönch 106
Ambrosius, Bischof von Mailand 15
Ammanati, Bartolomeo 43, 46, 55, 58
Archimedes 59
Aristoteles 59
Asper, Hans Konrad 17
Assisi, Franz von 102, 105
Audebert, Nicolas 60

Bachmayr, Anton 123
Baldi, Bernardino 60
Barbaro, Daniele 37
Bauhin, Gaspard 31
Bedra, Bartholomeo 19
Bertoletto, Andrea 25 f.
Bertoletto, Giacomo 26
Block, Ursula Katharina von, aus Brabant 22
Bologna, Giovanni 47, 58, 82
Bonaventura, Pater 60
Borromeo, Carlo 14–22, 25–27, 97, 102 f., 106, 131, 139
Borromeo, Federico, Kardinal 14, 26 f., 78, 103, 105 f., 139 f.
Borromeo, Gilberto 14
Borromeo, Hortensia 18
Brahe, Tycho 30
Bramante (Donato di Pascuccio d'Antonio, gen. Bramante) 47, 70
Breuner, Graf, Bischof von Chiemsee 130
Brunfels, Otto 31
Buberl, Paul 11
Buontalenti, Bernardo 13, 46, 59 f., 66 f., 71, 85, 99, 126, 139

Caimi, Bernardo 101 f.
Carlone, Sebastian 25
Caro, Annibale 57
Cartaro, Mario 47
Castello, Elio 85
Caus, Salomon de 26, 72
Cesariano, Cesare 36
Clemens VIII., Papst 19, 55
Colloredo, Hieronymus von, Erzbischof 22, 121
Colonna, Francesco 73, 128, 139
Commandino, Federigo 60
Conte Galeazzo Gualdo Priorato 11
Cosimo I. de'Medici 46, 58 f.
Costa, Margherita 11, 55

d'Adda, Giacomo 101
Danreiter, Franz Anton 90 f., 93, 112 f., 116 f., 121, 133
da Udine, Giovanni 51
da Vinci, Leonardo 31
de'Franceschi, Francesco 37
della Porta, Giacomo 56
d'Este, Ippolito, Kardinal 55
de Medici, Chiara 18
de Medici, Francesco I. 13, 46, 59, 71
de Medici, Gian Angelo, Kardinal, Pius IV. 14, 18
de Medici, Gian Giacomo 18
de Medici, Katharina, Königin von Frankreich 55
de Medici, Margherita 14
Dezallier d'Argenville, Antoine Josephe 113
Diaz, Antonio 19
Diaz, Bartolomeu 30
Dietrichstein, Andreas Jakob von, Erzbischof 79, 119
Dietterlin, Wendel 38
Diesel, Matthias 112 f., 121, 133
Donin, Richard Kurt 12 f.
Druys, Christian Adrian, genannt Adrichominus 102
Dupérac, Etienne 55
Dürer, Albrecht 31

Ems, Wolf Dietrich von 18

Ferdinand I., Kaiser 18
Ferdinand II., Erzherzog von Tirol 32, 53, 128
Ferdinand II., Großherzog von Toskana 11, 55, 121
Fischer von Erlach, Johann Bernhard 95 f., 133
Fontana, Giovanni 56
Fortini, Davide 66, 85
Francini, Brüder 60
Francini, Tommaso 71 f., 83
Friedrich, Herzog von Württemberg 26
Friedrich V. von der Pfalz 34
Frontinus 59
Fuchs, Leonhart 31
Furttenbach, Josef 26, 60, 71, 128

Galilei, Galileo 30
Gambara, Giovanni, Kardinal 57
Gerolamo Donato, genannt Farina 15
Geroldt, Jakob 109
Gesner, Konrad 30, 80
Ghinucci, Tommaso 60
Giambologna, siehe Bologna, Giovanni
Gisberti, Domenico 11, 100
Grattarola, Marco Aurelio 96, 101, 103, 105, 139

Grewenig, Meinrad 13
Guerra, Giovanni 13, 67, 82, 85
Guetmann, Adam, Hofmaler 53

Harms, Johann Oswald 96
Harrach, Franz Anton von, Erzbischof 112
Haslau, Franciscus Dückher von 109
Heinrich IV., König von Frankreich 71
Heron von Alexandrien 59 f., 66
Hildebrandt, Johann Lukas von 112
Hohenems, Marcus Sitticus von (Marco Sittico d'Altemps), Kardinal 18 f., 40
Hohenems, Markus Sittikus von, Erzbischof 9, 11 ff., 17–22, 24 f., 27, 29 f., 34, 35, 37, 47, 50, 53, 55 f., 63, 73 f., 80, 87, 96–101, 105 ff., 109, 125 f., 128, 130, 132, 137–140
Hohenems, Merk Sittich von 18
Hübner, Lorenz 11, 85, 91

Ignatius von Loyola 17
Innozenz VIII., Papst 47

Jakob Hannibal I. 18, 19, 47, 137
Jakob Hannibal II. von Hohenems 18, 24, 100, 130, 137
Julius II., Papst 47
Julius III., Papst 55

Kaspar, Graf von Hohenems 12, 18, 24, 27, 40
Kepler, Johannes 30
Keutschach, Johann Ernst von, Erzbischof 119
Kolumbus, Christoph 30
Kopernikus, Nikolaus 30
Kuen-Belasy, Johann, Erzbischof 35
Kuenburg, Max Gandolf von, Erzbischof 109
Küsell, Melchior 110, 130
Kutscher, Arthur 122

Lamberg, Hugo, Graf 135
Lamberg, Kunibert, Graf 135
Lauro, Giacomo 87
Le Nôtre, André 107, 112
Ligorio, Pirro 47, 55
Ligozzi, Jacopo 48, 50 f.
Lodron, Paris (von), Erzbischof 11, 25 f., 100, 109, 130, 133
Longhi, Martino, der Ältere 40, 138
Lorenzo il Magnifico 136
Löwenklau, Johannes 84

Mabon, Johann Sigmund von 22, 130, 132
Mabon, Ursula Maria von 133
Maderno, Carlo 56
Mantegna, Andrea 51
Martin, Franz 12
Mascagni, Donato (Fra Arsenio) 27, 48 ff., 53, 67, 90, 99, 107, 109, 138
Mati, Piero di Tommaso 59
Matthias, Kaiser 20
Maximilian I., Herzog von Bayern 19
Merian, Matthäus 43, 109
Montaigne, Michel de 57, 60
Müllner, Stephan 120

Nashe, Thomas 60
Nero, röm. Kaiser 32

Ostermann, Johann 13
Ovid 71

Palladio, Andrea 12 f., 37, 42, 48, 57, 96, 100, 138
Parigi, Giulio 96, 99
Paul V. Borghese, Papst 17, 19, 104, 125
Paumgartner, Bernhard 124
Perger, Thomas 130
Peruzzi, Baldassare 48, 51, 138
Philipp II., König von Spanien 18
Pierfrancesco, Herzog, genannt Vicino Orsini 57
Pius IV., Papst 14, 47, 138
Plinius der Jüngere 32, 59
Poccetti, Bernardino 48, 51, 59, 67
Poelzig, Hans 123
Preosto, Hieronymo 27
Pupp, Julius 12, 13

Quiccheberg, Samuel von 128

Raitenau, Wolf Dietrich von, Erzbischof 12, 18 f., 20, 22, 24 f., 27, 35
Ramelli, Agostino 60
Rava, Carlo Enrico 13
Reinhardt, Max 123
Remshard, Karl 113
Ricchino, Francesco Maria 26 f., 78, 83
Rohracher, Andreas, Erzbischof 124
Romano, Giulio 64
Rosenegger, Lorenz 119
Rudolf II., Kaiser 32

Sangallo, Giuliano da 136
Scamozzi, Vincenzo 12 f., 37, 48, 57, 96, 100, 138
Schickhardt, Heinrich 13, 26, 60, 82
Schneeweis, Carl 130 f., 135
Seitner, Jakob 122
Serlio, Sebastiano 12 f., 36 ff., 40, 42, 48, 51, 70, 96, 101, 128, 131, 138, 140
Sgrilli, Bernardo 64
Sixtus V. , Papst 47
Skalecki, Georg 13
Solari, Christoforo 25
Solari, Santino 9, 12 f., 22, 25 ff., 29, 31, 36 ff., 40, 42 f., 47, 61, 70, 74, 77, 81, 83, 85, 89, 91 f., 95, 100, 105, 107, 126 f., 130 f., 133, 136, 138 ff.
Sozzimeno, Claudius 26
Stahl, Eva 14
Stainhauser, Johann 11, 12, 20, 27, 29, 43, 48, 50, 53, 61–64, 66, 68, 78 ff., 84–87, 89 ff., 97 ff., 101, 104, 106, 109, 112, 130
Steinhauser, Karl 121
Suetonius 32
Sühs, Arthur 124

Taegio, Bartolomeo 34
Tacitus 32

Thun, Guidobald Graf, Erzbischof 75, 111
Thun, Johann Ernst (von), Erzbischof 80, 112, 122, 134
Tibaldi, Pellegrino 22, 26 f., 59, 70, 131
Tribolo, Nicolò 46, 58, 71

Überlender, Johannes 109
Utens, Giusto 46, 82

Valnegro, Margherita 25
Vasari, Giorgio 43, 55, 58, 60, 71
Veronese, Paolo 12, 49, 57
Vesalius, Andreas 30
Vignola, Giacomo Barozzi de 13, 37, 43, 55, 57
Vitruv 36, 51, 59, 96
Vittoria, Allessandro 57
Vries, Hans Vredemann de 38

Waldburger, Hans 27
Wallentin, Ingeborg 13
Wei ser, Martha 124
Welti, Ludwig 12 f.
Wilhelm V., Herzog 32

Zanini, Bernardo 27

16.1. Ortsregister

Albaner Berge 55 f.
Arona 14, 96

Bagnaia 57
Bayern 24
Belvedere, Schlößchen Belvedere 47, 90, 93, 109, 122, 130
Belvederehof, Vatikan 70
Bludenz 18
Boboli-Garten, Florenz 46
– Grotta di Madama 66
– Grotta grande 67, 85
Bologna 19
Bomarzo 57, 64
Brenta-Kanal 12
Brera-Kolleg, Mailand 18

Collegio Borromeo, Pavia 17
Collegio dei Nobili, Mailand 18
Collegio Helvetico, Mailand 17
Comer See 12, 25 f., 59, 131
Cordoba 106
Corporis-Christi-Kirche, Salzburg 22
Cortile des Belvedere, Vatikan 47, 138
Crea bei Casale Minferrato 102

Dom, Salzburger Dom 13, 22, 25 ff., 37, 53, 107, 125
Dommuseum, Salzburg 27
Domus aurea, Rom 55

Emsburg, Salzburg 10, 43, 132 f., 135 ff.
Emslieb, Salzburg 10, 43, 107, 130 f., 137

Florenz 13, 46, 50 f., 56, 58 f., 82, 85, 96, 139
Fontainebleau 71
Fontana degli uccelli, Villa d'Este 66
Frankreich 107, 112
Franziskanerkirche, Salzburg 20, 22
Frascati 12 f., 56, 139

Gabrielskapelle, Sebastiansfriedhof, Salzburg 26, 85
Gallerate, Grafschaft 18
Genua 59, 71
Graglia, Piemont 103
Graubünden 17 f.

Heidelberg 31, 34
Hellbrunn
– Brunnen Altems 74, 78, 82 f., 109, 112 f.
– Brunnenstube 86
– Dianabrunnen 79, 119
– Dianagrotte 80
– Erdbeerberg 87, 107, 111 ff.
– Eurydikebrunnen 80, 122
– Fasanengarten, Fasanerie 79, 107, 118, 122 f.
– Festsaal 48, 50, 53, 62, 99, 124 f., 138
– Forstteufel 80, 112
– Fürstenweg 78, 81, 113, 127
– Glockenhaus 43, 124
– Hauptkapelle S. Francisco 103
– Festspielhaus 123
– Allee 126, 132, 136, 140
– Festsaal 48
– Kapelle 43, 123 f.
– Kreuzweg 101, 103 ff., 109, 121, 126
– Kronengrotte 80, 84 ff., 107, 109, 112 f., 121, 132, 139
– Lustgarten/Giardino segreto 61, 85 ff., 107, 109 f., 112 f., 118, 121, 126 f., 132, 138
– mechanisches Theater 79 f., 116, 120
– Merkurbrunnen 80, 112
– Monatsschlößchen 89 f., 92, 95, 107, 109 f., 121
– Neptunbrunnen 81, 112
– Neptuns- oder Regengrotte 61 f., 67, 75, 77
– Oktogon 48, 50, 53, 86, 124, 138
– Orangerie 118
– Orpheusgrotte 70, 74, 84, 109, 117, 122, 139
– Römisches Theatrum 13, 67, 69, 113
– Ruinengrotte 62, 64
– Schloßgebäude 13, 35 f., 38, 42 f., 47, 53, 55, 107, 109 ff., 121, 125 ff., 133, 138 ff.,
– Schloßhof 42 f., 48, 107, 113, 123, 138
– Schmiedgrotte 79, 83, 113, 119
– Silber- oder Spiegelgrotte 63, 66 f.
– Steinbockgrotte 79, 83, 119
– Steintheater 11, 95 f., 98 ff., 109, 122, 124, 139

- Tiergarten 93, 121
- Venusgrotte 78
- Vogelsanggrotte 63, 66, 67, 122
- Waldemsberg 86, 95, 98, 124, 126, 139
- Weinkeller 75, 111

Hohenems 14, 40, 138
Hohensalzburg 19, 110
Hortus Palatinus, Schloß Heidelberg 34

Ingolstadt 19
Innsbruck 32
Intelvital 25
Istanbul 84
Italien 13, 18 f., 24

Jardin de Luxembourg, Paris 46
Jerusalem 101

Karl-Borromäus-Kapelle, Franziskanerkirche, Salzburg 25, 63, 118
Köln 102
Konstanz 19
Kunsthistorisches Museum, Wien 84

Lago Maggiore 14
Latium 56
Leiden 31
Lombardei 26, 59
Londronscher Primogeniturpalast, Salzburg 27
Lorettokloster 27

Mailand 14–18, 22, 26, 97
Mailänder Dom 17
Marignano 18
Markuskirche beim Spital der Barmherzigen Brüder, in der Gstätten, Salzburg 22
Markuskirche, Venedig 48
Mira 12
Mönchs-/Kapuzinerberg, Salzburg 27
München 32, 128
Musso am Comer See 18

Neugebäude, Residenz Salzburg 27

Ognissanti, Kloster, Florenz 50
Oropa 103
Orta 102

Palazzo Altemps, Rom 42, 138
Palazzo del Tè, Mantua 64
Palazzo di Bianca Capello, Florenz 51, 138
Palazzo Gallio, Gravedona 131
Palazzo Pitti, Florenz 46, 59
Palazzo Trevisani, Murano 12
Paris 31
Perugia 101
Pfarrkirche in Hohenems 27
Pincio 55
Polička (Böhmen) 22, 89, 107, 109
Prag 32

Radstadt 21
Rom, kaiserliche Gärten 33
Regensburg 20
Residenz, Salzburg 9, 22, 27, 39
Residenztheater, Salzburg 98, 100
Rif bei Salzburg 35
Rom 10 f., 13 ff., 18, 24, 26, 31, 42 f., 51, 55 f., 59, 125

Sacro Monte in Arona 96, 101, 103, 105, 139
Sacro Monte von Crea 102
Sacro Monte von Varallo 17, 101 f., 105
Sacro Monte von Varese 103
Sala Clementina, Vatikan 50
Sala delle Colonne, Villa Farnesina, Rom 48, 51, 138
Schauspielhaus in Berlin 123
Schloß „Altenau“ 35
Schloß Ambras bei Innsbruck 128
Schloß Goldenstein 78, 86, 113, 116 f., 120
Schloß Mirabell, Salzburg 35, 112, 118
Schloß Saint-Germain-en-Laye 71 f., 83
Schlößchen Freisaal 126
Sixtinische Kapelle, Vatikan 15
Sommerresidenz auf dem Quirinal, Rom 125
Spanien 19
St. Peter, Abtei 135
St. Peter, Klosterschule 22
St.-Peters-Kirche, Salzburg 27
St.-Sebastian-Friedhof, Salzburg 25, 85
Stato Borromeo, Lombardei 14
Stift Nonnberg, Salzburg 130
S S. Annunziata, Kloster, Florenz 48

Teatro Olimpico, Vicenza 48, 50, 100, 138
Terra ferma, Venetien 12 f., 57, 87
Tivoli 12, 55, 139
Toskana 57
Tusculum 56

Uffizientheater, Florenz 96
Universität Pavia 14
Universität Salzburg 100, 121

Varallo, Heiliges Grab 101
Varese, Madonna del Monte 103
Vatikanischer Palast, Rom 47, 125
Vaux-le-Vicomte, Schloß, Melun 112
Venedig 11, 37, 55
Veneto 56, 59
Verna 25
Versailles, Schloß 112
Via Flaminia 55
Villa Aldrobrandini, Frascati 56
Villa Alessandri 12
Villa Barbaro in Maser 12, 49
Villa Capra oder „Rotonda“ bei Vicenza 57
Villa Castello, Florenz 58, 71, 139
- Grotta degli Animali 71

Villa Contarini 12
Villa d’Este in Cernobbio am Comer See 59, 70, 131, 139
Villa d’Este in Tivoli 55, 71, 81
Villa des Hadrian, Tivoli 33

Villa Foscarini, Veneto 12
Villa Giulia, Rom 43, 55
Villa Godi, Lonedo 64
Villa Grimani, Veneto 12
Villa Lante in Bagnaia 13, 57, 69, 87, 139
Villa Madama am Monte Mario 55
Villa Medici, Rom 87, 139
Villa Mondragone, Frascati 56, 70, 78
Villa Poggio a Caiano 136 f.
Villa Pratolino, bei Florenz 13, 26, 46, 59 f., 64, 67, 71, 77, 81, 85, 126 f., 139
– Grotta del Diluvio 64, 82 f.
– Grotta del Mugnone 83
– Grotta dell'orsa 83
– Grotta della Fama 67
– Grotta della Galathea 64
– Grotta della Samaritana 66, 69, 82
Villa Soranza, Veneto 12
Viterbo 13, 57

Wien 121